伊藤塾 合格セレクション

司法試験・予備試験 2024

短答式過去問題集

商法

伊藤 真 監修・伊藤塾 編

日本評論社

2024年版はしがき

introduction

この「合格セレクションシリーズ」は、2021年４月に刊行した憲法、民法、刑法を皮切りに、2021年内に行政法、商法、民事訴訟法、刑事訴訟法も刊行し、７科目すべてを受験生に届けることができ、それから毎年版を改めてきました。

この間、多くの受験生にこの「合格セレクションシリーズ」を利用していただき、幸い好評を得ることができました。そこで、前年の短答式試験問題を加えると共に、更に受験生の便宜を図るため、2024年版を刊行することとしました。

商法の短答式試験では、条文知識を問う問題が多数出題されるため、広範かつ正確な条文知識の習得が重要となります。また、短答式試験に向けた学習で得た知識は、その後の論文式試験でもいかすことができるでしょう。

そこで、受験生が限られた学習時間を使って、効率よく必要な知識を習得できるよう、改めて構成の見直しを行いました。

2024年版における主な変更点は、以下のとおりです。

1　2023（令和５）年の司法試験及び予備試験の問題を収録

これまでの版と同様の選定基準に従い、2023年に出版した第２版後に実施された、2023年（令和５）年の司法試験及び予備試験の短答式問題を新たに収録しました。

さらに、これらの問題に対応した **CORE PLUS** を新たに追加し、最新の試験傾向に沿った知識を習得できるようにしました。

2　法改正等の新しい情報を追加

前版の刊行後に出た判例や法改正などの新しい情報を盛り込みました。例えば、2024（令和６）年の試験範囲ではないものの、令和５年法律第53号による会社法の一部改正などの新しい情報も注記のかたちで盛り込んでいます。これによって、最新の知識が得られます。法改正に関する詳細は、凡例（xxi 頁）に記載します。

なお、2024（令和６）年司法試験及び予備試験からは、出題法令の基準日が、原則として当該年の１月１日現在で施行されている法令となりました。

次に、2022年に出版した初版以降の主な変更点は、以下のとおりです。

3　登載問題の見直し

前版より、受験生にとって本当に必要な問題だけを収録し、全体のボリュームを抑えることによって、限られた学習時間を効率よく使ってもらうため、直近12年分の司法試験及び予備試験問題の中から、司法試験受験者の正答率が80パーセント以上、予備試験受験者の正答率が65パーセント以上という基準に従って、登載すべきフル問題を改めて厳選しました。同様に、**CORE TRAINING** も基準に従い見直しました。また、これに伴い、巻末のフル問題一覧表の記載も見直しました。

ただし、法改正や最新判例の登場等によって特定分野における登載問題が極端に少なくなる場合や、最新の試験傾向を分析し、学習上重要であることが認められる場合には、13年以上前の問題であっても掲載しています。

今回の改訂にあたっては、2022年に予備試験に合格され、翌2023年の司法試験に優秀な成績で合格された古谷祐人さん、金子菫さん、鈴木勇人さん、法科大学院修了前の2023年に司法試験合格された山内秀介さんを始めとする合格者に、その実力とノウハウを惜しみなく注いでいただきました。また、伊藤塾の書籍出版において従前から貢献していただいている永野達也氏（新65期）にご助力いただきました。そして、伊藤塾の誇るスタッフと日本評論社のご協力を得て、初めて刊行することができました。ここに改めて感謝いたします。

2024年３月

伊藤　真

はしがき

introduction

この「合格セレクションシリーズ」の刊行を開始した2020年は、Covid-19が世界中で猛威を振るい、地球が有限である以上に、私たちの命も有限であることを強く認識させられ、当たり前と思っていたことが当たり前でなくなる現実を目の当たりにして、精一杯生きる一日一日の大切さを痛感しました。

こうしたなかで、新型コロナ禍で可処分時間が増えたことをむしろチャンスと捉え、伊藤塾で勉強を開始して将来に備えようとする受験生が増えたことは、とても頼もしく思えました。今後も何が起こるか予測もつかない未来に向かって、外部環境の変化に振り回されないだけの自己資源を蓄える準備を着々と進めていくことは、自分のなかの不安に打ち勝つ克己心がないとできないことです。

短答式試験は、予備試験において最初に通過しなければいけない関門です。伊藤塾は、これまで合格するためのノウハウを出し惜しみしないという方針で進化し続け、圧倒的な合格実績を出し続けてきました。本シリーズにおいては、短答式試験に特化して、そのノウハウを公開します。

短答式試験の学習において受験生が直面する問題に向き合って制作したものですから、短答式試験の学習に苦しさを感じている受験生は、是非一度手に取って学習してほしいと思います。

1 はじめに

司法試験・予備試験受験者にとって、短答式試験は論文式試験と同じ、あるいはそれ以上の重要性を持っています。

短答式試験の勉強をするにあたって、短答式試験の過去問や一問一答形式の問題をただひたすらに解き続けても、なかなか新規の問題の正答率があがらないとか、他の勉強や仕事との兼ね合いで短答式試験の過去問すべてに触れる時間が取れなくなっているという悩みを持っている人も多いことでしょう。2011（平成23）年から始まった予備試験は既に12回目となるため、過去問は毎年蓄積され、年を追うほどに、過去問をすべて解いて短答式試験の対策を行うという方法は採りづらくなってきています。

本書は、短答式試験で高得点を取りたいとか、短答式試験の勉強を開始したばかりという受験生の勉強のツールとしてはもちろんのこと、ひたすらに短答式試験の過去問を解き続けていたが成績があがらず、勉強法に悩みを抱えていたり、短答式試験の過去問をすべて解くには時間的余裕がないという悩みを抱えている受験生に向けて、構成に工夫を施して、効率よく、最速で短答式試験に合格するための道しるべとなるものです。

2 本書の特長

【1】 厳選した過去問と工夫を施した解説

短答式試験の過去問は年々増加する一方なので、すべての問題で問われた知識を遮二無二理解して記憶しようとすれば、膨大な時間がかかってしまいます。しかし、実は毎年のように問われている問題も多く、合格のために最低限必要な知識は限られているのです。それらの知識は限られた数の過去問を解き、理解することで身に付けることができます。そこで、本書は効率よく合格に必要な知識を身に付けられるよう、創意工夫を施しています。

まず、短答式試験の実践的な学習をしたい受験生のために、直近12年分の司法試験及び予備試験問題のなかから、司法試験受験者の正答率が約80パーセント以上の問題、また、予備試験受験者の正答率が65パーセント以上の問題を、法改正のない限りそのまま掲載しました。以下では、そのまま収録した問題を「フル問題」と記述します。なお、受験者の正答率に関しては、伊藤塾が毎年本試験後に行っている解答調査を基準としています。

フル問題は、受験生の多くが解答できている問題であり、問われている知識も基礎的な知識であることが多いです。また、こうした基礎知識は短答式試験において頻繁に出題される傾向があります。受験生は、フル問題で問われている知識については正確に理解し記憶しておくことが望ましいといえます。

フル問題の登載を直近12年に絞ったのは、限られた学習時間を効率よく使うために、受験生にとって本当に必要な問題だけを収録し、全体のボリュームを抑えるための工夫です。ただし、法改正や最新判例の導入等によって掲載問題が極端に少なくなった分野の問題や、学習上重要な問題については、13年以上前であっても掲載しています。これによって、短答式試験対策だけに必要以上の時間を取られる心配はありません。

次に、短答式試験の学習が無機質に感じられて、なかなかはかどらないと悩みを抱えている受験者のために、CORE TRAINING 及び CORE PLUS というものを各章又は節ごとに設けています。

CORE TRAINING とは、司法試験と予備試験の問題を各記述（以下「選択肢」と記述します）ごとに分けたうえで、その選択肢の正誤を判断するために必要な知識は何かを分析し、習得すべき知識のみを抽出したものです。具体的には、これまで実施された司法試験と予備試験の問題のうち、合格に必要十分な点数を確保できるように、フル問題の基準に満たない問題を正答率の高いほうから順に採用し、各選択肢の正解を○×形式で、端的な根拠を付し、効率よく問題を解けるようにしました。

なお、予備試験においては合格率が約24パーセントと低く、より高い得点率が要求されるため、受験者の正答率が低い問題であっても、フル問題と合わせて当該年度の得点率が７割に届くように、正答率が高いものから順番に採用しました。

これらによって、各年度共通して問われる知識が何であるのかが明確となり、短答式試験の合格に必要な知識を効率よく習得することができるようになっています。

また、短答式試験の科目や分野によっては改正や最新判例の導入等で、既存の知識以上のものが要求されることもあります。そのため、CORE TRAININGでは、そのような点を解消すべく、過去問のほかに、必要に応じて「オリジナル問題」というものを掲載しています。

受験生においては、CORE TRAININGに記載されている問題の知識も自分のものとすることで、確実な合格を目指すことができるでしょう。

加えて、知識の習得を促進させるため、CORE PLUSというものを設けています。ここでは、短答式試験において必要不可欠だと考えられる知識を、CORE TRAININGを解くに当たって必要な知識と一部対応させるかたちで図表化し、掲載しています。CORE PLUSでは、短答式試験に直結する知識だけではなく、その周辺知識まで網羅し、汎用性の高い知識を習得できるように工夫しています。

【２】 条文記載へのこだわり

商法の短答式試験では、条文の知識が細かく聞かれるため、苦手とする受験生が少なくありません。条文知識は汎用性が高いため、日ごろからコツコツ条文を読んで身に付けていくことが、得点の向上につながります。そこで、本書では条文の数字のみならず、項や号、準用関係に至るまで詳細に摘示しました。学習の際は、六法を手元に置いて、出てくる条文を逐一確認するようにしましょう。

【３】 登載フル問題一覧による年度別演習

巻末に、本書の登載基準を満たす問題の一覧表を掲載しました。この一覧表には、直近12年以前の登載していない過去問であっても司法試験受験者の正答率が80パーセントを超えるもの、また、予備試験受験者の正答率が65パーセント以上のもの、及び登載基準は満たしているが、問題内容の重複によって、登載を見合わせたものも加えました。そのため、すべての年における正答率が高い問題が一目で分かります。

法務省ホームページに挙がっている年ごとの問題を利用するなどして、年度別に学習する際には、正解しなければならない問題が明確なので、より戦略的な時間配分が可能になります。

また、この登載フル問題一覧の表を目次と併せて利用することで、複数回出題された問題を更に可視化できます。複数回出題されるということは、それだけ重要度が高く、今後も出題可能性が高いといえ、確実におさえておく必要があることが分かります。

このように、一覧表を復習時に役立ててください。

3　本書の構成と利用法

本書は、前述の基準で選定した問題を伊藤塾のカリキュラムに従った体系順に並べて掲載しています。これは、『伊藤真試験対策講座』（弘文堂）の登載順でもあるため、書籍を中心に学習する独学者にも使いやすいことでしょう。そして、各章の終わりに、CORE TRAINING、CORE PLUS を置いてあります。章中の分野が多岐にわたり、当該章のフル問題、CORE TRAINING が多い場合には、学習の便宜を考慮し、各節ごとに、CORE TRAINING、CORE PLUS を置きました。

【1】 フル問題　⇨ A　（後掲レイアウト見本参照。以下同じ）

（1）問題　⇨ a

フル問題は、司法試験と予備試験の問題のうち直近12年分について、2014（平成26）年以前は、受験者の正答率が約80パーセント以上の問題、また、予備試験のみとなった2015（平成27）年以降は、受験者の正答率が65パーセント以上の問題を掲載しています。フル問題で問われている知識については、正確に理解し、当該知識が問われている問題に出会ったら反射的に解答を導き出せるようにしておくことが望ましいです。そうすることで、より難易度が高い問題や、読解力が要求される問題などに時間を割くことができるからです。

具体的な正答率は、解説右上に記載しています。この正答率を見ながら、他の受験者に差を付けられないよう、危機意識を持ってフル問題に取り組んでください。⇨ h

短答式試験においては、必ずしもすべての選択肢についての正誤が分かる必要はなく、一部の選択肢の正誤が正確に分かっていれば最終的な解答を導き出すことができる問題も多く出題されています。もちろんすべての選択肢の正誤が正確に分かるのが望ましいですが、試験時間の制約上、一部の選択肢のみを見て解答を導き出す場面も多いことでしょう。このような一部の選択肢の正誤を見て解答を導き出すという解答方法は、本試験と同様の形式でしか身に付けられないため、本書のフル問題を通して感覚をつかんでください。

そのほかにも、受験生の学習の効率化を考え、次のような工夫をしています。

ア　出題分野、出題年　⇨ b

各問題の冒頭におおまかな出題分野を示すタイトルを付したことにより、各自の学習状況に合わせて、必要な分野を重点的に学習することができます。

司法試験、予備試験の単体問題には出題年番号を記載し、司法試験と予備試験で同一の問題については、それぞれの出題年番号を併記しています。

なお、本書では出題内容の重複するフル問題は掲載していませんが、出題頻度の高さから重要性を認識してもらうため、内容の共通する選択肢の解説部分に類題マーク㊫と出題年番号を記載しています。⇨ n

イ　論点マーク 論 ⇨ c

論点マークは、当該問題の選択肢の過半数が論文式試験において出題可能性のある論点である場合に付しています。短答式試験と論文式試験は、形式こそ違いますが解答するために必要となる知識が重複していることが多いです。論のある問題を復習する際には、論文式試験で出題がされた場面を想定しながら学習し、短答式試験で要求される知識と論文式試験で要求される知識を有機的に紐付け、理解していくことをお勧めします。

ウ　チェック欄

出題テーマと出題年番号の記載があるすぐ横に、当該問題を解いたかどうかと、月日を記入するチェック欄を設けました。短答式試験は、その重要性が高い一方で、対策に割くことができる時間は限られています。チェック欄を利用して短答式試験対策を計画的に進め、ある程度余裕をもって短答式試験対策をすることができるようにしましょう。⇨ d

また、各選択肢の横にもチェック欄を設けました。短答式試験の問題自体を解答するためには、必ずしもすべての選択肢を完全に理解している必要はありませんが、特にフル問題のような正答率が高い問題については、問題の解答を導き出すのに必ずしも必要とはいえない選択肢についても、次年度以降で再び出題される可能性が高いといえます。そこで、問題そのものの正誤にかかわらず、理解の正確性が不安な選択肢には、チェックを付けておき、後々復習することで、より深い知識を身に付けることが必要です。また、復習の際には、チェックが付いている選択肢のみを復習することで、手早く苦手分野を復習することができるので、時間がない場合にはそのように利用することも想定しています。⇨ e

（2）解説 ⇨ f

解説は、当該問題を解答するために必要かつ十分な知識をコンパクトに示すことに重点を置き、作成しています。太い文字で示した部分は、伊藤塾の講師が講義で強調したところです。これらによって、知識を確実に効率よく身に付けられるでしょう。なお、解説中のカギ括弧内は、条文や判例を原文のまま引用した箇所です。

また、正解欄の横にワンポイントアドバイスを付しました。当該問題を正解するためにはどのような学習を行えばよいのか、どのような点に注意して学習を進めればよいのか、といった点について簡潔にアドバイスしています。当該問題の出題分野の学習に困った場合には参考にしてください。⇨ g

そのほか、末尾にある文献に、拙著ではありますが『伊藤真試験対策講座』、『伊藤真の判例シリーズ』（弘文堂）を挙げました。短答式試験の学習をする際に、教科書などに立ち戻って理解することも有効です。更に理解を深めて、確実な知識としたいときにこれらの教材を参照してください。⇨ i

■ レイアウト見本

A

c　b　d

No. 020　論　**株主総会**　予R5-19　□ 月 日　□ 月 日　□ 月 日

a

株主総会に関する次のアからオまでの各記述のうち、正しいものを組み合わせたものは、後記１から５までのうちどれか。

e

□□□ ア．判例の趣旨によれば、会社法上の公開会社でない取締役会設置会社は、取締役会の決議によるほか株主総会の決議によっても代表取締役を選定することができる旨を定款で定めることができる。

□□□ イ．株式会社は、株主総会の場所に存しない株主を、映像と音声の送受信により相手の状態を相互に認識しながら通話をすることができる方法によって、当該株主総会に出席させることはできない。

□□□ ウ．判例の趣旨によれば、定款に株主総会で議決権を行使する代理人を株主に限定する旨の定めがある場合には、法人である株主は、その従業員であって株主でない者に株主総会における議決権を代理行使させることができない。

□□□ エ．株式会社は、取締役を選任する株主総会の決議について、定足数をなくし、出席した株主の議決権の過半数をもって行うこととする旨を定款で定めることができる。

g　h

No. 047　**正解 4**　商法の問題は条文知識で解けることが多いため、条文に目を通しておこう。　正答率 83.9%

f

ア　正しい。

判例は、「会社の行為は商行為と推定され、これを争う者において当該行為が当該会社の事業のためにするものでないこと、すなわち当該会社の事業と無関係であることの主張立証責任を負う」としている（最判平20.2.22商法百選29事件）。その理由として、同判決は、「会社がその事業としてする行為及びその事業のためにする行為は、商行為

イ　誤り。

民法上、代理権は、本人の死亡によって消滅する（民111条１項１号）。これに対して、商行為の委任による代理権は、本人の死亡によっては、消滅しない（商506条）。

n

ウ　正しい。　類 予R5-28-2

商法509条２項に規定されている。これは、商行為の取引関係の迅速な活動を期する商法が、民法の例外を認めたものである。

生じた債権についても、民法の規定が適用され、権利を行使できる時から10年間行使しなかったときは、時効によって消滅することになる（民166条１項２号）。

文献　試験対策講座・商法・手形法小切手法10、48、49、88、104～107頁　i

（3）スキルアップ問題

受験生の正答率から考えると **CORE TRAINING** に掲載すべき問題でも、専ら体系的理解や論理的思考力を問う問題であると判断したものについては、学習者の便宜を考え、フル問題と同じ形式でスキルアップ問題として最終章にまとめて掲載しました。

予備試験の短答式試験合格のためには、知識を増やすことだけではなく、体系的理解を深めることや論理的思考力を向上させることも不可欠です。この「スキルアップ問題」を活用して、予備試験の短答式試験合格に必要な体系的理解の徹底・論理的思考力の向上に努めてください。

【2】 CORE TRAINING ⇨ B

CORE TRAINING には、司法試験と予備試験の問題のうち直近12年分について、受験者の正答率が60パーセント以上80パーセント未満の問題を、これに加えて、予備試験のみとなった2015（平成27）年以降は、受験者の正答率が65パーセント未満の問題であっても、フル問題と合わせて当該年度の得点率が７割に届くように正答率が高いものから順に一問一答形式で掲載しました。なお、過去問の出典の表記については、凡例（xx 頁）に記載します。⇨ j

短答式試験においてより高得点を取るためには、受験生の大多数が理解している知

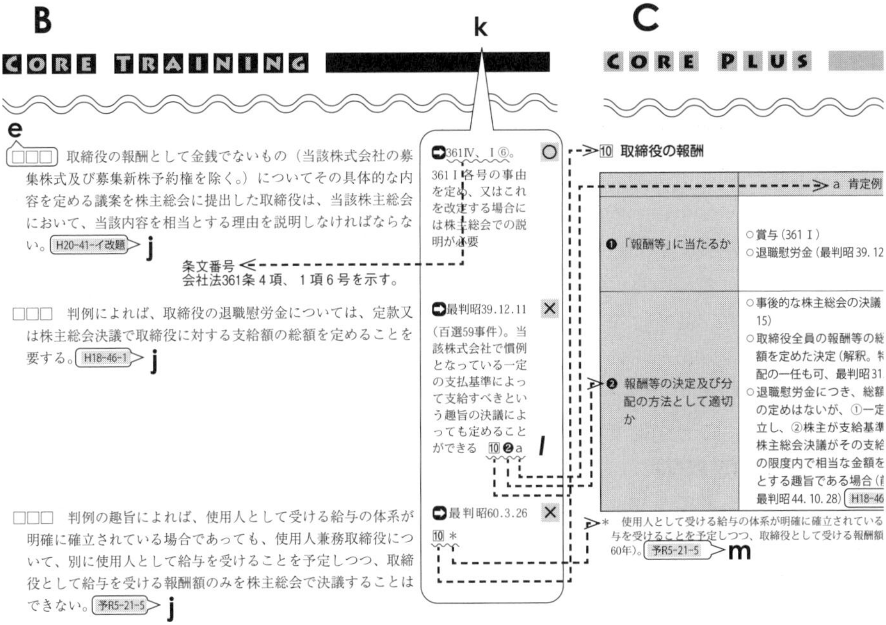

識だけを身に付けるのではなく、他の受験生と差を付けることができる範囲の知識についてもある程度身に付ける必要があります。このような知識をストックするために利用してほしいのが、この CORE TRAINING です。

なお、法改正等に対応させるために実際の出題から問題の内容を改変した場合には、出題年番号の後に「改題」と付しています。一方で、問題の内容に変更はないが、一問一答形式に対応させるため形式的な改変を加えた場合については、「改題」とは付していません。

CORE TRAINING の解説では、【3】に後述する CORE PLUS と併用してより確実に知識を身に付けられるように工夫を施しました。⇨ k

具体的には、一問ごとの解説では、可読性を重視し、問題の正誤及び必要最低限のごく簡単な解説を付すのみとしました。そして、その直後に、当該 CORE TRAINING で問われている知識について、CORE PLUS 内に詳細な解説を記載しています。

また、CORE TRAINING の解説の末尾に記載した番号等は、当該問題と CORE PLUS の図表との対応を示すものです。これにより、一目で問題の詳しい解説を探すことができます。⇨ l

CORE TRAINING と CORE PLUS を対応させて学習することで、単純に知識を１つひとつ覚えるのではなく、体系的な位置づけや周辺知識を意識しつつ学習することができるようになっています。

CORE TRAINING を効率よく活用し、短答式試験の過去問学習をコンパクトかつ質の高いものにしてください。

【3】 CORE PLUS ⇨ C

CORE PLUS は、短答式試験において必要不可欠と考えられる知識を図表化したものです。CORE TRAINING と対応させて、１つひとつの知識を体系立てて、有機的に関連させて学習できるよう、多数の図表を掲載しています。また、短答式試験の過去問だけでなく、その周辺知識までを網羅し、汎用性の高い知識を習得できるように工夫しています。短答式試験で通用するような質の高い知識を身に付けるために重要なのは、がむしゃらに過去問を解き続けて出てきた知識をその都度１つひとつ単純に覚えていくことではなく、知識を体系立てて、あるいは論文式試験で要求される知識とも関連づけ、あらゆる切り口からの問題に対応できるような汎用性の高い知識を身に付けることです。そのためにも、CORE PLUS に掲載されている知識を確実に記憶していくことが望ましいのです。

また、CORE PLUS にも過去問の出題年番号を同様に付してあります。⇨ m
これによって、必要な知識がより明確で、かつ、短答式試験の合格に必要な知識が網羅されていますから、短答式試験の直前に見返すことによって、得点アップにつながります。短答式試験の直前には、是非、本書を活用してください。

4 おわりに

司法試験においては、いくら自分で勉強したと思っていても合格できないことがあります。基礎・基本が不十分であったり、勉強の方向性を誤ったりすると、なかなか結果が出ません。大切なことは勉強の量よりも勉強の質なのです。

本書は、一般の短答式試験対策問題集と比べてコンパクトですから、知識量が足りるのか不安になる受験生もいるかもしれませんが、合格するためにセレクトされた問題から、おさえるべき知識はすべて掲載しています。

短答式試験合格に必要なのは大量の曖昧な知識ではなく、洗練された正確な知識と体系立った理解です。本書に掲載されている知識については繰り返し復習して、新たな問題を解く際や本番の短答式試験の際にも使えるような実践的な質の高い知識としてください。

本書を通して、最短で司法試験・予備試験の短答式試験の対策を完成させ、1人でも多くの受験生が、司法試験・予備試験の短答式試験に合格されることを願っています。

なお、制作に当たり、2020年司法試験に合格された伊藤塾出版編集課の皆さんから引継ぎ、2021年司法試験に優秀な成績で合格された井手俊輔さん、小澤瑞生さん、久郷浩幸さん、佐藤諒一さん、高橋粒さん、中野瀬里奈さんを始めとする合格者に、その実力とノウハウを惜しみなく本書に注いでいただきました。また、伊藤塾の書籍出版において従前から貢献していただいている近藤俊之氏（54期修習）には、草稿段階から貢献していただきました。そして、伊藤塾の誇るスタッフと日本評論社のご協力を得て、初めて刊行することができました。ここに改めて感謝いたします。

2021年９月

伊藤　真

もくじ

contents

第2編　商法　手形法・小切手法

スキルアップ問題

凡例

explanatory notes

1 法令名の表記

問題文中を除き、括弧内の法令名については、以下のとおり略記しました。なお、第１編　会社法については、紛らわしくない場合は、「(会社)」を省略し、条文（項・号）番号のみ表示しています。また、第２編　商法・手形法小切手法については、すべての法令について正式名称を表示し、括弧内は以下の略称を用いています。

民法……民
会社法……会社
会社法施行規則……会社則
会社法計算規則……会社計算
商法……商
社債、株式等の振替に関する法律……社債株式振替
手形法……手
小切手法……小
民事訴訟法……民訴
商業登記法……商登
破産法……破
民事再生法……民再
会社更生法……会更

2 条文の表記

条文（項・号）番号の表記については、番号を併記するときは〈、〉で、準用条文を表すときは〈・〉で区切っています。また、準用されている条文において、更に準用する条文がある場合は、〈,〉で区切っています。

CORE TRAINING の右欄及び **CORE PLUS** の図表内において、アラビア数字は条文番号、ローマ数字（Ⅰ、Ⅱ、Ⅲ……）は項、丸数字（①、②、③……）は号を表しています。

3 判例の表記

① 最高裁については、大法廷を「最大」、その他を「最」
② 大審院については、連合部を「大連」、その他を「大」
③ 判決を「判」、決定を「決」

④　元号の明治・大正・昭和・平成・令和をそれぞれ「明・大・昭・平・令」、年月日を「○.　○.　○」、と略記します。

例えば、「最高裁判決平成30年11月30日」は「最判平30.11.30」といった表記になります。

4 過去問の表記

過去の司法試験及び予備試験問題は、以下のように略記しています。

司法試験の出題年度－問題番号－記述番号

例えば、「H30-19-1、H23-18-4、予R5-7-5」は、平成30年司法試験の第19問の１、平成23年司法試験の第18問の４、令和５年予備試験の第７問の５となります。

また、このように複数併記してある場合は、司法試験、予備試験の順で、各々出題年の新しいほうから並べています。

司法試験と予備試験が同一の問題である場合には、司法試験問題番号のみ表記してあります。

5 参考文献（→以下は、本文表記名）

【会社法】

伊藤真・伊藤真試験対策講座９会社法［第４版］（弘文堂）
→試験対策講座・会社法
江頭憲治郎・株式会社法［第８版］（有斐閣）第９版：2024年４月発売
神田秀樹・会社法［第26版］（弘文堂）
伊藤靖史他・LEGAL QUEST 会社法［第５版］（有斐閣）
田中亘・会社法［第４版］（東京大学出版会）
会社法判例百選［第４版］（有斐閣）→百選
伊藤真の判例シリーズ７商法（弘文堂）→判例シリーズ

【商法総則・商行為法】

伊藤真・伊藤真試験対策講座８商法・手形法小切手法［第３版］（弘文堂）
→試験対策講座・商法・手形法小切手法
近藤光男・商法総則・商行為法［第９版］（有斐閣）
商法判例百選（有斐閣）→商法百選

【手形法・小切手法】

伊藤真・伊藤真試験対策講座８商法・手形法小切手法［第３版］（弘文堂）
→試験対策講座・商法・手形法小切手法

弥永真生・リーガルマインド手形法・小切手法［第３版］（有斐閣）
手形小切手判例百選［第７版］（有斐閣）→手形小切手百選

6 法改正について

近時、商法に関する法改正として、令和４年法律第48号による会社法の一部改正がありました。この改正法は、2022（令和４）年５月25日に公布され、公布後４年以内の政令で定める日に施行される予定です。さらに、令和５年法律第53号による会社法の一部改正がありました。この改正法は2023（令和５）年６月14日に公布され、一部を除き、公布後２年半以内と５年以内の政令で定める日に施行される予定です。

また、令和４年法律第48号及び第68号、令和５年法律第79号及び第80号による社債、株式等の振替に関する法律の一部改正があり、これらは2024（令和６）年以降に施行されます。

なお、司法試験及び予備試験問題の正誤の基準となる法令の基準日が2024年から試験実施年の１月１日に変更になりました。これに伴い、本書での解説及び正誤は、2024年の１月１日時点で施行済みの法令を基準としています。

各種試験においては、施行日によって、出題範囲が異なる場合があります。ご注意のうえ、ご利用ください。

司法試験・予備試験
効果的学習法

合格セレクションシリーズに掲載されている問題やここで記述したような学習方法は、伊藤真塾長や伊藤塾で開発した数多いテキストや講義のうちの一部を紹介したにすぎません。「伊藤真塾長ってどんな人かな」「伊藤塾の講義を体験してみたい」「直近合格者の勉強方法を知りたい」「伊藤塾テキストを見たい」……。そう思ったら、伊藤塾ホームページにアクセスしてください。無料でお得な情報があふれています。

スマホ・パソコン共通 URL　→　https://www.itojuku.co.jp/

伊藤塾ホームページにある情報の一例

- 塾長雑感（塾長エッセイ）
- 無料体験講座
- 合格者の声――合格体験記・合格者メッセージ――
- 合格後の活躍――実務家レポート――
- 講師メッセージ
- 伊藤塾の書籍紹介

講座は、受験生のライフスタイルに合わせ、**在宅（通信）**受講と**通学（校舎）**受講、**インターネット**受講を用意しています。どの受講形態でも**学習フォローシステムが充実**しています。

第1編

会社法

No. 001 株式会社、合同会社及び民法上の組合の比較

H19-36

□ 月 日
□ 月 日
□ 月 日

株式会社、合同会社及び民法上の組合（以下「会社等」という。）の比較に関する次の１から４までの各記述のうち、正しいものを２個選びなさい。なお、「構成員」とは、株式会社にあっては株主を、合同会社にあっては社員を、民法上の組合にあっては組合員をそれぞれ指すものとし、また、各記述について、定款又は組合契約には特別の定めがないものとする。

□□□ １.「構成員は、出資の限度でのみ責任を負う。」という説明は、株式会社及び合同会社には当てはまるが、民法上の組合には当てはまらない。

□□□ ２.「会社等の常務は、その完了前に他の構成員が異議を述べない限り、各構成員が単独で行うことができる。」という説明は、株式会社、合同会社及び民法上の組合のいずれにも当てはまらない。

□□□ ３.「定款又は組合契約を変更するには、構成員の全員の同意が必要である。」という説明は、合同会社及び民法上の組合には当てはまるが、株式会社には当てはまらない。

□□□ ４.「構成員が１人になった場合であっても、会社等は存続することができる。」という説明は、株式会社には当てはまるが、合同会社及び民法上の組合には当てはまらない。

No. 001　**正解　1、3**　本問を通じて、株式会社・合同会社・民法上の組合の異同を整理しよう。　正答率 86.7%

1　正しい。

株式会社の構成員である**株主は、**その有する**株式の引受価額を限度として責任**を負う（104条）。また、**合同会社の**構成員である**社員は、**その**全部が有限責任社員**であるところ（576条4項）、有限責任社員は、その**出資の価額を限度**として、持分会社の**債務を弁済する責任を負う**（580条2項）。これに対して、民法上の組合の構成員である組合員は、組合債務について無限責任を負う（民675条2項本文）。

2　誤り。

株式会社においては、**所有と経営が分離され**ており（会社326条1項、331条2項、402条5項）、株式会社の構成員である株主が株主の地位において会社の常務を行うことはない。他方、**持分会社の常務は、**その完了前に他の社員が異議を述べない限り、**各社員が単独で**行うことが**できる**（590条3項）。また、民法上の組合の常務も、その完了前に他の組合員又は業務執行者が異議を述べない限り、各組合員又は各業務執行者が単独で行うことができる（民670条5項）。

3　正しい。

株式会社の定款変更は、原則として、当該株主総会において議決権を行使することができる株主の議決権の過半数（3分の1以上の割合を定款で定めた場合にあっては、その割合以上）を有する株主が出席し、出席した当該株主の議決権の3分の2（これを上回る割合を定款で定めた場合にあっては、その割合）以上に当たる多数をもって行えばよく、その構成員である**株主全員の同意**まで**は要しない**（**株主総会の特別決議**、309条2項11号、466条）。これに対して、合同会社の定款変更は、定款に別段の定めがある場合を除き、その構成員である総社員の同意によって行わなければならない（637条）。また、民法上の組合の契約変更も、その構成員である組合員全員の意思の合致によって行わなければならない（民667条1項参照）。

4　誤り。

株式会社においては、その構成員である株主が1人になったことは、解散事由とされておらず（471条各号参照）、株主が1人になった場合であっても、会社は存続する。また、合同会社においても、その構成員である社員が1人になったことは、解散事由とされておらず（641条4号参照）、社員が1人になった場合であっても、会社は存続する。これに対して、民法上の組合においては、組合の「契約」という性質上（民667条1項参照）、その構成員である組合員が1人になった場合には、組合は解散するというのが通説である。

文献　試験対策講座・債権各論323、325、327、330、333頁。会社法47、427、429、438、441、444頁

No.
002

取締役会設置会社における支配人

H23-37 改題

□　月　日
□　月　日
□　月　日

取締役会設置会社（監査等委員会設置会社及び指名委員会等設置会社を除く。）における支配人に関する次のアからオまでの各記述のうち、正しいものを組み合わせたものは、後記1から5までのうちどれか。

□□□ ア．支配人は、取締役会の決定によって選任する。

□□□ イ．支配人の任期は、選任後2年以内に終了する事業年度のうち最終のものに関する定時株主総会の終結の時までである。

□□□ ウ．支配人は、会社の許可を受けなくても、他の会社の取締役となることができる。

□□□ エ．支配人が自己の利益を図る意図で会社の事業に関する行為をした場合でも、相手方がその意図を知っているときは、その会社は、その行為について責任を負わない。

□□□ オ．支配人は、会社の他の使用人を選任することができない。

1．ア　ウ　　2．ア　エ　　3．イ　ウ　　4．イ　オ　　5．エ　オ

No. 002　正解 2

支配人に関する10条から13条まで及び解説に挙げた条文の規定を読み込んでおこう。

正答率 88.2%

ア　正しい。

監査等委員会設置会社及び指名委員会等設置会社を除く取締役会設置会社において、取締役会は、支配人の選任及び解任の決定を取締役に委任することができない（362条4項3号）。これは、広範な代理権を有する支配人の選解任については、慎重を期する必要があるからである。したがって、支配人は、取締役会の決定によって選任する。

イ　誤り。

取締役の任期に関する規定（332条1項）はあるが、支配人の任期に関する規定はなく、任期に制限はない。

ウ　誤り。

支配人は、会社の許可を受けなければ、他の会社の取締役となることができない（12条1項4号）。これは、支配人が他の会社で継続的に勤務することによる精力の分散を防止するためである。

エ　正しい。

支配人は、会社に代わって**その事業に関する一切の裁判上又は裁判外の行為をする権限を有する**（11条1項）。もっとも、本記述のように支配人が、専ら自己の利益を図る目的で取引を行った場合、これは代表権の濫用に当たる。そのため、取引の相手方が支配人の意図を知り又は知ることができたときは、民法107条が適用され、会社は当該取引の責任を免れる。

オ　誤り。

支配人は、他の使用人を選任し、又は解任することができる（11条2項）。これは、他の代理権に関する規定（同条1項、3項）とあいまって、支配人に広範な代理権を認めることにより、取引の相手方の安心及び業務効率の向上を図るものである。

文献　試験対策講座・会社法53、54、276頁

CORE TRAINING

□□□　株式会社の代表取締役の就任は、その登記の前でも、悪意の第三者に対抗することができる。H25-51-ア	➡ 911Ⅲ⑭、908Ⅰ前段参照　1❶ii	○
□□□　株式会社の支配人の退任による代理権の消滅は、その登記の後でも、第三者が正当な事由によってその登記があることを知らなかったときは、その第三者に対抗することができない。H25-51-イ	➡ 918、908Ⅰ後段　1＊3	○
□□□　会社法の規定により登記すべき事項について、登記の申請がされたものの、登記官の過誤により当該登記がされなかった場合には、当該登記の申請者は、当該事項を善意の第三者に対抗することができない。予R5-27-ウ	➡ 908Ⅰ前段　1＊1	○
□□□　申請された登記事項について登記官の過誤により誤った内容が登記された場合には、当該登記の申請者は、当該事項が不実であることを善意の第三者に対抗することができない。予R5-27-オ	➡ 908Ⅱ　1＊4	×
□□□　株式会社の代表取締役は、代表取締役である旨の登記がされているか否かにかかわらず、当該株式会社を代表して取引先である会社に対する売買代金請求の訴えを提起することができる。予R5-27-ア	➡ 349Ⅳ、最判昭43.11.1（商法百選5事件）1＊2	○

CORE PLUS

1 登記の効力

	i 善意の第三者	ii 悪意の第三者
❶ 登記前	対抗できない（908Ⅰ前段）＊1、＊2	対抗することができる（908Ⅰ前段参照）H25-51-ア
❷ 登記後	対抗することができる（908Ⅰ前段反対解釈）＊3	対抗することができる（908Ⅰ前段参照）

＊1　登記の申請がされていても、登記官の過誤により当該登記がされなかった場合には、登記申請者は、善意の第三者に当該登記事項を対抗できない。予R5-27-ウ

＊2　908条1項は、会社と実体法上の取引関係に立つ第三者を保護するための規定であり、それ自体実体法上の取引行為ではない民事訴訟において、誰が当事者である会社を代表する権限を有する者であるかを定めるにあたっては適用されない（最判昭43.11.1商法百選5事件）。予R5-27-ア

＊3　ただし、登記の後であっても、第三者が正当な事由によってその登記があることを知らなかったときは、登記事項を対抗することができない（908Ⅰ後段）。H25-51-イ

＊4　登記申請者に故意・過失がない場合には、不実の登記があることを善意の第三者に対抗できる（908Ⅱ）。予R5-27-オ

CORE TRAINING

□□□　代表取締役が会社を代表して約束手形を振り出した場合であっても、代表取締役の就任につき登記がされていないときは、その代表取締役が個人として手形上の責任を負う。 H24-44-イ	➡ 最判昭35.4.14 2 ❶	×
□□□　代表取締役でない者が、自ら会社の代表者として代表取締役の就任の登記の申請をしたことにより、その旨の登記がされたときは、その会社は、その登記を自らの申請に基づく登記と同視するのを相当とするような特段の事情がない限り、善意の第三者に対しても、その者が代表取締役でないことを対抗することができる。 H24-44-エ	➡ 最判昭55.9.11 2 ❷	○
□□□　会社法の規定により登記すべき事項が登記された後であっても、過失なく負傷したため登記簿を閲覧することができなかったことにより、その登記があることを知らなかった者に対しては、当該事項を対抗することができない。 予R5-27-エ	➡ 最判昭52.12.23（商法百選７事件）参照 2 ❸	×

CORE PLUS

2 登記の効力に関する判例

事　案	判　旨
❶ 株式会社が商号を変更し、代表取締役を選任したが、商号変更及び代表取締役就任の登記なきうちに、代表取締役が会社名義で手形を振り出した事例（最判昭35.4.14） H24-44-イ	当該手形の所持人に対し手形上の責任を負うのは会社。 ∵実在する会社の代表者である代表取締役が、その代表権限に基づいて手形を振り出している。
❷ 代表取締役でない者が、自ら会社の代表者として代表取締役の就任の登記の申請をしたことにより、その旨の登記がなされた事例（最判昭55.9.11） H24-44-エ	会社は、その登記を自らの申請に基づく登記と同視するのを相当とするような特段の事情がない限り、責任を負わない。 ∵旧商法14条（現：商９Ⅱ、会社908Ⅱ）は、不実の事項を登記した者に故意又は過失がある場合には、その登記を信頼して当該登記者と取引関係に入った者を保護し、その限りで不実の登記という外観を作出した者に責任を課した規定であるから、同条の適用には、原則として、その登記が当該登記の申請権者の申請に基づいてされたことを要する。
❸ 代表取締役の退任登記がされた後に、その旧代表取締役が会社名義の手形を振り出した事例（最判昭52.12.23商法百選７事件） 予R5-27-エ	債権者が遅くとも手形振出しの約１か月前には代表取締役の資格喪失及び取締役退任の登記がされた登記簿を閲覧可能であった等の事情の下では、旧代表取締役の資格喪失を知らなかったことにつき旧商法12条（現：商9Ⅰ、会社908Ⅰ）の正当事由があるとはいえない。 ∵正当事由を厳格に解した。

〚第１編第２章（株式会社総説）には、登載基準を満たすフル問題がありません。〛

No. 003　株式会社の発起設立

予R5-16

□　月　日
□　月　日
□　月　日

株式会社の発起設立に関する次のアからオまでの各記述のうち、正しいものを組み合わせたものは、後記１から５までのうちどれか。

□□□ ア．定款の作成時に発起人が２人以上いなければ、株式会社を設立することはできない。

□□□ イ．発起人は、成立後の株式会社の資本金及び資本準備金の額を定款に記載又は記録しなければならない。

□□□ ウ．Ａ株式会社を設立するに当たり、Ｂ株式会社は、その発起人となることができる。

□□□ エ．設立時発行株式の引受人から、その株主となる権利を譲り受けた者がいる場合には、成立後の株式会社は、当該譲受人を株主として取り扱うことはできない。

□□□ オ．発起人Ｃが、割当てを受ける設立時発行株式について、金銭ではなく暗号資産を出資する場合には、Ｃの氏名、当該暗号資産及びその価額並びにＣに対して割り当てる設立時発行株式の数を定款に記載又は記録する必要がある。

１．ア　イ　　２．ア　オ　　３．イ　エ　　４．ウ　エ　　５．ウ　オ

No. 003 | 正解　5 | 発起設立に関する問題は短答頻出なので、知識を整理しておこう。 | 正答率 70.3%

ア　誤り。

会社法上、発起人の数に関する規定はなく、発起人は１人でも複数人でもよい。そのため、定款の作成時に発起人が１人しかいなくても、株式会社を設立することができる。

イ　誤り。

会社法上、成立後の株式会社の資本金及び資本準備金の額は絶対的記載事項ではなく（27条１号～５号、37条１項参照）、任意的記載事項である（32条１項３号）。したがって、発起人は、成立後の株式会社の資本金及び資本準備金の額を定款に記載又は記録しなくてもよい。

ウ　正しい。

自然人だけでなく、法人も発起人になることができる。

エ　誤り。

出資の履行をすることにより設立時発行株式の株主となる権利の譲渡は、成立後の株式会社に対抗することができない（35条）。もっとも、これは譲渡を会社に対抗することができないにすぎず、当事者間での譲渡自体は有効であるから、成立後の会社が、株主となる権利の譲渡を認めて、譲受人を株主として取り扱うことはできる。

オ　正しい。

暗号資産は「**金銭以外の財産**」に当たるため、発起人が、割当てを受ける設立時発行株式について、暗号資産を出資する場合には、「**金銭以外の財産を出資する者の氏名又は名称、当該財産及びその価額並びにその者に対して割り当てる設立時発行株式の数**」を**定款**（26条１項）**に記載又は記録する**必要がある（変態設立事項、28条１号）。

文献　試験対策講座・会社法68、70、71、86、142頁

No. 004

株式会社の設立と定款

H26-38

□　月　日
□　月　日
□　月　日

株式会社を設立する際の定款に関する次の1から5までの各記述のうち、誤っているものを2個選びなさい。

□□□ 1．定款の絶対的記載事項のうち、発行可能株式総数は、登記すべき事項ではない。

□□□ 2．支店の所在地は、定款の絶対的記載事項である。

□□□ 3．判例によれば、定款に定めのない財産引受けは無効であり、会社の成立後、その財産引受契約を承認する株主総会の特別決議をしても、これによって無効な財産引受契約が有効となるものではない。

□□□ 4．定款の認証の手数料は、定款に定めがなくても、成立後の会社が負担する。

□□□ 5．公証人による認証を受けた定款を会社の成立後に変更する場合には、改めて公証人による認証を受ける必要はない。

No. 004　**正解　1、2**

記述3の判例は、平成29年司法試験の論文式試験で出題された重要判例である。しっかりとおさえておこう。

正答率 84.4%

1　**誤り。**

株式会社の設立において、**発行可能株式総数**は、定款の絶対的記載事項であり（37条1項）、また、**登記すべき事項**でもある（911条3項6号）。

2　**誤り。**

株式会社の設立において、本店の所在地は定款の絶対的記載事項であるが（27条3号）、支店の所在地は定款の絶対的記載事項ではない（同条各号参照）。

3　**正しい。**

定款に記載又は記録のない財産引受けは無効である（28条2号）。そして、判例は、同号が無効と定めているのは、広く株主・債権者等の会社の利害関係人の保護を目的とするものであるから、そのような財産引受けは何人との関係においても**常に無効**であって、**設立後の会社が追認**したとしても、これによって**有効となり得るものではない**としている（最判昭61.9.11百選5事件）。

4　**正しい。**

株式会社の負担する**設立に関する費用**は、**定款に記載し又は記録しなければ**、その**効力を生じない**が（変態設立事項、28条4号）、この設立に関する費用から**定款の認証の手数料**は**除外**されている（同号括弧書）。これは、金額に客観性があり濫用のおそれがないからである。したがって、定款の認証の手数料は、定款に定めがなくても、成立後の会社が負担する。

5　**正しい。**

株式会社の設立において、定款は、公証人の認証を受けなければ、その効力を生じない（30条1項）。そして、この認証を受けた定款を株式会社の成立後に変更する場合には、会社法所定の定款変更手続（466条、309条2項11号等）を経れば足り、改めて公証人の認証を受ける必要はない。

文献　試験対策講座・会社法69、70、71、73、74、93、94、427頁。判例シリーズ6事件

No.
005

株式会社の設立

H24-37

□　月　日
□　月　日
□　月　日

株式会社の設立に関する次のアからオまでの各記述のうち、正しいものを組み合わせたものは、後記１から５までのうちどれか。

□□□ ア．会社の本店の所在地は、設立する際の定款で定めなければならない。

□□□ イ．会社の公告方法は、設立する際の定款で定めなければならない。

□□□ ウ．設立時募集株式の引受人が所定の期日又は期間内に設立時募集株式の払込金額の全額の払込みをしなかった場合には、その引受人は、その払込みをすることにより設立時募集株式の株主となる権利を失う。

□□□ エ．会社がその子会社を設立するには、発起設立又は募集設立のいずれかの方法によらなければならない。

□□□ オ．会社の設立を無効とする判決が確定したときは、その会社は、当初から存在しなかったことになる。

１．ア　ウ　　２．ア　エ　　３．イ　エ　　４．イ　オ　　５．ウ　オ

No. 005　**正解　1**　記述ウの失権規定は、発起設立においても存在する（36条３項）。相違点を確認しよう。　正答率 81.5%

ア　正しい。

株式会社の定款には、**本店の所在地を記載**し、**又は記録**しなければならない（27条３号）。これは、会社の住所について一定の土地を基準として定めておく必要があるからである。

イ　誤り。

会社の公告方法は、定款の任意的記載事項とされており（939条１項）、定款にいずれの公告方法を用いるかの定めがない場合は、官報が当該会社の公告方法となる（939条４項、１項１号）。

ウ　正しい。　類 予R2−16−イ

設立時募集株式の**引受人は**、58条１項３号の期日又は同号の期間内に、発起人が定めた銀行等の払込みの取扱いの場所において、それぞれの設立時募集株式の払込金額の全額の払込みを行わなければならない（63条１項）。そして、設立時募集株式の引受人は、63条１項の規定による**払込みをしないとき**は、当該払込みをすることにより設立時募集株式の**株主となる権利を失う**（同条３項）。これは、迅速な設立手続を実現するためである。

エ　誤り。

株式会社がその**子会社を設立するには**、発起設立又は募集設立のいずれかの方法だけではなく、**新設分割**（２条30号）**を利用**することも**できる**。

オ　誤り。

株式会社の**設立無効**の訴え（828条１項１号）に係る請求**を認容する判決が確定した**ときは、当該判決の**効力は将来に向かって生じる**（839条）。したがって、会社が当初から存在しなかったことになるわけではない。なお、設立無効が確定すると、清算手続（475条２号）が開始される。

文献　試験対策講座・会社法70、78、102、487頁

No. 006

設立時取締役

予R1-16

□　月　日
□　月　日
□　月　日

発起設立により株式会社を設立する場合（設立しようとする株式会社が種類株式発行会社である場合を除く。）における設立時取締役に関する次の１から５までの各記述のうち、正しいものを２個選びなさい。

□□□ １．公証人の認証を受けた定款で設立時取締役として定められ、設立時取締役に選任されたものとみなされたものは、発起人の全員の同意によっても解任することができない。

□□□ ２．設立時取締役は、その選任後遅滞なく、株式会社の設立の手続が法令又は定款に違反していないことを調査しなければならず、法令又は定款に違反する事項があると認めるときは、発起人にその旨を通知しなければならない。

□□□ ３．株式会社の成立の時における現物出資財産の価額が当該現物出資財産について定款に記載された価額に著しく不足するときであっても、定款に記載された現物出資に関する事項について裁判所が選任した検査役の調査を経た場合には、設立時取締役は、当該株式会社に対し、当該不足額を支払う義務を負わない。

□□□ ４．株式会社が成立しなかったときは、設立時取締役は、連帯して、株式会社の設立に関してした行為についてその責任を負い、株式会社の設立に関して支出した費用を負担する。

□□□ ５．設立時取締役の株式会社に対する責任は、株主代表訴訟の対象とならない。

No. 006　**正解 2、3**　設立時取締役について、解説に挙げた条文を必ず確認して知識を整理しておこう。　正答率 66.0%

1　誤り。

「発起人は、株式会社の成立の時までの間、その選任した設立時役員等……を解任することができる」(42条)。ここにいう設立時役員等には、定款で設立時役員等として定められ、出資の履行が完了した時に設立時役員等に選任されたものとみなされる者も含まれる（同条括弧書)。そして、設立時役員等の解任は、発起人の議決権の過半数（設立時監査等委員である設立時取締役又は設立時監査役を解任する場合は3分の2以上に当たる多数）をもって決定される（43条1項)。したがって、設立時役員等を解任するには、発起人の全員の同意は必要がなく、その議決権の過半数の賛成があれば足りる。

2　正しい。

設立時取締役は、その選任後遅滞なく、株式会社の設立の手続が法令又は定款に違反していないことを調査しなければならない（46条1項柱書、4号)。そして、調査により、法令若しくは定款に違反し、又は不当な事項があると認めるときは、発起人にその旨を通知しなければならない（同条2項)。

3　正しい。

株式会社の成立の時における現物出資財産等の価額が当該現物出資財産等について定款に記載された価額に著しく不足するときは、発起人及び設立時取締役は、当該株式会社に対し、連帯して、当該不足額を支払う義務を負う（52条1項)。ただし、定款に記載された現物出資（28条1号）に関する事項について検査役の調査を経た場合には、現物出資者又は当該財産の譲渡人ではない発起人（52条2項柱書括弧書参照）及び設立時取締役は、この義務を負わない（同項)。

4　誤り。

「株式会社が成立しなかったときは、発起人は、連帯して、株式会社の設立に関してした行為についてその責任を負い、株式会社の設立に関して支出した費用を負担する」(56条、無過失責任)。もっとも、株式会社不成立の場合の設立時取締役の責任については、何ら規定されていない。そのため、株式会社が不成立の場合は、設立時取締役は何ら責任を負わない。

5　誤り。

株主代表訴訟の**対象に**は、**設立時取締役の責任追及**も**含まれる**（847条1項本文)。

文献　試験対策講座・会社法77、84、102、103、374、375頁

CORE TRAINING

01　設立手続

01-1　定款の作成

□□□　法人は、発起人及び設立時取締役のいずれにもなることができない。予H28-16-ア	➡ 法人は、331Ⅰ①、39Ⅳにより設立時取締役になることができないが、発起人については資格の制限がない	×
□□□　公証人による定款の認証を受けた後に、創立総会の決議により定款を変更した場合には、改めて公証人の認証を受ける必要はない。H25-37-エ	➡ 96	○
□□□　会社が発行することのできる株式の総数は、公証人の認証を受ける時に定款に記載され、又は記録されている必要はないが、会社成立の時までには定款で定めなければならない。H20-37-オ	➡ 30Ⅰ、37Ⅰ 1 ❶vi	○
□□□　会社法上の公開会社でない株式会社を設立する場合には、発行可能株式総数を定款で定めなければならないが、発行可能株式総数は、設立時発行株式の総数の4倍を超えてもよい。予H28-16-イ	➡ 37Ⅲただし書 1 ※	○

CORE PLUS

1　定款記載事項のまとめ

❶ 絶対的記載事項*	❷ 相対的記載事項（28、29）	❸ 任意的記載事項（29）
i　目的（27①） ii　商号（27②） iii　本店の所在地（27③） iv　設立に際して出資される財産の価額又はその最低額（27④） v　発起人の氏名又は名称及び住所（27⑤） vi　発行可能株式総数（37Ⅰ）H20-37-オ	i　現物出資（28①） ii　財産引受け（28②） iii　発起人の報酬・特別の利益（28③） iv　設立費用（28④） v　株式の内容制限事項（107Ⅱ） vi　種類株式に関する事項（108Ⅱ、Ⅲ） vii　株券を発行する旨の定め（214）etc	i　定時株主総会の招集時期 ii　株主総会の議長 iii　取締役・監査役の員数 iv　事業年度　etc

＊　絶対的記載事項とは、定款に必ず記載しなければならず、記載を欠くときは定款自体が無効になる事項をいう。これ以外の事項は、定款において必ず記載しなければならないというわけではない。なお、発行可能株式総数は、原始定款に記載する必要はなく、会社の成立の時までに記載すれば足りる（37条1項）。

※　会社法上の公開会社を設立する場合には、発行可能株式総数は、設立時発行株式の総数の4倍を超えることができないが（37Ⅲ本文）、会社法上の公開会社でない会社を設立する場合には、このような制限はない（同項ただし書）。公開会社でない会社では、募集株式の発行を株主総会特別決議（199Ⅱ、309Ⅱ⑤）で決定するため、取締役会による新株発行権限濫用のおそれがないためである。予H28-16-イ

CORE TRAINING

□□□　公証人による定款の認証を受けた後に、複数の発起人のうち１人を交代させる場合には、再度、定款を作成し、公証人の認証を受けなければならない。予R4-16-ウ	➡ 30Ⅱ、27⑤　[2]	○
□□□　公証人の認証を受けた定款に定めた発行可能株式総数の変更は、その変更後に出資される財産の価額が当該定款に定めた設立に際して出資される財産の価額又はその最低額を下回らないのであれば、発起人全員の同意によってすることができ、再度、定款を作成し、公証人の認証を受ける必要はない。予R4-16-エ	➡ 37Ⅱ、27④	○

01-2　株式発行事項の決定と株式の引受けの確定

□□□　発起人が２人以上ある場合において、定款に記載又は記録しないで、各発起人が割当てを受ける設立時発行株式の数を定めようとするときは、発起人の過半数の同意を得れば足りる。予R3-16-ウ	➡ 32Ⅰ①　[3]※	×
□□□　発起人は、引き受けた設立時発行株式につき、その出資に係る金銭の全額を払い込んだ時に、当該設立時発行株式の株主となる。予R3-16-エ	➡ 50Ⅰ　[3]❸	×
□□□　設立時募集株式を引き受けようとする者がその総数の引受けを行う契約を締結する場合であっても、発起人は、その者に対し、設立時募集株式に関する事項等を通知しなければならない。予H29-16-5	➡ 59Ⅰ、61 [3]＊1	×
□□□　他人の承諾を得てその名義を用いて募集株式の引受けがされた場合には、特段の事情がない限り、その名義の使用を承諾した者が株主となる。H26-40-ア	➡ 判例は、名義借主が株主になるとしている（最判昭42.11.17百選８事件）	×
□□□　設立時募集株式の数を超える数の引受けの申込みがあった場合には、発起人は、各申込者に対し、申込みに係る株式の数の割合に応じて、設立時募集株式を割り当てなければならない。H25-37-ア	➡ 60Ⅰ前段参照 [3]＊2	×

CORE PLUS

2 定款記載事項の変更 予R4-16-ウ

原　則	例　外
公証人の認証を受けた定款は、一定の場合を除き、株式会社の成立前に変更することができない（30Ⅱ）	定款の変更が許される一定の場合（30Ⅱ）* ❶ 不当変態設立事項の裁判所による変更（33Ⅶ） ❷ 裁判所による変更事項の発起人の総意による廃止（33Ⅸ） ❸ 発行可能株式総数の定め若しくはその変更（37Ⅰ、Ⅱ） ※❷❸は発起人全員の同意が必要

＊　募集設立の場合には、これに加えて、創立総会の決議によって定款を変更することができる（96）。

3 株式の引受けの確定

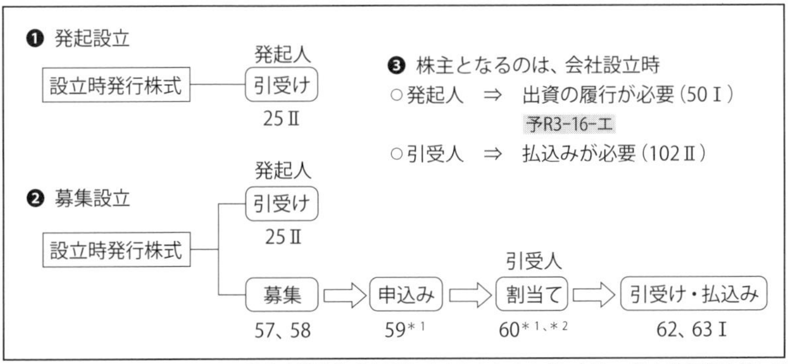

＊1　発起人は、原則として、設立時募集株式を引き受けようとする者に対し、設立時募集株式に関する事項等を通知しなければならないが（59Ⅰ）、設立時募集株式を引き受けようとする者がその総数の引受けを行う契約を締結する場合には、例外的に通知する必要がない（61）。予H29-16-5

＊2　株式の割当てとは、株式の募集に対して、株式の申込みがあった場合において、発起人が、申込人に株式を引き受けさせるか否か、また何株引き受けさせるかを決定することをいう（割当自由の原則）。H25-37-ア

※　発起人が割当てを受ける設立時発行株式の数、これと引換えに払い込む金銭の額、成立後の株式会社の資本金及び資本準備金の額に関する事項の決定については、発起人全員の同意又は定款の定めによらなければならない（32Ⅰ各号）。予R3-16-ウ

CORE TRAINING

01-3 機関の決定

□□□　発起人でない者も、設立時取締役になることができる。予R3-16-オ	➡ 設立時取締役は発起人に限定されていない	○
□□□　募集設立においては、設立時取締役は、定款で定めている場合を除き、発起人が選任する。予H29-16-1	➡ 88Ⅰ　[4]❷ⅰ	×
□□□　指名委員会等設置会社を設立する場合には、創立総会の決議によって設立時執行役を選任しなければならない。H22-37-3改題	➡ 88Ⅰ、48Ⅰ②、Ⅲ　[4]※	×

01-4　出資の履行による会社財産の形成と株主の確定

□□□　判例の趣旨によれば、募集設立において払込みの取扱いをした銀行は、払い込まれた金額に相当する金銭の保管に関する証明書を発起人に交付した後は、払い込まれた金銭を株式会社の成立前に発起人に返還したことをもって成立後の株式会社に対抗することができない。予H28-16-オ	➡ 最判昭37.3.2　[5]❷	○
□□□　発起人がその出資に係る金銭の払込みを仮装することに関与した設立時取締役が、株式会社に対し、払込みを仮装した出資に係る金銭の全額の支払をしたときは、出資に係る金銭の払込みを仮装した設立時発行株式について、設立時株主及び株主の権利を行使することができる。予R2-16-ウ	➡ 52の2Ⅳ、102Ⅲ。権利を行使することができるようになるのは、当初の発起人・引受人であって、支払義務の履行者ではない	×

CORE PLUS

4 設立時取締役・設立時代表取締役の選出機関

	i 設立時取締役の選任	ii 設立時代表取締役の選定*
❶ 発起設立の場合	発起人（38 Ⅰ）	設立時取締役
❷ 募集設立の場合	創立総会（88） 予H29-16-1	

＊　取締役会設置会社（指名委員会等設置会社を除く）に限る。

※　設置しようとする株式会社が指名委員会等設置会社である場合には、設立時取締役は、設立時取締役のなかから設立時委員を選定し、設立時執行役を選任し、さらに、設立時執行役のなかから設立時代表執行役を選定しなければならない（48 Ⅰ各号）。 H22-37-3改題

5 保管証明責任

❶ 発起設立	なし	保管証明書がなくても設立の登記が可能（商登47 Ⅱ⑤括弧書反対解釈）
❷ 募集設立	あり	保管証明書は設立登記の際に提出する必要がある（商登47 Ⅱ⑤括弧書） →保管証明書を交付した銀行等は、証明書の記載が事実と異なること又は払い込まれた金銭の返還に関する制限があることを成立後の株式会社に対抗できない（会社64 Ⅱ） 予H28-16-オ

3章 設立

CORE TRAINING

□□□　設立時募集株式の引受人は、設立時募集株式の払込金額の払込みを仮装した場合には、会社に対し、払込みを仮装した払込金額の全額の支払がされる前であっても、払込みを仮装した設立時発行株式について、設立時株主及び株主の権利を行使することができる。 予H29-16-3	➡ 102Ⅲ、102の2Ⅰ。全額の支払後でなければ権利行使できない	×
□□□　設立の廃止については、創立総会の招集に際して創立総会の目的である事項として定められていなくても、創立総会において、決議をすることができる。 H25-37-ウ	➡ 73Ⅳただし書 6 ❶	○
□□□　定款の作成及び認証は、発起人による出資の履行がされた後に行わなければならない。 予R4-16-ア	➡ 26、30Ⅰ、34 6 ❷	×
□□□　発起人による出資の履行に先立って、発起人の過半数の賛成により設立時役員等を選任しなければならない。 予R4-16-イ	➡ 38Ⅰ、Ⅲ、40Ⅰ 6 ❷	×

CORE PLUS

6 会社成立までの過程

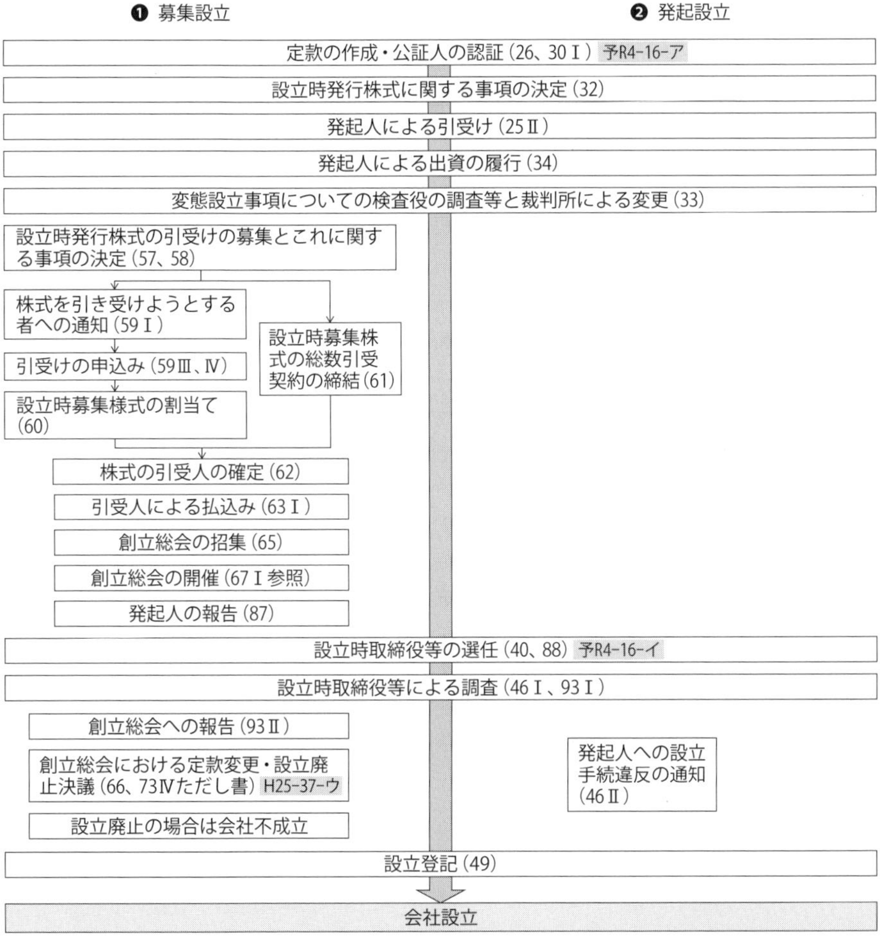

CORE TRAINING

01-5　株式会社の成立――設立の登記（法人格の取得）

□□□　発行済株式の総数が増加し、又は減少した場合には、変更の登記をしなければならない。 予R2-23-オ	➡ 発行済株式総数は、登記事項とされており(911Ⅲ⑨)、発行済株式総数が増減した場合、変更の登記をしなければならない(915Ⅰ)　[7] ＊	○

02　設立中の法律関係

□□□　定款に記載又は記録しないでされた財産引受けは無効であるが、成立後の株式会社が追認すれば遡って有効になる。 予R3-16-イ	➡ 28②、最判昭28.12.3、最判昭42.9.26	×
□□□　定款の認証の手数料は、定款に記載又は記録がない場合でも、成立後の株式会社が負担する。 予R3-16-ア	➡ 28④括弧書	○
□□□　判例によれば、設立費用に属する取引については性質上当然に成立後の会社に帰属し、会社が定款記載の設立費用の額を超えて弁済した場合、当該会社は、その超過額について発起人に求償することができる。 H20-37-ア	➡ 大判昭2.7.4（百選6事件）　[8] ＊	×

CORE PLUS

7 定款と登記の記載事項

		a 定款の記載事項か	b 登記事項か
❶ 必要的記載事項	i 目 的	○（27①）	○（911Ⅲ①）
	ii 商 号	○（27②）	○（911Ⅲ②）
	iii 本店の所在地	○（27③）	○（911Ⅲ③） 支店の所在地の登記も必要
	iv 設立に際して出資される財産の価格又はその最低額	○（27④）	×
	v 発起人の氏名又は名称及び住所	○（27⑤）	
	vi 発行可能株式総数	○（37）設立時までに定めればよい	○（911Ⅲ⑥）*
❷ 変態設立事項	i 現物出資	○（28①）	×
	ii 財産引受け	○（28②）	
	iii 発起人の報酬・特別の利益	○（28③）	
	iv 設立費用	○（28④）	
❸ 計算	i 資本金の額	×	○（911Ⅲ⑤）
	ii 中間配当をすることができる旨	○（454Ⅴ）	×
	iii 剰余金の配当等を取締役会が決定する旨	○（459Ⅰ）	
❹ 公告方法	i 公告方法	○（939Ⅰ）	○（911Ⅲ㉗㉙）
	ii やむを得ない事由によって電子公告をすることができない場合の公告方法	○（939Ⅲ後段）	○（911Ⅲ㉘ロ）

＊ 発行済株式総数は、登記事項とされており（911Ⅲ⑨）、発行済株式総数が増減した場合には、変更の登記をしなければならない（915Ⅰ）。 予R2-23-オ

8 未履行の設立費用に関する債務の帰属

発起人全額負担説	設立費用に関する債務は、第三者に対する関係においては、株式会社成立の前後を問わず常に発起人が負担する。しかし、発起人が債務を履行した場合には、設立費用のうち、定款に記載し又は記録し（28④）、かつ検査役の調査（33Ⅰ）を通った金額については、発起人は株式会社に対して求償できる
会社全額負担説	設立費用に関する債務は全額会社の債務となる。定款に記載又は記録がないか検査役の調査を通らなかった金額については、株式会社から発起人に求償できる
会社・発起人重畳責任説	株式会社と発起人が共に全債務について重畳的に責任を負担する
会社・発起人分担説（判例*）	設立費用に関する債務は、定款に記載され、かつ検査役の調査を通った限度において会社に帰属するが、これらの法定要件を満たさない債務は発起人が負担する

＊ 判例は、設立費用が定款に記載され、創立総会において承認されれば、その取引により生じる権利義務は当然に設立後の会社に移転し、会社がその債務を負担するとしている（大判昭2.7.4百選6事件）。 H20-37-ア

CORE TRAINING

03　設立の瑕疵と責任

03-1　設立の瑕疵

□□□　発起人のうちの一人が設立時発行株式の株主となる権利を全て失った場合であっても、他の発起人がその引き受けた設立時発行株式について出資の履行をした財産の価額が定款に記載された設立に際して出資される財産の価額又はその最低額を満たしているときは、株式会社の設立の無効事由とはならない。 予H28-16-ウ

➡ 25Ⅱ、36参照 [9] ❶ii　×

□□□　設立の無効の訴えに係る請求を認容する判決が確定したときは、会社は、清算の目的の範囲内において、清算が結了するまでは存続するものとみなされる。 H26-51-ア

➡ 828Ⅰ①、475②、476　[9] ＊1　○

□□□　発起人が会社の設立についてその任務を怠り、これによって会社に損害を生じさせた場合において、その会社について設立を無効とする判決が確定したときは、その発起人は、会社に対し、損害を賠償する責任を負わない。 予H27-16-5

➡ 53Ⅰ、828Ⅰ①、839　[9] ＊2　×

□□□　会社が成立しなかった場合において、発起人がその職務を行うについて注意を怠らなかったことを証明したときは、その発起人は、会社の設立に関して支出した費用を負担しない。 予H27-16-4

➡ 56。56条の責任は無過失責任である　×

CORE PLUS

9 設立無効の訴え

❶ 無効事由	i 定款の絶対的記載事項（27）が欠けていたり、その記載が違法であったりする場合＊1 ii 設立時発行株式を 1 株も引き受けない発起人がいる場合 予H28-16-ウ iii 定款につき公証人の認証（30Ⅰ）がない場合 iv 株式発行事項につき発起人全員の同意（32Ⅱ、58Ⅱ）がない場合 v 創立総会（65Ⅰ）が適法に開催されない場合 vi 設立に際して出資される財産の価額又はその最低額（27④）に相当する出資の履行がなされない場合 vii 設立の登記（49）が無効の場合
❷ 無効判決の効力	i 対世効（838） ii 将来効（839）＊2

＊1　設立無効の訴えに係る請求が認容された場合、当該設立は効力を失い、当該株式会社について清算手続が開始される（475②）。会社は清算の目的の範囲内において、清算が結了するまでは存続する（476）。H26-51-ア

＊2　設立無効の訴えに係る請求を認容する判決の将来効により、当該判決の確定前に生じていた発起人の任務懈怠責任（53Ⅰ）が消滅することはない。予H27-16-5

CORE TRAINING

03-2　設立関与者の責任

□□□　現物出資をした有価証券について検査役による調査が必要な場合でも、設立時取締役は、当該有価証券について定款に記載又は記録された価額の相当性を調査しなければならない。 予R4-16-オ

➡ 46 I ①括弧書、33 X ②　10 ※1　×

□□□　募集設立においては、発起人でない者であって、設立時発行株式を引き受ける者の募集の広告に自己の氏名又は名称及び会社の設立を賛助する旨を記載することを承諾したものは、現物出資に関する事項について裁判所が選任した検査役の調査を経た場合を除き、当該会社の成立の時における現物出資財産の価額が定款に記載された価額に著しく不足するときは、当該会社に対し、当該不足額を支払う義務を負う。 予H29-16-4

➡ 103 IV、52 I、II ①　10 ❷ i b　○

□□□　発起人の一人からの財産引受けに係る契約が締結された場合において、会社の成立の時におけるその目的財産の価額が定款に記載された価額に著しく不足するときは、その財産引受けに関する事項について裁判所が選任した検査役の調査を経たときでも、他の発起人は、会社に対し、その不足額を支払う義務を負う。 予H27-16-1

➡ 52 II ①、103 I　10 ＊1　×

□□□　設立時募集株式の引受人が設立時募集株式の払込金額の払込みを仮装した場合において、当該引受人が株式会社に対して負う払込みを仮装した払込金額の全額の支払をする義務は、総株主の同意によっても、免除することができない。 予R2-16-エ

➡ 102の2、102 III、63 I　10 ※2　×

□□□　発起人がその職務を行うについて悪意又は重大な過失があったことにより第三者に生じた損害を賠償する責任を負うときは、総株主の同意によっても、これを免れることができない。 予H27-16-3

➡ 53 II、55参照　10 ＊4　○

□□□　発起人以外の者であっても、募集の広告に自己の氏名及び株式会社の設立を賛助する旨を記載することを承諾したものは、発起人とみなされ、発起人の責任に関する会社法の規定の適用を受ける。 H22-37-1

➡ 103 IV　10 ❷　○

□□□　判例の趣旨によれば、株式会社の設立の際、発起人による出資の履行がいわゆる見せ金によって仮装されたものであったにもかかわらず、出資の履行が完了したとして商業登記簿の原本である電磁的記録に資本金の額の記録をさせた行為は、電磁的公正証書原本不実記録罪に当たる。予R2-16-オ

➡ 最決平17.12.13　○

CORE PLUS

⑩ 設立関与者の責任

	i 対会社			ii 対第三者
	a 損害賠償責任	b 不足額填補責任	c 仮装払込み責任	
❶ 発起人	○ （53Ⅰ）	○*1 （52Ⅰ）	○*3 （52の2Ⅰ、103Ⅱ）	○*4 （53Ⅱ）
❷ 擬似発起人（募集設立の場合のみ） H22-37-1	○ （103Ⅳ、53Ⅰ）	○*1 （103Ⅳ、52Ⅰ） 予H29-16-4	○*3 （103Ⅳ、52の2Ⅰ、103Ⅱ）	○*4 （103Ⅳ、53Ⅱ）
❸ 設立時取締役	○ （53Ⅰ）	○*1 （52Ⅰ）	○*3 （52の2Ⅱ、103Ⅱ）	○*4 （53Ⅱ）
❹ 設立時監査役	○ （53Ⅰ）	×	×	○*4 （53Ⅱ）
❺ 現物出資財産等の証明・鑑定評価した者	×	○*2 （52Ⅲ）	×	×

＊1　52条2項により責任を負わない場合がある。予H27-16-1
＊2　当該証明者が証明をするについて注意を怠らなかったことを証明した場合は責任を負わない（52Ⅲただし書）。
＊3　職務を行うについて注意を怠らなかったことを証明した場合は責任を負わない（出資の履行や払込みを仮装した者は除く。52の2Ⅱただし書）。
＊4　53条2項の発起人等の第三者に対する損害賠償責任は、55条の総株主の同意による責任免除の対象となっていない。予H27-16-3

※1　設立時取締役は選任後遅滞なく、現物出資された財産について定款に記載又は記録された価額の相当性を調査しなければならない（46Ⅰ①）。もっとも、設立時取締役が調査を行わなければならないものは、33条10項1号、2号に限定されている。そして、33条10項1号、2号に該当するものは検査役の調査が免除されている。そのため、設立時取締役が価額の相当性を調査しなければならないのは、検査役の調査が不要なものとなる。予R4-16-オ

※2　設立時募集株式の引受人は、金銭の払込み（63Ⅰ）を仮装した場合には、払込みを仮装した払込金額について支払義務を負うが（102の2Ⅰ）、総株主の同意があれば、その責任は免除される（102の2Ⅱ）。予R2-16-エ

MEMO

No. 007

論

株式の共有

予H27-18

□　月　日
□　月　日
□　月　日

株式が２以上の者の共有に属する場合に関する次のアからオまでの各記述のうち、誤っているものを組み合わせたものは、後記１から５までのうちどれか。

□□□ ア．判例によれば、その株式に係る権利を行使する者を指定するときは、持分の価格に従いその過半数をもってこれを決することができる。

□□□ イ．判例によれば、その株式に係る権利を行使する者を指定し、会社に通知した場合でも、株主総会の決議事項について共有者の間に意見の相違が生じたときは、その指定された者は、自己の判断に基づき議決権を行使することができない。

□□□ ウ．その株式に係る権利を行使する者の指定及び会社に対する通知を欠くときは、会社が株式の共有者に対してする通知又は催告は、そのうちの１人に対してすれば足りる。

□□□ エ．判例によれば、その株式に係る権利を行使する者の指定及び会社に対する通知を欠く場合には、共有者全員が議決権を共同して行使するときでも、会社から議決権の行使を認めることは許されない。

□□□ オ．判例によれば、株式を２以上の者が共同して相続し、そのうちの１人が共有者として株主総会決議不存在確認の訴えを提起する場合において、その株式に係る権利を行使する者の指定及び会社に対する通知を欠くときは、特段の事情がない限り、原告適格は認められない。

１．ア　ウ　　２．ア　オ　　３．イ　ウ　　４．イ　エ　　５．エ　オ

No. 007　正解　4　株式の共有に関する各判例が、どの問題点について判示したものなのかに注目しよう。　正答率 70.7%

ア　正しい。

判例は、有限会社の持分の準共有（民264条）の場合において、「持分の**準共有者間**において**権利行使者を定めるに**当たっては、**持分の価格に従いその過半数をもって**これを**決する**ことができる」としている（最判平９．１．28百選10事件）。そして、この判例の射程は株式の準共有者間における権利行使者の指定（会社106条本文）の場合にも及ぶ。

イ　誤り。　類 予R3-19-ア

判例は、有限会社における持分が数名の共有に属している場合に、その共有者が社員としての権利を行使すべき者を選定し会社に届け出たときは、総会の決議事項について逐一共有者間で合意をする旨の取決めをしていたとしても、被選定者は自己の判断に基づいて議決権を行使し得るとしている（最判昭53．４．14）。そして、この判例の射程は、株主の準共有者間における議決権行使の場合にも及ぶ。

ウ　正しい。

株式が２以上の者の共有に属するときは、共有者は、株式会社が株主に対してする通知又は催告を受領する者１人を定め、当該株式会社に対し、その者の氏名又は名称を通知しなければならない（126条３項前段）。そして、共有者がそのような代表者を定めないときは、株式会社が共有者に対してする通知又は催告は、そのうちの１人に対してすれば足りる（同条４項）。

エ　誤り。

判例は、「共有に属する株式について会社法106条本文の規定に基づく指定及び通知を欠いたまま当該株式についての権利が行使された場合において、当該権利の行使が民法の共有に関する規定に従ったものでないときは、株式会社が同条ただし書の同意をしても、当該権利の行使は、適法となるものではない」としたうえ、**共有に属する株式の議決権の行使**は、「**特段の事情のない限り**、株式の**管理に関する行為**として、**民法252条本文〔現252条１項本文〕**により、**各共有者の持分の価格に従い、その過半数で決せられる**」としている（最判平27．２．19百選11事件）。したがって、議決権を共有者全員で共同して行使する場合はもちろん、共有者の過半数で共同して行使するときであれば、民法の共有に関する規定に反しないため、会社からこれを認めることは許される。

オ　正しい。　類 予R3-19-オ

判例は、共同相続人が株式の準共有者として株主総会決議不存在確認の訴えを提起する場合であっても、共有者間で権利行使者としての指定を受けたうえでその旨を会社に通知しなければ、特段の事情のない限り、原告適格を認めることはできないとしている（最判平２．12．４百選９事件）。

文献　試験対策講座・会社法109～111頁。判例シリーズ10、11事件

No. 008　論　**利益供与**　H25-39

□ 月 日
□ 月 日
□ 月 日

会社法の禁止する株主の権利の行使に関する利益の供与についての次のアからオまでの各記述のうち、正しいものを組み合わせたものは、後記1から5までのうちどれか。

□□□ ア．判例によれば、会社から見て好ましくない株主が議決権を行使することを回避する目的で、会社が、自己の計算において、第三者に対してその株主から株式を譲り受けるための対価を供与した場合には、株主の権利の行使に関する利益の供与に該当する。

□□□ イ．会社が、自己の計算において、特定の株主に対して無償で財産上の利益の供与をした場合には、その会社は、株主の権利の行使に関する利益の供与をしたものと推定される。

□□□ ウ．株主が、自己の計算において、株主総会における議決権の行使に関し、他の株主に対して財産上の利益の供与をした場合には、株主の権利の行使に関する利益の供与に該当する。

□□□ エ．取締役が株主の権利の行使に関する利益の供与をした場合には、その利益の供与をすることに関与した他の取締役は、その職務を行うについて注意を怠ったかどうかにかかわらず、会社に対し、供与した利益の価額に相当する額を支払う義務を負う。

□□□ オ．会社から株主の権利の行使に関する利益の供与を受けた者が取締役、会計参与、監査役、執行役又は会計監査人でない場合には、その者に対してその利益の返還を求める株主代表訴訟は、提起することができない。

1．ア　イ　　2．ア　ウ　　3．イ　オ　　4．ウ　エ　　5．エ　オ

No. 008　**正解 1**　利益供与については、まず120条の内容を正確に記憶し、そのうえで記述アの判例等をおさえよう。　正答率 85.6%

ア　正しい。

判例は、株式の譲渡は株主たる地位の移転であり、「株主の権利の行使」とはいえないから、会社が株式の譲渡の対価として何人かに利益を供与しても当然には120条1項の禁ずる利益供与には当たらないが、会社から見て好ましくない株主が株主の権利を行使することを回避する目的で、当該株主から株式を譲り受けるための対価を何人かに供与する行為は、120条1項の禁ずる利益供与行為に当たるとしている（最判平18.4.10百選12事件）。

イ　正しい。

株式会社が**特定の株主**に対して**無償で財産上の利益の供与**をしたときは、当該株式会社は、**株主の権利の行使に関し、財産上の利益の供与**をしたもの**と推定**される（120条2項前段）。

ウ　誤り。

120条1項が禁止する「利益の供与」とは、株式会社が、株主の権利の行使に関し、財産上の利益を供与（当該株式会社又はその子会社の計算においてするものに限る）することをいう。したがって、株主が、自己の計算において、株主総会における議決権の行使に関し、他の株主に対して財産上の利益の供与をしても、同項の禁止する「利益の供与」には該当しない。

エ　誤り。

株式会社が、120条1項に違反して財産上の利益の供与をした場合、当該利益の供与をすることに関与した取締役として法務省令で定める者は、原則として、当該株式会社に対して、連帯して、供与した利益の価額に相当する額を支払う義務を負う（同条4項本文、会社則21条各号）。もっとも、当該利益の供与をした取締役以外の取締役は、自己の職務を行うについて注意を怠らなかったことを証明した場合には、当該義務を負わない（過失責任、会社120条4項ただし書）。

オ　誤り。

株式会社が、120条1項に違反して財産上の利益の供与をした場合、当該利益の供与を受けた者は、これを当該株式会社又はその子会社に返還しなければならない（同条3項前段）。そして、一定の要件を満たす株主は、株主代表訴訟により当該利益の返還を求めることができるところ（847条1項本文、3項）、その相手方は取締役、会計参与、監査役、執行役又は会計監査人に限られない。

文献　試験対策講座・会社法120、121頁。判例シリーズ14事件

CORE TRAINING

□□□　判例の趣旨によれば、権利行使者の指定及び通知を要する旨の会社法の規定は、民法の共有の規定に対する特別の定めに当たる。予R3-19-ウ

➡ 最判平27.2.19（百選11事件）
1 ＊1
○

□□□　判例の趣旨によれば、各共有者の持分の価格に従い、その過半数を有する株式の共有者は、権利行使者の指定及び通知がされなければ、その株式会社の同意があっても、取締役選任決議の議決権を行使することはできない。予R3-19-エ

➡ 106ただし書。最判平27.2.19（百選11事件）参照
1 ❷
×

□□□　共有に属する株式につき株主総会における議決権を行使する者については、株主総会の都度、権利行使者の指定及び通知がされなければならない。予R3-19-イ

➡ 106本文。都度の指定・通知は要求されていない
1 ※
×

CORE PLUS

1 株式の準共有と株主権行使

	i 要件		ii 効果
	権利行使者の指定・通知（106本文）	会社の同意（106ただし書）	
❶ 106本文*1	必要*1		自益権 共益権 行使可
❷ 106ただし書*2 予R3-19-エ	不要（適用排除）	必要	

＊1　106条本文は民法の共有に関する規定に対する「特別の定め」（民264ただし書）に当たる（最判平27.2.19百選11事件）。予R3-19-ウ

＊2　会社が同意をした場合は106条本文の適用が排除されるにとどまるから、指定・通知を欠く権利行使は、民法の共有の規定に従ったものでない限り、会社の同意があっても適法とはならない（前掲最判平27年）。

※　会社に対する権利行使者の指定・通知は一度で足り、権利行使の都度行う必要はない。予R3-19-イ

CORE TRAINING

□□□　株主総会決議の取消しを請求する訴訟の係属中、株主である原告が死亡した場合には、株主の株主総会決議取消請求権などの共益権は一身専属的権利であるため、当該訴訟は、原告の死亡によって終了し、相続により株式を取得した相続人が承継することはない。 予R4-24-4 、予H30-17-オ 、予H25-26-イ	➡ 最大判昭45.7.15 2 ※	×
□□□　監査役設置会社の株主は、その権利を行使するため必要があるときは、裁判所の許可を得て、取締役会議事録の閲覧又は謄写をすることができる。 予R4-19-オ	➡ 371 Ⅱ、Ⅲ 2	○

CORE PLUS

2 単独株主権と少数株主権

単独株主権	自益権	○剰余金配当請求権（105Ⅰ①） ○残余財産分配請求権（105Ⅰ②）等[*1]
単独株主権	共益権	○議決権（105Ⅰ③） ○取締役議事録閲覧謄写請求権（371Ⅱ、Ⅲ） 予R4-19-オ
少数株主権	共益権	○会計帳簿閲覧謄写請求権（433Ⅰ） ○監督是正権（303[*2]、305[*2]、847等）

＊1　会社はその本質として営利性を有するところ、剰余金の配当（105Ⅰ①）と残余財産の分配（105Ⅰ②）の全部を与えない旨の定款の定めは認められない（105Ⅱ）。

＊2　取締役会設置会社のみ。

※　株主の相続人は共益権を相続するから、株主総会決議取消しの訴えの原告たる地位を承継する（最大判昭45.7.15）。予R4-24-4、予H30-17-オ、予H25-26-イ

3 利益供与の効果

責任の主体	返還・支払義務	免除
❶ 財産上の利益の供与を受けた者	受けた利益を当該株式会社又はその子会社に返還しなければならない（120Ⅲ前段） → 利益供与を受けた者は、当該株式会社又はその子会社に対して、利益と引換えに給付したものがあるときは、その返還を受けることができる（120Ⅲ後段）	なし（120Ⅴ参照）
❷ 違法な利益供与を自ら行った取締役・執行役	連帯して、供与した利益の価額に相当する額を支払う義務を負う（無過失責任、120Ⅳただし書括弧書）	総株主の同意による免除可（120Ⅴ）
❸ 当該利益供与をすることに関与した取締役・執行役	連帯して、供与した利益の価額に相当する額を支払う義務を負う（過失責任、120Ⅳただし書）	総株主の同意による免除可（120Ⅴ）

［第1編第4章第2節（株式の内容と種類）及び第3節（株券）には、登載基準を満たすフル問題がありません。］

CORE TRAINING

01 株式の内容と種類

□□□ 定款で定めた各種類の株式の発行可能種類株式総数の合計数は、定款で定めた発行可能株式総数と一致していなければならない。予R1-17-オ	➡ 定款で定めた各種類の発行可能株式総数とその合計数は、必ずしも一致している必要はない	×
□□□ 会社法上の公開会社は、株主に対してその有する当該種類の株式の数にかかわらず同額の剰余金の配当をすることを内容とする種類の株式を発行することはできない。予R1-17-ア	➡ 108Ⅰ①、454Ⅲ参照 [1]＊1	○
□□□ 会社法上の公開会社は、当該種類の株式の株主が1株につき複数個の議決権を有することを内容とする種類の株式を発行することができる。予R1-17-イ	➡ 108Ⅰ③、308Ⅰ参照 [1]＊2	×
□□□ 指名委員会等設置会社は、当該種類の株式の種類株主を構成員とする種類株主総会において取締役を選任することを内容とする種類の株式を発行することができない。予R1-17-ウ	➡ 108Ⅰただし書、⑨ [1]＊3	○
□□□ 株主総会において決議をすることができる事項の全部につき議決権を行使することができない議決権制限株式の株主であっても、当該種類の株式の種類株主を構成員とする種類株主総会においては、議決権を有する。予R1-17-エ	➡ 議決権制限株式（108Ⅰ③）の株主も種類株主総会においては議決権を有する [1]❷iii	○

02 株券

□□□ 一部の種類の株式についてのみ譲渡制限がある株式会社は、株主から請求があるまでは、株券を発行しないことができる。予R4-18-イ	➡ 215Ⅰ、Ⅳ [2]※	×
□□□ 判例の趣旨によれば、株券としての効力が発生するのは、株式会社が会社法所定の形式を具備した文書を作成した時ではなく、当該文書を株主に交付した時である。H26-40-イ、予R4-18-ア	➡ 最判昭40.11.16（百選23事件）[2]❶	○
□□□ 株式会社がその株式に係る株券を発行する旨の定款の定めを廃止する定款変更をしたときは、当該株式会社の株券は、株主が株券を当該株式会社に提出しなくても、当該定款変更がその効力を生ずる日に無効となる。予R4-18-オ	➡ 218Ⅰ②、Ⅱ	○

CORE PLUS

1 株式の種類

❶ 特別な内容の株式（107 Ⅰ） →すべての株式の内容となる	ⅰ 譲渡制限株式（①）
	ⅱ 取得請求権付株式（②）
	ⅲ 取得条項付株式（③）
❷ 種類株式で定め得る事項（108 Ⅰ） →特定の株式の内容となる	ⅰ 剰余金の配当（①）＊1
	ⅱ 残余財産分配（②）
	ⅲ 株主総会における議決権行使事項（③）＊2 予R1-17-エ
	ⅳ 譲渡制限（④）
	ⅴ 株主からの取得請求権（⑤）
	ⅵ 株式会社や総会決議による強制取得（⑥、⑦）
	ⅶ 定款に基づく種類株主総会の決議（⑧）
	ⅷ 種類株主総会での取締役・監査役の選任（⑨）＊3

＊1　会社法は剰余金の配当につき内容の異なる2以上の種類株式の発行を認めるのみであり（108Ⅰ①、454Ⅱ各号）、各種類株式については、株主の有する株式数に応じて、配当金を割り当てなければならず（454Ⅲ）、株主の有する株式数を無視した剰余金の配当は認められない。予R1-17-ア

＊2　会社法は、議決権に関する株式内容の差異について、特定の事項につき議決権を行使できるか否かについて定めるのみであり（108Ⅰ③）、1株1議決権の原則（308Ⅰ）に反する種類株式の発行を認める会社法上の規定は存在しない。予R1-17-イ

＊3　指名委員会等設置会社及び公開会社は、108条1項9号の事項の定めがある種類株式を発行できない（108Ⅰただし書）。予R1-17-ウ

2 株券の効力発生時期

	効力発生時期	善意取得（131 Ⅱ）の可否
❶ 交付時説（最判昭40.11.16百選23事件）	適法に株券を作成して株主に交付した時に効力を生ずる H26-40-イ、予R4-18-ア	株券を株主に交付する前に喪失し第三者が取得しても、善意取得は認められない
❷ 発行時説	株券を作成し、会社の意思に基づいて他人に交付した時に効力を生ずる	会社が任意に株券を交付した場合は、有効な株券となって、その株券について善意取得が認められ得る
❸ 作成時説	適法に株券を作成した時に効力が生ずる	株券が作成されれば、株主権は表章されているから、善意の第三者が取得すれば、善意取得が認められる

※　公開会社でない株券発行会社は、株主の請求があるまでは株券を発行しなくてよい（215Ⅳ）。予R4-18-イ

CORE TRAINING

□□□　株主は、株式会社に対し、株券の所持を希望しない旨を申し出ることができ、当該株主が所持していた株券は、当該株主が当該株券を当該株式会社に提出した時に無効となる。 予R4-18-ウ

➡ 217Ⅴ　[3]※1　×

□□□　株券喪失登録がされた株券は、その登録が抹消された場合又は株式会社が株券発行会社でなくなることにより株券が無効となった場合を除き、株券喪失登録日の翌日から起算して1年を経過した日に無効となる。 予R4-18-エ

➡ 228Ⅰ　[3]　○

CORE PLUS

[3] 株券失効制度

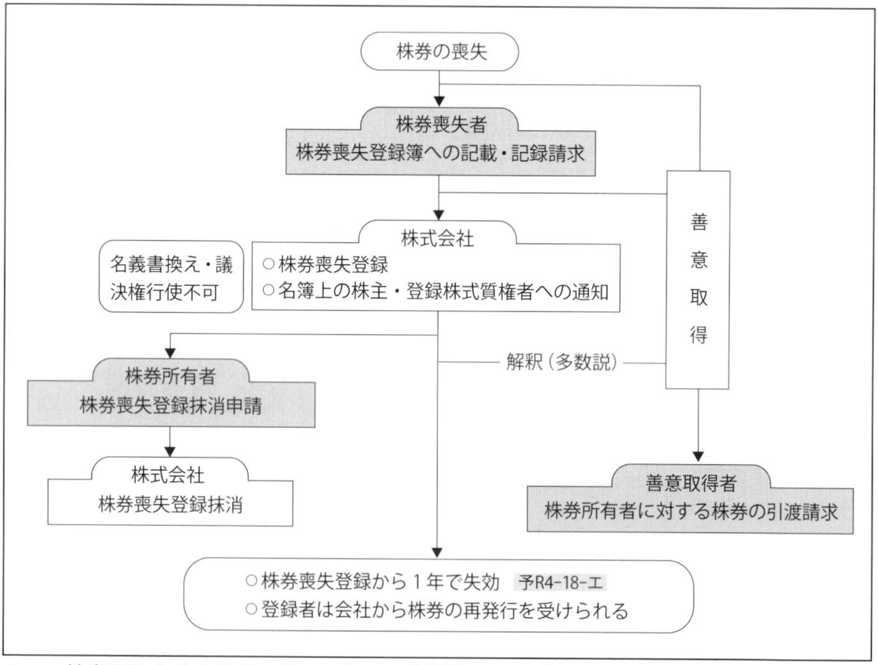

※1　株券発行会社は株式を発行した日以後遅滞なく、株券を発行しなければならないとされている（215Ⅰ）。もっとも、当該会社の株主は会社に対して株券不所持の申出を行うことができる（217Ⅰ）。この場合において、株券が無効となるためには、当該会社に株券を提出すると共に（217Ⅱ）、当該会社が遅滞なく株式に関わる株券を発行しない旨を株式名簿に記載又は記録したときに、当該株券は無効となる（217Ⅲ、Ⅴ）。予R4-18-ウ

※2　新株予約権証券及び社債券については、公示催告手続により無効にできる（291Ⅰ、699Ⅰ）。しかし、株券については非訟事件手続法の適用が除外されており（233）、公示催告手続により無効にできない。

No. 009

譲渡制限株式

H25-38

□ 月 日
□ 月 日
□ 月 日

株式会社の譲渡制限株式に関する次のアからオまでの各記述のうち、正しいものを組み合わせたものは、後記１から５までのうちどれか。

□□□ ア．会社が、定款を変更して、その発行する全部の株式の内容として、譲渡による当該株式の取得について会社の承認を要する旨の定款の定めを設ける場合には、総株主の同意を得なければならない。

□□□ イ．会社は、その発行する一部の株式の内容として、譲渡による当該株式の取得について会社の承認を要する旨の定款の定めを設けることはできない。

□□□ ウ．譲渡制限株式の株主が死亡した場合には、その相続人は、当該譲渡制限株式の取得について会社の承認を得ない限り、会社に対し、株主の地位を主張することはできない。

□□□ エ．判例の趣旨によれば、取締役会設置会社の唯一の株主がその保有する譲渡制限株式を他に譲渡した場合には、取締役会の決議による承認がないときであっても、その譲渡は、当事者間だけではなく、会社に対する関係においても、有効である。

□□□ オ．取締役会設置会社は、定款の定めにより、譲渡による株式の取得についての承認の決定を株主総会の決議によるものとすることができる。

１．ア　イ　　２．ア　ウ　　３．イ　オ　　４．ウ　エ　　５．エ　オ

No. 009　**正解　5**

記述エの判例は、事例問題でも問われる知識なので、理由づけまで記憶しておこう。

正答率 85.4%

ア　誤り。

種類株式発行会社でない株式会社が、定款を変更して、その発行する全部の株式の内容として、**譲渡による**当該**株式の取得**について当該**株式会社の承認を要する旨**の定款の定め**を設けるには、**株主総会の**特殊決議**を**経れば足りる**（309条３項１号）。また、種類株式発行会社が、定款を変更して、その発行する全部の株式の内容として、譲渡による当該株式の取得について当該株式会社の承認を要する旨の定款の定めを設けるには、通常の定款変更手続（309条２項11号、466条）のほか、一定の種類の株式の種類株主を構成員とする各種類株主総会の決議を経れば足りる（324条３項１号、111条２項柱書本文）。

イ　誤り。

株式会社は、その発行する**一部の株式**の内容として、**譲渡による**当該**株式の取得**について**会社の承認を要する旨**の**定款の定めを設ける**ことができる（２条17号、108条１項４号、２項４号参照）。

ウ　誤り。

株式取得者が相続その他の一般承継により譲渡制限株式を取得した者である場合、その取得は「譲渡」によって譲渡制限株式を取得したものではないため、当該株式の取得について株式会社の承認を得なくても、株主名簿の名義書換えを請求することができる（134条４号）。

エ　正しい。

判例は、定款に株式の譲渡制限の定めがある一人会社において、その株主がその保有する株式を他に譲渡した場合、定款所定の取締役会の承認がなくとも、その譲渡は会社に対する関係においても有効と解するのが相当であるとしている（最判平５.３.30）。これは、**定款による株式の譲渡制限**は、**会社にとって好ましくない者が株主**になること**を排除**し、それによって**譲渡人以外の株主の利益を保護**することを目的とするところ、一人会社の場合には、譲渡人以外に他の株主が存在せず、譲渡制限により保護すべき利益は認められないからである。

オ　正しい。

取締役会設置会社において、株式会社が譲渡制限株式の**譲渡の承認**をするか否かの**決定**をするには、**原則**として、**取締役会の決議**によらなければならない（139条１項本文括弧書）。もっとも、**定款**に定めることにより、当該**承認の決定機関を**株主総会等の**他の機関と**することが**できる**（同項ただし書）。

文献　試験対策講座・会社法123～126、145、146、149頁。判例シリーズ19事件

No. 010　論　**株式の譲渡**　H24-39

□　月　日
□　月　日
□　月　日

株式の譲渡に関する次のアからオまでの各記述のうち、判例の趣旨に照らし正しいものを組み合わせたものは、後記1から5までのうちどれか。

□□□ ア．株券発行会社が株券の発行を不当に遅滞し、信義則に照らし、株券発行前にされた株式の譲渡の効力を否定するのを相当としない状況に至った場合において、株主が意思表示のみによって株式を譲渡したときは、その譲渡は、会社に対しても、その効力を有する。

□□□ イ．譲渡制限株式について、会社の承認を得ないで譲渡がされた場合、その譲渡は、譲渡当事者間において、その効力を有しない。

□□□ ウ．株式の譲渡について、会社に対し適法に株主名簿の名義書換請求がされたにもかかわらず、会社の過失により名義書換が行われなかったときは、会社は、株主名簿の名義書換のないことを理由として、株式の譲渡を否定することができない。

□□□ エ．株式の譲渡に関する株主名簿の名義書換が会社の都合で遅れている場合には、会社は、その譲渡を認め譲受人を株主として取り扱うことができない。

□□□ オ．株券発行会社の株式について、その会社の剰余金の配当の基準日より前に株券が交付されて譲渡されたが、その基準日までに株主名簿の名義書換請求がされずに譲渡人が配当金を受領したときは、譲渡人は、譲受人に対し、受領した配当金相当額の金員について不当利得返還義務を負わない。

1．ア　イ　　2．ア　ウ　　3．イ　エ　　4．ウ　オ　　5．エ　オ

No. 010 正解 2　各記述は、論文式試験でも問われる重要判例なので、しっかり記憶しよう。　正答率 92.9%

ア　正しい。

株券の発行前にした譲渡は、株券発行会社に対し、その効力を生じない（128条２項）。もっとも、判例は、会社が株券の発行を不当に遅滞し、信義則に照らしても株式譲渡の効力を否定することが相当でない状況に至った場合には、株主は意思表示のみによって株式を譲渡でき、会社はその効力を否定できず、譲受人を株主と扱わなければならないとしている（最大判昭47.11.８百選 A4事件）。

イ　誤り。

判例は、会社の**承認を得ずになされた譲渡制限株式の譲渡**について、「**会社に対する関係**では**効力**を**生じない**が、**譲渡当事者間**においては**有効**である」としている（最判昭48.６.15百選16事件）。

ウ　正しい。

判例は、株式の譲受人から名義書換請求があったにもかかわらず、会社が**過失により名義書換えを行わなかった場合**には、会社は当該**譲受人を株主として扱うべき**であり、株式の**譲渡人を株主として扱ってはならない**としている（最判昭41.７.28百選13事件）。

エ　誤り。

判例は、130条１項によれば、**株式の移転**は取得者の氏名及び住所を**株主名簿に記載しなければ会社に対抗できない**が、**会社の側から**株式の**移転があったことを主張することは妨げられない**としている（最判昭30.10.20）。したがって、本記述の場合も、会社は、譲渡を認め譲受人を株主として取り扱うことができる。

オ　誤り。

株券発行会社の株式について、その会社の剰余金配当の基準日より前に株券が交付されて譲渡されたが、その基準日までに株主名簿の名義書換請求がされていない場合、**名義書換えをしない限り**当該**株式の譲渡を会社に対抗できない**のであるから（130条２項、１項）、会社としては名義株主である譲渡人に配当金を交付すれば足りる。もっとも、**譲渡の当事者間では既に譲渡の効力が生じており**、株主権が譲受人に移転したと解すべきであるから、**譲受人は、譲渡人**に対し、**不当利得**（民703条）**として、受領した配当金相当額**の金員の返還を**請求**することが**できる**（最判昭37.４.20参照）。

文献　試験対策講座・会社法142、143、147～149、168、170～174頁。判例シリーズ16、18、20事件

No. 011

論　株式の譲渡及び株主名簿の名義書換え

予R1-18

□　月　日
□　月　日
□　月　日

株式の譲渡及び株主名簿の名義書換に関する次のアからオまでの各記述のうち、正しいものを組み合わせたものは、後記１から５までのうちどれか。

□□□ ア．判例の趣旨によれば、株式を譲り受けた株式取得者が株主名簿の名義書換の請求をしたにもかかわらず、株式会社が正当な事由なく当該請求に応じなかったときは、当該株式会社は、株主名簿の名義書換がないことを理由として、株式の譲渡を否定することができず、当該株式取得者を株主として取り扱わなければならない。

□□□ イ．判例の趣旨によれば、株券発行会社の株式について、株式会社が定めた剰余金の配当の基準日より前に株券が交付されて譲渡されたが、当該基準日までに株主名簿の名義書換の請求がされなかったときは、株主名簿上の株主である譲渡人が適法に配当金を受領することができ、譲渡人は、譲受人に対し、受領した配当金相当額の金員について不当利得返還義務を負わない。

□□□ ウ．相続により譲渡制限株式を取得した株式取得者が株式会社に対し、株主名簿の名義書換の請求をするには、当該譲渡制限株式を取得したことについて当該株式会社の承認を受けていなければならない。

□□□ エ．振替株式は、株券発行会社でない株式会社の株式であるから、振替株式の譲渡は、当事者間においては、意思表示のみによって、その効力を生ずる。

□□□ オ．振替株式に係る株主名簿の名義書換は、振替機関から株式会社に対してされる総株主通知に基づいて行われる。

１　ア　ウ　　２．ア　オ　　３．イ　ウ　　４．イ　エ　　５．エ　オ

No. 011　**正解 2**　正解にたどり着くだけでなく、これを機に他の記述についての知識も整理しておこう。　正答率 75.0%

ア　正しい。

前掲最判昭41年（百選13事件）は、「**正当の事由なく**して株式の**名義書換請求を拒絶した会社**は、その書換のないことを理由としてその**譲渡を否認し得ない**のであり……、従って、このような場合には、会社は株式**譲受人を株主として取り扱うことを要し**、株主名簿上に株主として記載されている**譲渡人を株主として取り扱うことを得ない**」としている。

イ　誤り。

前掲最判昭37年は、株券発行会社の**株式譲受人**が**名義書換え**を**失念**し、**名簿上の株主に剰余金の配当**と**株式の無償交付**が**なされた**事案において、「本件株式につき被上告人に名義書換がなされるまでの間に、株主名簿上の株主として交付を受けた本件利益配当金及び無償交付の新株（またはその売得金）を**不当利得**として……**返還すべき義務**のあることは**明らか**である」として、名簿上の株主が出捐《しゅつえん》なしに得たものについての不当利得返還請求を認めている。

ウ　誤り。

株式取得者が取得した株式が譲渡制限株式である場合には、134条ただし書各号いずれかの要件を満たさない限り、株式取得者は、会社に対して、当該株式についての株主名簿の名義書換請求（133条１項）をすることができない（134条柱書）。もっとも、株式取得者が、相続その他の一般承継により譲渡制限株式を取得した者である場合には、例外的に、会社に対して、当該株式についての株主名簿の名義書換えを請求することができる（134条ただし書４号）。そして、この場合に株式会社の承認を得る必要はない。

エ　誤り。

振替株式の**譲渡**は、譲渡人の申請により、譲受人がその**口座**における**保有欄に譲渡株式数の増加の記載・記録を受けること**によって、その**効力が生じる**ため（社債株式振替140条）、意思表示のみでは当事者間においても譲渡の効力は生じない。

オ　正しい。

振替株式の場合、振替機関は基準日等における自己及び下位口座管理機関の振替口座等の内容を発行会社に通知しなければならず、これを総株主通知という（社債株式振替151条）。発行会社は、総株主通知を受けたときは株主名簿に通知事項等を記載しなければならず、それにより名義書換えがされたものとして取り扱われる（社債株式振替152条１項）。

文献　試験対策講座・会社法147、170～175頁。判例シリーズ16事件

CORE TRAINING

01　法律による譲渡制限

□□□　設立時募集株式の引受人は、設立時募集株式の払込金額の全額の払込みをする前に設立時募集株式の株主となる権利を譲渡した場合には、当該譲渡を成立後の株式会社に対抗することができないが、当該払込みをした後に設立時発行株式の株主となる権利を譲渡した場合には、当該譲渡を成立後の株式会社に対抗することができる。予H28-16-エ

➡ 63Ⅱ、50Ⅱ類推適用　1 ❶　×

□□□　株券発行前にした株式の譲渡契約は、当事者間においても、また、株券発行会社に対しても、効力を生じない。オリジナル①

➡ 128Ⅱ。株式の譲渡は、当事者間では有効である　1 ❶　×

□□□　設立会社は、新設分割によって、その親会社の株式を分割会社から承継することができる。H23-49-オ

➡ 135Ⅰ、Ⅱ④　1 ❷ⅳ　○

□□□　子会社がその親会社である株式会社の株式を無償で取得することは、禁じられていない。オリジナル②

➡ 135Ⅰ、Ⅱ⑤、会社則23⑤　1 ❷ⅴ　○

CORE PLUS

1 法律による譲渡制限

❶ 時期による制限	権利株（35、50Ⅱ、63Ⅱ、208Ⅳ）予H28-16-エ	
	株券発行前の譲渡（128Ⅱ）オリジナル①	
❷ 子会社による親会社株式の取得の制限	原則：子会社は親会社株式を取得してはならない（135Ⅰ）	
	例外：親会社株式の取得が可能（135Ⅱ）	ⅰ 他の会社（外国会社を含む。）の事業の全部を譲り受ける場合において当該他の会社の有する親会社株式を譲り受ける場合（①）
		ⅱ 合併後消滅する会社から親会社株式を承継する場合（②）
		ⅲ 吸収分割により他の会社から親会社株式を承継する場合（③）
		ⅳ 新設分割により他の会社から親会社株式を承継する場合（④）H23-49-オ
		ⅴ その他法務省令で定める場合（⑤）＊ オリジナル②

＊　法務省令で定める場合として、会社法施行規則23条が挙げられる。

CORE TRAINING

02　定款による譲渡制限

□□□　譲渡による株式の取得について取締役会の承認を要する旨の定款の定めを設けている取締役会設置会社において、譲渡制限株式に関しては、当該株式を従業員以外の者に譲渡する場合に限り、取締役会の承認を要する旨を定款で定めることができる。 予H29-17-イ

➡ 107Ⅱ①イ、ロ、108Ⅰ④、Ⅱ④　○

□□□　譲渡による株式の取得について取締役会の承認を要する旨の定款の定めを設けている取締役会設置会社において、取締役会の承認を得ないで譲渡制限株式が譲渡された場合には、当該株式の譲受人は、当該株式の取得について取締役会の承認を求めることができない。 予H29-17-エ

➡ 137Ⅰ　[2]❶　×

□□□　譲渡制限株式の譲渡について、会社がこれを承認しない旨の決定をするときは当該会社又は指定買取人が買い取ることを会社に対して請求した株主は、指定を受けた旨及び買い取る対象株式の数の通知を指定買取人から受けたときは、その後は、指定買取人の同意を得た場合に限り、その請求を撤回することができる。 H20-38-5

➡ 143Ⅱ、138①ハ [2] ＊　○

□□□　譲渡制限株式の株主から当該株式の譲渡について承認を求められた場合において、会社が当該株式を自ら取得することを通知したときは、当該通知を受けた当該株主が改めてこれを承諾した時に当該株式の売買契約が成立する。 H20-38-1

➡ 141Ⅰ、Ⅳ参照。通知のときに売買契約が成立する [2]❺　×

□□□　譲渡制限株式を他人に譲渡しようとする株主がその株式会社に対して譲渡を承認するか否かの決定をすることを請求した場合において、当該株式会社がその請求の日から2週間又は定款で定めたそれより短い期間内に決定の内容を通知しなかったときは、当該株式会社は、当該株主との間に別段の合意のない限り、譲渡を承認しない旨の決定をしたものとみなされる。 予R3-17-エ

➡ 145①。承認「する」旨の決定をしたものとみなされる　[2]　×

CORE PLUS

2 定款による株式譲渡制限がある場合の譲渡手続

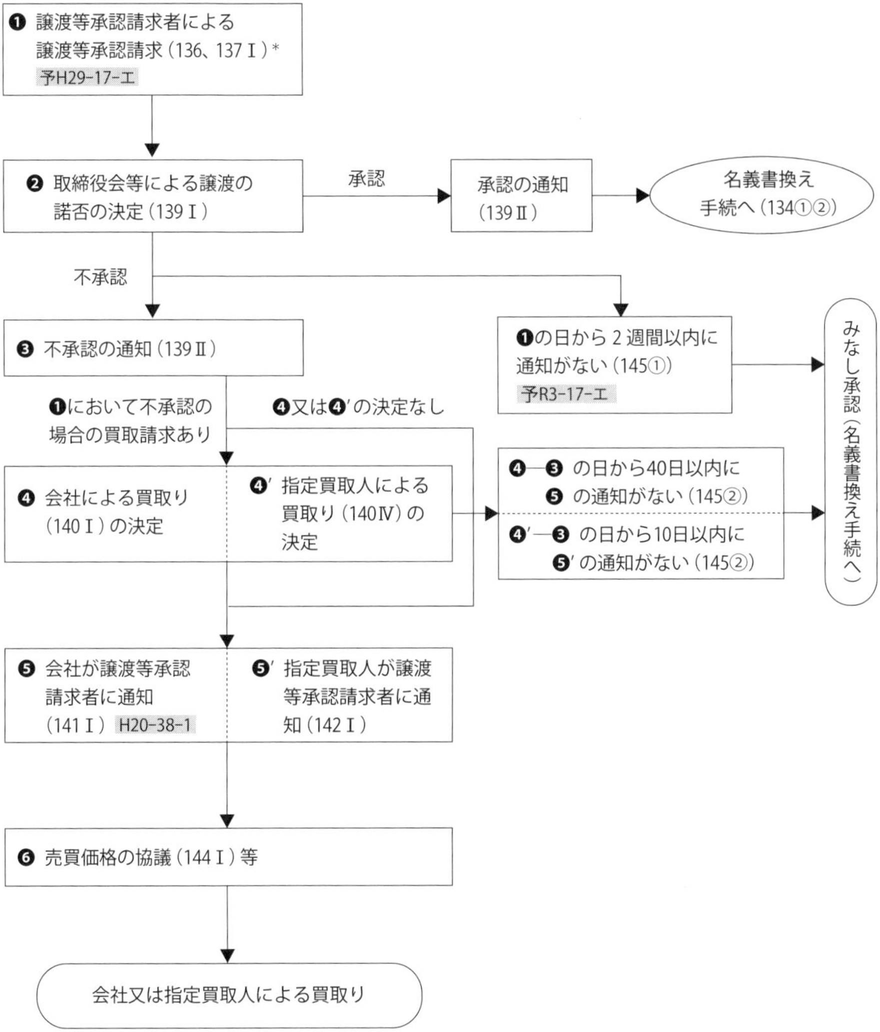

＊　指定買取人が通知するまでの間は、譲渡人は株式会社に対する譲渡承認・買取人指定請求を指定買取人の承諾なくして撤回できる（143Ⅱ）。H20-38-5

CORE TRAINING

□□□　事前に株式会社の承認を得ることなくその発行する譲渡制限株式を取得した者は、当該株式会社に対し、当該譲渡制限株式を取得したことについて承認をするか否かの決定をすることを請求する場合に、その請求と併せて、当該株式会社が承認をしない旨の決定をするときには当該株式会社又は指定買取人が当該譲渡制限株式を買い取ることも請求しなければならない。予R3-17-ア	➡ 138①ハ。必ずしも買取先指定請求をしなければならないわけではない	×
□□□　会社の承認を得ないで譲渡制限株式を譲渡担保に供した場合には、その譲渡担保権の設定は、契約当事者間においては有効である。H26-40-ウ、予R3-17-イ	➡ 最判昭48.6.15（百選16事件）。株式を譲渡担保に供することも、「株式を譲渡すること」に当たる	○
□□□　株式会社は、その発行する譲渡制限株式を相続により取得した者に対し、当該譲渡制限株式を当該株式会社に売り渡すことを請求することができる旨を定款で定めることができる。予R3-17-ウ	➡ 174	○
□□□　株式会社がある種類の株式の内容として譲渡による当該種類の株式の取得について当該株式会社の承認を要することの定めを設ける定款の変更をする場合には、当該種類の株式を目的とする新株予約権を有する新株予約権者は、当該株式会社に対し、自己の有する新株予約権を公正な価格で買い取ることを請求することができる。予R3-17-オ	➡ 118Ⅰ②　3 ❷ iii	○

CORE PLUS

3 反対株主の株式買取請求・新株予約権買取請求

<table>
<tr><th>i　会社の行為</th><th>ii　株式</th><th>iii　新株予約権</th></tr>
<tr><td>❶ 全部の株式に譲渡制限を付する定款変更</td><td>116Ⅰ①</td><td>118Ⅰ①</td></tr>
<tr><td>❷ ある種類の株式に譲渡制限又は全部取得条項を付する定款変更</td><td>116Ⅰ②</td><td>118Ⅰ②　予R3-17-オ</td></tr>
<tr><td>❸ 株式併合・株式分割*1</td><td>116Ⅰ③イ</td><td rowspan="5"></td></tr>
<tr><td>❹ 株式無償割当て*1</td><td>116Ⅰ③ロ</td></tr>
<tr><td>❺ 単元株式数についての定款変更*1</td><td>116Ⅰ③ハ</td></tr>
<tr><td>❻ 株主割当て方式による募集株式の募集・新株予約権の募集*1</td><td>116Ⅰ③ニ・ホ</td></tr>
<tr><td>❼ 新株予約権無償割当て*1</td><td>116Ⅰ③ヘ</td></tr>
<tr><td>❽ 事業譲渡（解散決議と同時に決議を行う場合を除く）</td><td>469Ⅰ*2</td><td></td></tr>
<tr><td>❾ 組織変更</td><td></td><td>777Ⅰ</td></tr>
<tr><td>❿ 吸収合併</td><td rowspan="3">785Ⅰ*2
（総株主の同意を要する場合を除く）
797Ⅰ*2</td><td>787Ⅰ①*3</td></tr>
<tr><td>⓫ 吸収分割</td><td>787Ⅰ②*3
（承継会社の新株予約権が交付される場合）</td></tr>
<tr><td>⓬ 株式交換</td><td>787Ⅰ③*3
（株式交換完全親会社の新株予約権が交付される場合）</td></tr>
<tr><td>⓭ 新設合併</td><td rowspan="3">806Ⅰ*2
（総株主の同意を要する場合を除く）</td><td>808Ⅰ①*3</td></tr>
<tr><td>⓮ 新設分割</td><td>808Ⅰ②*3
（設立会社の新株予約権が交付される場合）</td></tr>
<tr><td>⓯ 株式移転</td><td>808Ⅰ③*3
（株式移転完全親会社の新株予約権が交付される場合）</td></tr>
<tr><td>⓰ 株式交付</td><td>816の6 Ⅰ*2
（総株主の同意を要する場合を除く）</td><td></td></tr>
</table>

＊1　種類株式の内容として、種類株主総会の決議を要しないと定められた種類株主（322Ⅱ）に損害を及ぼす場合に限る（116Ⅰ③柱書）。
＊2　簡易手続の場合を除く（469Ⅰ②、785Ⅰ②、797Ⅰただし書、806Ⅰ②、816の6 Ⅰただし書）。
＊3　236条1項8号の条件と同一条件で新株予約権の交付を受ける場合を除く。

CORE TRAINING

03　契約による譲渡制限

□□□　会社と従業員との間で、従業員の退職に際してはその有する当該会社の譲渡制限株式を会社の指定する者に譲渡する旨の合意をした場合には、その合意は、無効である。 H26-40-エ

➡ 最判平７．４．25（百選18事件）
4 ※
×

CORE PLUS

4 契約による譲渡制限の効力

株式会社以外との契約	原則：有効（通説） 例外：株式会社が当事者となる契約の潜脱手段と認められる場合には無効
株式会社との契約	原則：無効（通説） 例外：契約内容が株主の投下資本の回収の途を不当に妨げない合理的なものである場合には有効

※　判例は、閉鎖会社の従業員持株制度において、従業員が退職時に株式会社に対し自己の取得価額と同額で株式を譲渡する義務を負う旨の条項の有効性が争われた事案において、従業員が自由な意思で制度趣旨を了解して株主になった以上、当該条項は有効であるとしている（最判平７．４．25百選18事件）。 H26-40-エ

No. 012

自己株式

H24-40

□　月　日
□　月　日
□　月　日

自己株式に関する次のアからオまでの各記述のうち、正しいものを組み合わせたものは、後記１から５までのうちどれか。

□□□ ア．株式会社は、自己株式について、株主総会における議決権を有しない。

□□□ イ．株式会社は、自己株式について、剰余金の配当をすることができない。

□□□ ウ．株式会社は、自己株式の取得価額を貸借対照表の資産の部に計上しなければならない。

□□□ エ．自己株式を消却することにより、資本金の額は、減少する。

□□□ オ．自己株式を消却することにより、発行可能株式総数は、減少する。

１．アイ　２．アオ　３．イウ　４．ウエ　５．エオ

No. 012 正解 1

基礎知識である記述アとイの知識をしっかりと記憶しよう。

正答率 93.8%

ア　正しい。

株式会社は、**自己株式**については、**議決権を有しない**（308条２項）。これは、会社支配の公正を維持するためである。

イ　正しい。

株式会社は株主総会の決議によっても**自己株式**につき**剰余金の配当**をすることは**できない**（453条括弧書）。これは、自己株式への配当を認めると、それが翌事業年度の営業外収益として計上されることになり、当該会社本来の収益力に関して誤解を与えるおそれがあるからである。

ウ　誤り。

自己株式の取得価額は、当該価額を、増加すべき自己株式の額として、貸借対照表の純資産の部において、株主資本の控除項目として計上しなければならない（会社計算24条１項、76条１項１号イ、２項５号）。自己株式の取得は実質的には出資の払戻しといえ、資産の取得として計上するのは適切ではない。

エ　誤り。

自己株式の消却（会社178条１項前段）によって、発行済株式総数は減少するが、こうした株式の数と資本金の額には論理的な関係はなく、資本金の額は減少しない。

オ　誤り。　類 予R5-18-オ

自己株式の消却（178条１項前段）によって、発行済株式総数は減少するが、発行可能株式総数は減少せず、発行可能株式総数の範囲内で発行することができる株式数が増加するだけである。

文献　試験対策講座・会社法162、163頁

MEMO

CORE TRAINING

□□□　子会社の有する親会社株式の親会社による買受けについては、特定の株主からの自己の株式の取得であるにもかかわらず、株主総会の特別決議を要しない。 オリジナル①	➡163後段、160Ⅰ、156Ⅰ、309Ⅱ② [1] ❶iv	○
□□□　株式会社が株主の取得の請求によって取得請求権付株式を取得する場合には、その取得について株主総会の決議を経なければならない。 H23-39-2	➡167Ⅰ、166Ⅰ本文参照　[1] ＊1	×
□□□　取得請求権付株式の株主は、当該取得請求権付株式と引換えに交付される金銭の額が分配可能額を超えているときでも、株式会社に対し、当該取得請求権付株式を取得することを請求することができる。 予R4-19-ア	➡166Ⅰただし書 [1] ❷ⅰ、＊2	×
□□□　優先株式を取得請求権付株式とすることはできるが、その取得の対価を普通株式とすることはできない。 H23-39-5	➡108Ⅰ⑤、Ⅱ⑤ロ	×
□□□　株式会社が、他の会社の事業の全部を譲り受ける場合において、当該他の会社が有する当該株式会社の株式を取得することはできない。 オリジナル②	➡155⑩　[1] ❹	×
□□□　株式会社が行う事業の全部の譲渡に反対する株主が株式買取請求を行ったことにより、当該株式会社が当該株主の保有する株式を買い取る場合において、当該株式会社から当該買取りに際して当該株主に交付される金銭の額は、当該買取りの日における分配可能額を超えてはならない。 予R5-18-ウ	➡155⑬、会社則27⑤、会社461参照	×
□□□　株式会社は、自己株式を相当の時期に処分しなければならない。 予R5-18-ア	➡自己株式一般について、保有期間の制限を定めた規定はない。135Ⅲ参照	×
□□□　株式会社は、自己株式について、株主総会における議決権、剰余金の配当を受ける権利及び募集株式の割当てを受ける権利のいずれも有しない。 予R5-18-イ	➡202Ⅱ本文括弧書、308Ⅱ、453括弧書 [1] ※	○
□□□　株券発行会社が自己株式の処分により行う株式の譲渡は、当該株式に係る株券を交付しなくても、その効力を生ずる。 予R5-18-エ	➡128Ⅰただし書	○

CORE PLUS

1 自己の株式の取得手続

			i 財源規制	ii 取締役の責任（支払義務）	iii 決定機関	iv 手続規制（特別決議の要否）
❶普通株式の場合	市場取引・公開買付けの方法（165）		○（461）	○（462）	株主総会or取締役会	× オリジナル①
	上記以外の方法	原則（155③、156Ⅰ）			株主総会	
		子会社から取得（163）			株主総会or取締役会	
		相続人等から取得（175Ⅰ）			株主総会	○（309Ⅱ②括弧書、③）
		その他の特定株主から取得（160Ⅰ）				
❷種類株式の場合	取得請求権付株式（155④）		○（166Ⅰ）＊2 予R4-19-ア	×	—＊1	×
	取得条項付株式（155①）		○（170Ⅴ）		株主総会or取締役会（168Ⅰ、169Ⅱ）	
	全部取得条項付種類株式（155⑤、171Ⅰ）		○（461）	○（462）	株主総会	○（309Ⅱ①、③）
	譲渡制限株式の相続人等に対する売渡請求（155⑥、176Ⅰ）					
	譲渡制限株式の譲渡不承認の際の買取り（155②、138①ハ、②ハ）					
❸ 株主の所在不明（155⑧）・端数株処理（155⑨）			○（461）	○（462）	取締役or取締役会（197Ⅳ、234Ⅴ）	×
❹ 事業全部の譲受け（155⑩）オリジナル②、吸収合併（155⑪）・吸収分割（155⑫）における取得・承継			×（461）予R5-18-ウ	×	株主総会	○（309Ⅱ⑪、⑫）＊3
❺ 単元未満株式の買取請求に応じた買取り（155⑦）					—	×
❻ 組織再編における反対株主の買取請求に応じた買取り（155⑬、会社則27⑤）						

＊1　取得請求権付株式は、株主による取得請求権の行使により、当然に取得の効力が生じ、株主総会の決議を経る必要はない。H23-39-2

＊2　株主による取得請求権の行使は、当該取得請求権付株式と引換えに交付される金銭の額が分配可能額を超えているときには、することができない（166Ⅰただし書）。予R4-19-ア

＊3　組織再編行為等に対する承認として、原則として株主総会の特別決議（467Ⅰ、795）が必要。

※　会社は、その保有する自己株式について、議決権、剰余金配当請求権、残余財産分配請求権、募集株式の割当てを受ける権利、株式無償割当てを受ける権利等を有しない（308Ⅱ、453括弧書、504Ⅲ括弧書、202Ⅱ本文括弧書、186Ⅱ）。予R5-18-イ

MEMO

No. 013

株主名簿

予R5-17

□　月　日
□　月　日
□　月　日

株主名簿に関する次のアからオまでの各記述のうち、誤っているものを組み合わせたものは、後記1から5までのうちどれか。

□□□ ア．株式会社は、株主名簿に株主が株式を取得した日を記載又は記録することを要しない。

□□□ イ．株式会社は、株主名簿管理人を置く旨を定款で定め、株主名簿の作成及び備置きその他の株主名簿に関する事務を行うことを委託することができる。

□□□ ウ．株式会社は、株主から株主名簿の閲覧の請求があった場合において、当該請求を行う株主が当該株式会社の業務と実質的に競争関係にある事業を営み、又はこれに従事する者であるときは、当該請求を拒むことができる。

□□□ エ．株主が別に通知を受ける場所又は連絡先を株式会社に通知していないときは、当該株式会社が当該株主に対してする通知は、株主名簿に記載又は記録された当該株主の住所に宛てて発すれば足りる。

□□□ オ．株式会社は、一定の日を定めて、当該日において株主名簿に記載又は記録されている株主をその権利を行使することができる者と定めることができる。

1．ア　ウ　　2．ア　エ　　3．イ　ウ　　4．イ　オ　　5．エ　オ

No. 013　正解 1　株主名簿に関する短答の問題では細かい知識も問われる。条文に目を通して知識を整理しよう。　正答率 70.9%

ア　誤り。

株式会社は、株主が株式を取得した日を記載し、又は記録しなければならない（121条3号）。

イ　正しい。

株式会社は、株主名簿管理人（株式会社に代わって株主名簿の作成及び備置きその他の株主名簿に関する事務を行う者）を置く旨を定款で定め、当該事務を行うことを委託することができる（123条）。

ウ　誤り。

現行の会社法上、請求者が当該株式会社の業務と実質的に競争関係にある事業を営み、又はこれに従事する者であることは、株主名簿閲覧謄写請求の拒絶事由に該当しない（125条3項各号参照）。したがって、会社は、競業者による株主名簿閲覧謄写請求を拒絶することはできない。なお、平成26年改正前会社法は、株主名簿閲覧謄写請求の拒絶事由の一つとして、「請求者が当該株式会社の業務と実質的に競争関係にある事業を営み、又はこれに従事するものであるとき」を規定していた（旧会社法125条3項3号）。しかし、競業者が株主としての権利行使（株主総会の議決権行使の委任状勧誘を行うなど）のために行う株主名簿の閲覧等の請求を会社が拒絶してよい理由はないとの指摘がなされ、平成26年改正法は、上記拒絶事由を削除した。

エ　正しい。

「株式会社が株主に対してする通知又は催告は、株主名簿に記載し、又は記録した当該株主の住所（当該株主が別に通知又は催告を受ける場所又は連絡先を当該株式会社に通知した場合にあっては、その場所又は連絡先）にあてて発すれば足りる」（126条1項）。したがって、株主が別に通知を受ける場所又は連絡先を株式会社に通知していないときは、会社は株主名簿に記載又は記録された当該株主の住所に宛てて通知を発すれば足りる。

オ　正しい。

株式会社は、一定の日（基準日）を定めて、**基準日において株主名簿に記載され、又は記録されている株主**（基準日株主）を**その権利を行使することができる者と定めることができる**（124条1項）。これは、一定時点における名簿上の株主に権利行使を認めるとすることで、株式会社が、多数の変動し得る株主を把握することを容易にするための制度である。

文献　試験対策講座・会社法164〜166頁

CORE TRAINING

□□□　株券不発行会社においては、株主名簿上の名義書換えが株式譲渡の株式会社及び第三者に対する対抗要件となる。オリジナル①

➡ 130 I　1 ❶ i　〇

□□□　基準日前に株式の譲渡があった場合には、会社側においては、株主名簿の名義書換が何らかの都合でされていなくとも、当該譲渡を認め、基準日が定められた権利を譲受人に行使させることができる。予H30-17-ア

➡ 最判昭30.10.20　1 ❶ ii　〇

CORE PLUS

1 名義書換え未了・不当拒絶

❶ 名義書換え未了の場合	i 譲受人は、株主の地位を株式会社に対抗できない（130 I） オリジナル① ii ただし、株式会社が自己の責任で譲受人を株主と認めることはできる（最判昭30. 10. 20） 予H30-17-ア
❷ 名義書換えの不当拒絶の場合	i 譲受人は、名義書換えなしに株主の地位を株式会社に対抗でき、株主総会の決議の取消しの訴えを提起できる（最判昭42. 9 . 28百選33事件） ii 株主の地位を保全する仮処分命令の申立ても可（福岡地判昭37. 5 . 17）

2 株券発行会社における株式の譲渡と名義書換え（130 I）

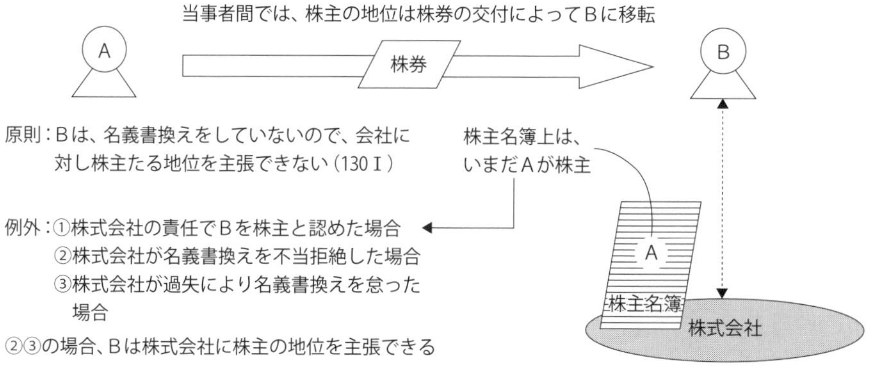

MEMO

No. 014

資本金の額及び発行済株式総数の変動

予H26-23

□　月　日
□　月　日
□　月　日

次の１から５までの各事項のうち、それが行われた場合に資本金の額及び発行済株式の総数のいずれについても変化がないものはどれか。

□□□　１．自己の株式の取得
□□□　２．株式の消却
□□□　３．株式の併合
□□□　４．株式の分割
□□□　５．新株予約権の行使（その行使に際して会社が交付する株式の全部が自己株式である場合を除く。）

No. 014 正解 1

株式の消却・併合・分割を比較しながら、それぞれの定義・効果を整理しよう。

正答率 81.9%

1　変化がない。

会社法において、資本金の額は、貸借対照表上の一係数にすぎない（会社計算76条2項1号参照）。したがって、有償であるか無償であるかにかかわらず、自己の株式の取得（会社155条各号）によって資本金の額は減少しない。また、自己の株式の取得は、株式会社が自らの発行した株式を取得するものであり、これにより発行済株式の総数も変化しない。したがって、自己の株式の取得が行われても、資本金の額及び発行済株式の総数のいずれについても変化がない。

2　変化がある。

株式の消却（178条1項前段）とは、株式会社が保有する特定の株式を消滅させる行為である。これにより資本金の額は変化しないが、発行済株式の総数は減少する。

3　変化がある。

株式の併合（180条1項）とは、数個の株式を合わせてそれより少数の株式とする行為であり、各株主の保有株式数を一律・按分比例的に減少させるものである。これにより資本金の額は変化しないが、発行済株式の総数は減少する。

4　変化がある。

株式の分割（183条1項）とは、株式の併合とは逆に、発行済株式を細分化する行為であり、各株主の保有株式数を一律・按分比例的に増加させるものである。これにより、資本金の額は変化しないが、発行済株式の総数は増加する。

5　変化がある。

株式会社の資本金の額とは、設立又は株式の発行に際して株主となる者が当該株式会社に対して払込み又は給付をした財産の額である（445条1項）。そして、新株予約権が行使されると、それに伴って払込み又は給付がなされ（281条1項、2項）、その行使に際して会社が交付する株式の全部が自己株式である場合を除き、資本金の額が増加する。また、新株予約権が行使されると、その行使に際して会社が交付する株式の全部が自己株式である場合を除き、株式の発行に伴って発行済株式の総数が増加する。したがって、新株予約権の行使が行われると、その行使に際して会社が交付する株式の全部が自己株式である場合を除き、資本金の額及び発行済株式の総数のいずれについても変化がある。

文献　試験対策講座・会社法176、178～180、232、233、413頁

No. 015

資本金の額及び発行済株式総数の変動

予R2-23

□　月　日
□　月　日
□　月　日

株式会社の資本金の額及び発行済株式の総数に関する次のアからオまでの各記述のうち、誤っているものを組み合わせたものは、後記１から５までのうちどれか。

□□□ ア．株式会社が自己株式を消却することにより、発行済株式の総数は減少するが、資本金の額は減少しない。

□□□ イ．株式会社が株式の併合をすることにより、発行済株式の総数は減少するが、資本金の額は減少しない。

□□□ ウ．株式会社がその処分する自己株式を引き受ける者の募集をし、自己株式を処分することにより、発行済株式の総数は増加しないが、資本金の額は増加する。

□□□ エ．資本金の額は、株式会社の業績と連動して増加し、又は減少する。

□□□ オ．発行済株式の総数が増加し、又は減少した場合には、変更の登記をしなければならない。

１．ア　エ　　２．ア　オ　　３．イ　ウ　　４．イ　オ　　５．ウ　エ

No. 015　**正解 5**　条文知識はもちろん、各用語の定義も重要であるから、確認しておこう。　正答率 68.3%

ア　正しい。

株式の消却とは、特定の自己株式を消滅させることをいう（178条1項）。株式の消却により発行済株式総数は減少するが、資本金の額は減少しない。

イ　正しい。

株式の併合とは、数個の株式を合わせてそれより少数の株式とすることをいう（180条1項）。株式の併合により発行済株式総数は減少するが、会社財産や資本金の額は変動しない。

ウ　誤り。

株式会社が自己株式を処分した場合、発行済株式総数は変わらず、資本金の額も増加しない。この場合の処分差益は、その他資本剰余金に計上される（会社計算14条2項1号）。

エ　誤り。

資本金の額は、法定のルールに従って定まる固定された金額であるから、会社の業績によっては変動しない。

オ　正しい。

発行済株式総数は、登記しなければならない事項とされ（911条3項9号）、これに変更が生じたときは、変更の登記をしなければならないとされている（915条1項）。

文献　試験対策講座・会社法90、171、185～187、413、414頁

CORE TRAINING

□□□ 会社は、取締役会の決議によって株式の併合をすることができる旨を定款で定めることができる。予H29-18-ウ	➡ 295Ⅲ、180Ⅱ、309Ⅱ④ 1 ❶ i	×
□□□ 会社が会社法上の公開会社である場合であっても、株式の併合により、その効力が生ずる日における発行可能株式総数が発行済株式の総数の4倍を超えることとなることが認められる。予H29-18-オ	➡ 180Ⅲ、Ⅱ④ 1 ※1	×
□□□ 発行可能株式総数が1000株であって、発行済株式の総数が300株である種類株式発行会社でない会社が1株を5株とする株式の分割をする場合には、株主総会の決議によらないで、発行可能株式総数を4000株に増加する定款の変更をすることができる。予H29-18-エ	➡ 184Ⅱ 1 ※2	○
□□□ 株式の無償割当てにより株式が発行された場合には、新たに資本金は計上されない。H19-45-イ	➡ 会社計算16Ⅰ	○

CORE PLUS

1 株式の併合と株式の分割の手続

	i 株式の併合	ii 株式の分割
❶ 承認機関	株主総会の特別決議（180Ⅱ、309Ⅱ④）予H29-18-ウ	○取締役会非設置会社の場合は、株主総会普通決議（183Ⅱ） ○取締役会設置会社の場合は、取締役会決議（183Ⅱ括弧書）
❷ 通知・公告	○株主への通知又は公告（181） ○株券発行会社の場合は、株券提出について通知又は公告（219Ⅰ②）	基準日の公告（124Ⅲ、183Ⅱ①）
❸ 株主の差止請求権	○（182の3）	×
❹ 反対株主の株式買取請求権	○（182の4）	×

※1　会社法上の公開会社が株式の併合をする場合、当該株式の併合がその効力発生日における発行可能株式総数（180Ⅱ④）は、効力発生日における発行済株式の総数の4倍を超えることができない（180Ⅲ）。予H29-18-オ

※2　定款所定の発行可能株式総数（37、113）を増加させるには、原則として、株主総会の特別決議による定款変更手続を要する（309Ⅱ⑪、466）。もっとも、種類株式発行会社でない株式会社が株式の分割をする場合には、例外的に、株主総会の決議によらないで、分割の効力発生日の前日の発行可能株式総数に分割割合を乗じて得た数の範囲内で発行可能株式総数を増加する定款の変更をすることができる（184Ⅱ）。予H29-18-エ

MEMO

〖第１編第４章第８節（特別支配株主の株式等売渡請求）には、登載基準を満たすフル問題がありません〗

No. 016　株主の権利及び単元株制度

予R2-17

□　月　日
□　月　日
□　月　日

株主の権利及び単元株制度に関する次の１から５までの各記述のうち、誤っているものはどれか。

□□□ １．株式会社は、株主に剰余金の配当を受ける権利及び残余財産の分配を受ける権利の全部を与えない旨を定款で定めることができない。

□□□ ２．Ａ種株式を10万株、Ｂ種株式を10万株発行している種類株式発行会社は、Ａ種株式については単元株式数を100株、Ｂ種株式については単元株式数を1000株とする旨を定款で定めることができる。

□□□ ３．株式が２以上の者の共有に属する場合において、共有者が、株式会社に対し、当該株式会社が株主に対してする通知又は催告を受領する者１人の氏名又は名称を通知していないときは、当該株式会社が株主に対してする通知又は催告は、当該共有者の全員に対してしなければならない。

□□□ ４．株式会社は、単元未満株主が当該株式会社に対して単元未満株式の買取りの請求をすることができない旨を定款で定めることができない。

□□□ ５．株式会社が株主に対してする通知又は催告が５年以上継続して到達しない場合において、当該株主に対する通知又は催告をすることを要しないときは、当該株主に対する当該株式会社の義務の履行を行う場所は、当該株式会社の住所地である。

No. 016　正解 3

条文を確認しながら理解を深めよう。

正答率 73.8%

1　正しい。

本記述と同様の規定が会社法105条２項に規定されている。

2　正しい。　類 H26-39-オ

株式会社は、その発行する株式について、一定の数の株式をもって株主が株主総会又は種類株主総会において一個の議決権を行使することができる一単元の株式とする旨を定款で定めることができる（188条１項）。そして、種類株式発行会社においては、単元株式数は、株式の種類ごとに定めなければならない（同条３項）。したがって、本記述においても、種類株式発行会社は、Ａ種株式については単元株式数を100株、Ｂ種株式については単元株式数を1,000株とする旨を定款で定めることができる。

なお、１単元の株式数は、1,000及び発行済株式総数の200分の１を超えてはならない（同条２項、会社則34条）が、Ａ種株式、Ｂ種株式いずれも単元株式数が1,000を超えていないので、問題とはならない。

3　誤り。

株式が２以上の者の共有に属するときは、共有者は、株式会社が株主に対してする通知又は催告を受領する者１人を定め、当該株式会社に対し、その者の氏名又は名称を通知しなければならない（126条３項前段）。そして、この共有者の通知がない場合には、株式会社が株式の共有者に対してする通知又は催告は、そのうちの１人に対してすれば足りる（同条４項）。

4　正しい。

単元未満株式について、定款によって、単元未満株式買取請求権（192条１項）の全部又は一部の行使を認めないとすることは許されない（189条２項４号）。

5　正しい。

株式会社が株主に対してする通知又は催告が５年以上継続して到達しない場合には、株式会社は、当該株主に対する通知又は催告をすることを要しない（196条１項）。もっとも、このような措置が講じられたからといって、当該株主の権利が否定されるわけではなく、当該株式会社は当該株主に対して当該株式会社の住所地において義務の履行を行う必要がある（同条２項）。

文献　試験対策講座・会社法113、114、173、199～201頁

CORE TRAINING

□□□　発行済株式の総数が20万株である会社の単元株式数は、1000を超えることはできない。 H26-39-ア	➡ 188Ⅱ、会社則34 1 ❷ i	○
□□□　取締役会設置会社でない会社において、単元株式数を減少するには、株主総会の決議が必要である。 H26-39-エ	➡ 195Ⅰ。取締役の決定でよい 1 ❸	×

CORE PLUS

1 単元株制度

❶ 意義	定款により一定数の株式（単元株式数）を一単元とし、単元株式数以上の株式を有する株主には完全な権利を認め、単元株式数に満たない数の株式しか有しない株主には限定された権利のみを認める制度（188Ⅰ）
❷ 単元株式数の定め	i　1,000個及び発行済株式総数の200分の1を超えてはならない（188Ⅱ、会社則34） H26-39-ア ii　種類株式発行会社においては株式の種類ごとに定めなければならない（188Ⅲ）
❸ 単元株式数の減少・定款の定めの廃止 H26-39-エ	取締役の決定（195Ⅰ） 取締役会設置会社においては取締役会決議（195Ⅰ括弧書）

CORE TRAINING

□□□　株主は、単元未満株式について、定款に定めがある場合に限り、株主総会において議決権を行使することができる。
H26-39-イ

➡ 189 I　2 ❷　×

□□□　株主は、単元未満株式について、定款に定めがある場合に限り、会社に対してその買取りを請求することができる。
H26-39-ウ

➡ 192 I　2 ❶　×

□□□　単元未満株主は、定款に定めがなくても、株式会社に対し、当該株主が保有する単元未満株式の数と併せて単元株式数となる数の株式を売り渡すことを請求することができる。
予R4-19-イ

➡ 194 I 括弧書　2 ❹　×

CORE PLUS

2 単元未満株主の権利

❶ 定款によっても制限できない権利（189 Ⅱ各号）	○全部取得条項付種類株式の取得対価の交付を受ける権利（①） ○株式会社による取得条項付株式の取得と引換えに金銭等の交付を受ける権利（②） ○株式無償割当てを受ける権利（③） ○ 192条 1 項により単元未満株式を買い取ることを請求する権利（④）H26-39-ウ ○残余財産の分配を受ける権利（⑤） ○以上のほか、法務省令で定める権利（⑥）*
❷ 単元未満株主に認められない権利	単元未満株式に係る議決権（189 Ⅰ）H26-39-イ
❸ 単元未満株主の権利のうち制限できるもの	189条 2 項各号以外の権利の全部又は一部を行使することができない旨を定款で定めることができる
❹ 定款により認められる権利	単元未満株式売渡請求（194 Ⅰ）予R4-19-イ

＊　法務省令で定める権利の主なものとして、株式会社が行う特定の行為により金銭等の交付を受ける権利がある（会社則35 I ⑦）。

No. 017 論 募集株式の発行 予H28-18

□ 月 日
□ 月 日
□ 月 日

会社法上の公開会社における募集株式の発行に関する次のアからオまでの各記述のうち、誤っているものを組み合わせたものは、後記１から５までのうちどれか。なお、募集株式を引き受けようとする者がその総数の引受けを行う契約を締結する場合は、考慮しないものとする。

□□□ ア．判例の趣旨によれば、募集事項の株主に対する通知又は公告をいずれも欠いたことは、募集株式の発行差止請求をしたとしても差止めの事由がないためにこれが許容されないと認められる場合でない限り、募集株式の発行の無効原因となる。

□□□ イ．募集に係る株式の発行が、法令又は定款に違反しない場合であっても、著しく不公正な方法により行われる場合において、株主が不利益を受けるおそれがあるときは、株主は、株式会社に対し、当該株式の発行をやめることを請求することができる。

□□□ ウ．株式会社が株主に株式の割当てを受ける権利を与える場合には、株主は、募集株式の引受けの申込みをしなくても、募集株式の引受人となる。

□□□ エ．募集株式の引受人は、募集株式の払込金額の払込みをする債務と株式会社に対する債権とを相殺することができない。

□□□ オ．募集株式の引受人が募集株式の払込金額の払込みを仮装した場合には、当該払込みの仮装に関する職務を行った取締役（当該払込みを仮装したものを除く。）は、その職務を行うについて注意を怠らなかったことを証明したときであっても、株式会社に対し、払込みを仮装した払込金額の支払をする義務を負う。

１．ア　イ　　２．ア　ウ　　３．イ　エ　　４．ウ　オ　　５．エ　オ

No. 017　**正解　4**　210条との関係で無効原因を示した記述アの判例を、優先的におさえよう。　正答率 67.3%

ア　正しい。

公開会社は、取締役会の決議によって募集事項を定めたときは、払込期日（払込期間を定めた場合には、その期間の初日）の２週間前までに、株主に対し、当該募集事項を通知し、又は公告しなければならない（201条１項、３項、４項）。そして、判例は、この**募集事項の通知**又は**公告**は、株主が募集株式の発行等の差止請求権（210条）を行使する機会を保障することを目的として会社に義務付けられたものであるから、これら**を欠くことは**、募集株式の発行等の**差止請求**をしたと**しても差止めの事由がないためにこ**れが**許容されないと認められる場合でない限り**、募集株式の発行等の**無効原因となる**としている（最判平９．１．28百選24事件）。

イ　正しい。

210条は、募集株式の発行等が**法令又は定款に違反**する場合（１号）**のほか**、募集株式の発行等が**著しく不公正な方法により**行われる場合（２号）にも、株主が不利益を受けるおそれがあるときは、**株主が募集株式の発行等をやめる**ことを**請求**することが**できる**と規定している。

ウ　誤り。

株式会社が、その発行する株式又はその処分する自己株式を引き受ける者の募集において、株主に株式の割当てを受ける権利を与える場合であっても、有限責任の原則上、株主に引受義務はない。そのため、募集株式の割当てを受ける権利を有する株主であっても、当該募集株式の引受けの申込み（203条２項、３項）をしない限り、募集株式の引受人とはならない（204条４項、206条１号）。

エ　正しい。

募集株式の引受人は、208条１項の規定による払込み又は同条２項の規定による現物出資財産の給付をする債務と株式会社に対する債権とを相殺することができない（同条３項）。これは、資本充実の要請に基づき、現実に金銭が支払われることを確保しようとするものである。

オ　誤り。

募集株式の引受人が募集株式の払込金額の払込みを仮装した場合、募集株式の引受人が**出資の履行を仮装することに関与した取締役**は、株式会社に対し、払込みを**仮装した払込金額の全額の支払**をする**義務を負う**（213条の３第１項本文）。もっとも、当該取締役（当該出資の履行を仮装したものを除く）がその職務を行うについて**注意を怠らなかったことを証明**したときは、当該**支払**をする**義務を免れる**（同項ただし書）。

文献　試験対策講座・会社法201、206、207、210、211、217、218、221頁。判例シリーズ27事件

CORE TRAINING

01　募集株式の発行等

□□□　会社法上の公開会社において、募集株式の引受人が株主となることによって有することとなる議決権の数が総株主の議決権の数の２分の１を超える場合において、総株主の議決権の10分の１以上の議決権を有する株主が当該引受人による募集株式の引受けに反対したときは、当該公開会社は、当該引受人に対する募集株式の割当てについて、株主総会の特別決議による承認を受けなければならない。予R4-19-エ

➡ 206の２Ⅳ、Ⅴ　×
1 ❶ i

CORE PLUS

1 既存株主の利益保護と募集株式の発行規制

❶ 株主の持株比率的利益の保護		❷ 株主の経済的利益の保護	
i　公開会社	ii　非公開会社	i　公開会社	ii　非公開会社
○原則として保護されない（202Ⅰ柱書前段参照） ○ただし、公開会社における発行可能株式総数の限界（113Ⅲ） ○定款で株主総会決議事項にできる（295Ⅱ参照） ○支配株主の異動を伴う場合に一定の株主が反対したときは、株主総会の普通決議が必要（206の２）予R4-19-エ	（種類）株主総会の特別決議が必要（199Ⅱ、309Ⅱ⑤、199Ⅳ、324Ⅱ②）	○原則として取締役会の決議（201Ⅰ、199Ⅱ）で足りる ○ただし、第三者に「特に有利な金額」で行われる募集様式の発行等は、株主総会の特別決議が必要（199Ⅱ、Ⅲ、201Ⅰ前段、309Ⅱ⑤）	（種類）株主総会の特別決議が必要（199Ⅱ、309Ⅱ⑤、199Ⅳ、324Ⅱ②）
譲渡制限株式の割当ての決定は、定款に別段の定めがない限り、株主総会の特別決議（取締役会設置会社では取締役会の決議）が必要（204Ⅱ、309Ⅱ⑤）		有利発行の場合、取締役は、有利な金額でその者を募集する必要性を説明する義務あり（199Ⅲ、200Ⅱ）	

CORE TRAINING

□□□　発行済株式の総数が5000株である株式会社が募集株式の引受人に割り当てる株式の総数が500株である場合には、当該募集株式の引受人が給付する現物出資財産の価額に関する検査役の調査は不要である。 予H28-17-ア

➡ 207Ⅸ①　2❷ i　○

□□□　発行済株式の総数が5000株である株式会社が現物出資財産について定めた価額の総額が500万円である場合には、当該現物出資財産の価額に関する検査役の調査は不要である。 予H28-17-イ

➡ 207Ⅸ②　2❷ ii　○

□□□　発行済株式の総数が5000株である株式会社から1000株の割当てを受けた募集株式の引受人が、現物出資財産として、その価額が1000万円と定められた市場価格のある有価証券を給付する場合において、法務省令で定める方法により算定される当該有価証券の市場価格も1000万円であるときは、当該有価証券についての現物出資財産の価額に関する検査役の調査は不要である。 予H28-17-ウ

➡ 207Ⅸ③、会社則43　2❷iii　○

□□□　発行済株式の総数が5000株である株式会社から1000株の割当てを受けた募集株式の引受人が、現物出資財産として、その価額が1000万円と定められた不動産を給付する場合において、当該価額が相当であることについて税理士の証明を受けたときは、当該証明を受けた当該不動産についての現物出資財産の価額に関する検査役の調査は不要である。 予H28-17-エ

➡ 207Ⅸ④括弧書　2❷iv　×

□□□　発行済株式の総数が5000株である株式会社から1000株の割当てを受けた募集株式の引受人が、現物出資財産として、当該株式会社に対する弁済期が到来していない金銭債権を給付する場合において、当該金銭債権について定められた価額と当該金銭債権に係る負債の帳簿価額とがいずれも1000万円であるときは、当該金銭債権についての現物出資財産の価額に関する検査役の調査は不要である。 予H28-17-オ

➡ 207Ⅸ⑤　2❷ v　×

CORE PLUS

2 検査役の調査の要否

❶ 原則：必要	株式会社が、募集株式について、現物出資財産を出資の目的とする旨並びに当該財産の内容及び価額を定めた場合（199 Ⅰ③）には、裁判所の選任した検査役による調査が必要となる（207 ⅠからⅣまで）
❷ 例外：不要（207 Ⅸ各号）	ⅰ 募集株式の引受人に割り当てる株式の総数が発行済株式の総数の10分の 1 を超えない場合（①） 予H28-17-ア
	ⅱ 現物出資の対象となる財産の価額の総額が500万円を超えない場合（②） 予H28-17-イ
	ⅲ 現物出資の対象となる財産の価額が有価証券の市場価格として法務省令（会社則43）で定める方法により算定されるものを超えない場合（会社207 Ⅸ③） 予H28-17-ウ
	ⅳ 現物出資の対象となる財産の価額が相当であることについて、弁護士、弁護士法人、公認会計士、監査法人、税理士又は税理士法人の証明を受けた場合（不動産の場合には、不動産鑑定士の鑑定評価も必要）（④） 予H28-17-エ
	ⅴ 現物出資財産が株式会社に対する金銭債権（弁済期が到来しているものに限る）であって、その金銭債権について定められた出資価額（199 Ⅰ③）が当該金銭債権に係る負債の帳簿価額を超えない場合（⑤） 予H28-17-オ

CORE TRAINING

02　株式の発行の瑕疵

□□□　自己株式の処分の無効の訴えは、自己株式の処分をした会社及びその処分された株式を現在有する株主を被告として、提起しなければならない。 H26-51-ウ

➡ 834③。当該会社が被告となる　×

□□□　新株発行の無効の訴えにおいて、会社法所定の出訴期間の経過後に新たな無効事由を追加して主張することは、許されない。 H26-40-オ

➡ 最判平 6.7.18　○

□□□　種類株式発行会社でない会社法上の公開会社における新株発行の無効の訴えにおいて、募集株式の発行に必要とされる取締役会の決議を経ていないことは、無効原因とならない。 予H23-20-エ

➡ 最判昭36.3.31　4 ❷ i　○

□□□　種類株式発行会社でない会社法上の公開会社における新株発行の無効の訴えにおいて、募集株式を引き受ける者に特に有利な払込金額による募集株式の発行が株主総会の特別決議を経ないでされたことは、無効原因とならない。 予H23-20-ア

➡ 最判昭46.7.16（百選22事件）　4 ❷ ii　○

□□□　種類株式発行会社でない会社法上の公開会社における新株発行の無効の訴えにおいて、募集株式の発行が著しく不公正な方法によってされたことは、無効原因とならない。 予H23-20-ウ

➡ 最判平 6.7.14（百選100事件）　4 ❷ iii　○

□□□　種類株式発行会社でない会社法上の公開会社における新株発行の無効の訴えにおいて、募集株式の発行差止請求訴訟を本案とする募集株式の発行の差止めの仮処分命令があるにもかかわらず、その仮処分命令に違反して募集株式の発行がされたことは、無効原因とならない。 予H23-20-オ

➡ 最判平 5.12.16（百選99事件）　4 ❶ ii　×

CORE PLUS

3 募集株式発行の募集事項の決定等

<table>
<tr><th colspan="2"></th><th>公開会社</th><th>非公開会社</th></tr>
<tr><td colspan="2">募集事項の決定</td><td>原則として取締役会の決議で足りる（201Ⅰ、199Ⅱ）</td><td rowspan="3">原則：株主総会・種類株主総会の特別決議が必要（199Ⅱ、309Ⅱ⑤、199Ⅳ、324Ⅱ②）
例外：（種類）株主総会の特別決議により、募集株式の数の上限及び払込金額の下限を定めたうえで、募集事項の決定を取締役・取締役会に委任できる（200Ⅰ、309Ⅱ⑤、200Ⅳ本文、324Ⅱ②）</td></tr>
<tr><td rowspan="4"></td><td>有利発行の場合</td><td>株主総会の特別決議が必要（199Ⅱ、Ⅲ、201Ⅰ前段、309Ⅱ⑤）＊</td></tr>
<tr><td>支配株主の異動を伴う場合</td><td>総株主の議決権の10分の1以上の議決権を有する株主が反対した場合、原則として、株主総会の普通決議が必要（206の2Ⅳ本文）</td></tr>
<tr><td>譲渡制限株式の割当ての場合</td><td colspan="2">原則：株主総会の特別決議（取締役会設置会社の場合は取締役会の決議）が必要（204Ⅱ本文、309Ⅱ⑤）
例外：ただし、定款で別段の定めをすることができる（204Ⅱただし書）</td></tr>
<tr><td>株主に割当てを受ける権利を与える場合</td><td colspan="2">原則：募集株式の募集が種類株主に損害を与えるときは、更に種類株主総会の特別決議（322Ⅰ④、324Ⅱ④）が必要
例外：定款で別段の定めをすることができる（322Ⅱ）</td></tr>
<tr><td colspan="2">募集事項の通知・公告</td><td>原則：必要（201Ⅲ、Ⅳ）
例外：不要（201Ⅴ、会社則40）</td><td>不要</td></tr>
<tr><td colspan="2">有利発行の場合の取締役の説明義務</td><td colspan="2">あり（199Ⅲ、200Ⅱ）</td></tr>
<tr><td colspan="2">既存株主が割当てを受ける権利</td><td>なし</td><td>あり</td></tr>
</table>

＊　ただし、募集事項の決定を取締役会に委任することができる（200Ⅰ、309Ⅱ⑤）。

4 公開会社における新株発行の無効事由

❶ 無効事由となる	❷ 無効事由とならない
ⅰ 重大な法令又は定款違反の場合 ○発行可能株式総数（113）を超える株式の発行 ○定款に定めのない種類の株式の発行（108） ⅱ 募集株式の発行等の差止め（210）の仮処分命令を無視してなされた募集株式の発行等（最判平5.12.16百選99事件） 予H23-20-オ ⅲ 募集事項の公示（201Ⅲ、Ⅳ）を欠く募集株式の発行等（最判平9.1.28百選24事件は、株式会社が差止事由のないことを証明した場合を除き無効とする）	ⅰ 取締役会の決議（201Ⅰ、199Ⅱ）を欠く募集株式の発行等（最判昭36.3.31） 予H23-20-エ ⅱ 株主総会の特別決議（199Ⅱ、Ⅲ、201Ⅰ前段、309Ⅱ⑤）を欠く第三者への有利発行（最判昭46.7.16百選22事件） 予H23-20-ア ⅲ 著しく不公正な方法（210②参照）による発行（最判平6.7.14百選100事件） 予H23-20-ウ

〚第１編第６章（新株予約権）には、登載基準を満たすフル問題がありません。〛

CORE TRAINING

□□□　株式会社が募集事項として募集新株予約権の払込金額及び払込期日を定めたときは、募集新株予約権の割当てを受けた申込者は、払込期日に、払込みをした募集新株予約権の新株予約権者となる。予R2-18-2	➡ 245 I　1❻ii	×
□□□　譲渡制限新株予約権の新株予約権者は、株式会社に対し譲渡等承認請求をする場合において、当該株式会社が譲渡を承認しない旨の決定をするときは、当該株式会社又は当該株式会社の指定する者が当該譲渡制限新株予約権を買い取ることを請求することはできない。予H30-18-ウ	➡ 不承認の買取請求又は指定買取人の指定請求は認められていない（140参照）　1❹ii	○
□□□　新株予約権を行使した新株予約権者は、当該新株予約権を行使した日に、当該新株予約権の目的である株式の株主となる。予R2-18-4	➡ 282 I　1＊1	○
□□□　株式会社は、その有する自己の新株予約権を行使することができない。予R2-18-3	➡ 280Ⅵ　1❼ii	○
□□□　株式会社は、取得条項付新株予約権をその取得条項に基づき取得する場合を除き、自己の新株予約権を取得することができない。予R2-18-1	➡ 取得条項付新株予約権の場合については規定が置かれている（273から275まで）が、それ以外の場合でも取得は可能　1＊2	×
□□□　株式会社は、会社法の規定に基づき、新株予約権の併合又は新株予約権の分割をすることができる。予H30-18-オ	➡ 会社法上、新株予約権の併合・分割を認める規定はない　1❺ii	×

CORE PLUS

1 株式、新株予約権、社債の制度比較

	ⅰ 株式	ⅱ 新株予約権	ⅲ 社債（新株予約権付社債を除く）
❶ 有利発行規制	199 Ⅱ、Ⅲ、201 Ⅰ前段、309 Ⅱ⑤	238 Ⅱ、Ⅲ、240 Ⅰ、309 Ⅱ⑥	×
❷ 差止請求（360、385、407による差止めを除く）	210	247	×
❸ 譲渡等承認請求	136、137	262、263	×
❹ ❸不承認の際の買取請求・買取人指定請求	140	× 予H30-18-ウ	×
❺ 併合・分割	180 Ⅰ、183 Ⅰ	× 予H30-18-オ	×
❻ 権利者となる時期	払込みの期日 （209 Ⅰ①） 出資の履行の日 （209 Ⅰ②）	割当日 （245 Ⅰ①、②）*1 予R2-18-2	割当日 （680①、②）
❼ 会社による権利行使*2	併合・分割を受ける権利のみ可（308 Ⅱ参照）	不可（280 Ⅵ） 予R2-18-3	混同により消滅 （民520本文）

＊1　新株予約権を行使した新株予約権者は、当該新株予約権を行使した日に、当該新株予約権の目的である株式の株主となる（282 Ⅰ）。予R2-18-4

＊2　会社が取得すること自体は原則として可能。予R2-18-1

CORE TRAINING

□□□　株式会社が新株予約権を発行する場合には、当該新株予約権の内容として、合併により当該株式会社が消滅するときは、当該新株予約権の新株予約権者に合併後存続する株式会社の新株予約権を交付することとする旨及びその条件を定めることはできない。予H30-18-イ	➡ 236 I ⑧イ	×
□□□　募集新株予約権の発行が著しく不公正な方法により行われる場合において、株主が不利益を受けるおそれがあるときは、株主は、株式会社に対し、当該新株予約権の発行をやめることを請求することができる。予H30-18-エ	➡ 247②　3❶	○
□□□　新株予約権者は、新株予約権の発行の無効の訴えを提起することができない。予R2-18-5	➡ 828 II ④。新株予約権者も新株予約権の発行の無効の訴えを提起することができる　3❷ i	×
□□□　新株予約権の発行の無効の訴えに係る請求を認容する判決が確定したときは、その新株予約権は、将来に向かってその効力を失う。H26-51-オ	➡ 839、834④　3 ＊	○

CORE PLUS

2 新株予約権（証券発行新株予約権を除く）の譲渡

❶ 譲渡方法	意思表示のみで可能
❷ 対抗要件	新株予約権原簿への記載・記録（257Ⅰ）
❸ 新株予約権に譲渡制限がある場合	○定款に別段の定めがない限り、株主総会（取締役会設置会社の場合は取締役会）の承認が必要（265Ⅰ） ○株式会社が、譲渡人への承認・不承認の通知を怠った場合のみなし規定（266本文）

3 新株予約権発行の瑕疵の是正方法

❶ 事前の措置	新株予約権の発行の差止め（247） 予H30-18-エ
❷ 事後の措置	i 募集新株予約権発行無効の訴え（828Ⅰ④）* 予R2-18-5 ii 募集新株予約権発行不存在確認の訴え（829③）

＊ 新株予約権発行無効の訴えは、会社の組織に関する訴え（834④）に当たるところ、その請求が認容された場合には将来効が認められる（839）。 H26-51-オ

〖第１編第７章第１節（機関総説）には、登載基準を満たすフル問題がありません。〗

CORE TRAINING

□□□　会社法上の公開会社には、取締役会を必ず置かなければならない。オリジナル①	➡ 327 I ①　1 ❷	○
□□□　大会社には、会計監査人を必ず置かなければならない。オリジナル②	➡ 328 I 、II、327 V　1 b	○
□□□　取締役会設置会社でない株式会社は、会計参与を置くことができない。オリジナル③	➡ 326 II　1 ＊	×

CORE PLUS

1 会社法上の機関設計の選択肢（326から328まで）

	a 非大会社	b 大会社 オリジナル②
❶ 非公開会社	i 取締役 ii 取締役＋監査役 iii 取締役＋監査役＋会計監査人 iv 取締役会＋会計参与＊ v 取締役会＋監査役 vi 取締役会＋監査役会 vii 取締役会＋監査役＋会計監査人 viii 取締役会＋監査役会＋会計監査人 ix 取締役会＋監査等委員会＋会計監査人 x 取締役会＋三委員会＋会計監査人	i 取締役＋監査役＋会計監査人 ii 取締役会＋監査役＋会計監査人 iii 取締役会＋監査役会＋会計監査人 iv 取締役会＋監査等委員会＋会計監査人 v 取締役会＋三委員会＋会計監査人
❷ 公開会社 オリジナル①	i 取締役会＋監査役 ii 取締役会＋監査役会 iii 取締役会＋監査役＋会計監査人 iv 取締役会＋監査役会＋会計監査人 v 取締役会＋監査等委員会＋会計監査人 vi 取締役会＋三委員会＋会計監査人	i 取締役会＋監査役会＋会計監査人 ii 取締役会＋監査等委員会＋会計監査人 iii 取締役会＋三委員会＋会計監査人

＊　会計参与は、❶ a ivの場合を除き、任意に設置することができる。オリジナル③

2 取締役会設置会社の典型的な機関設計

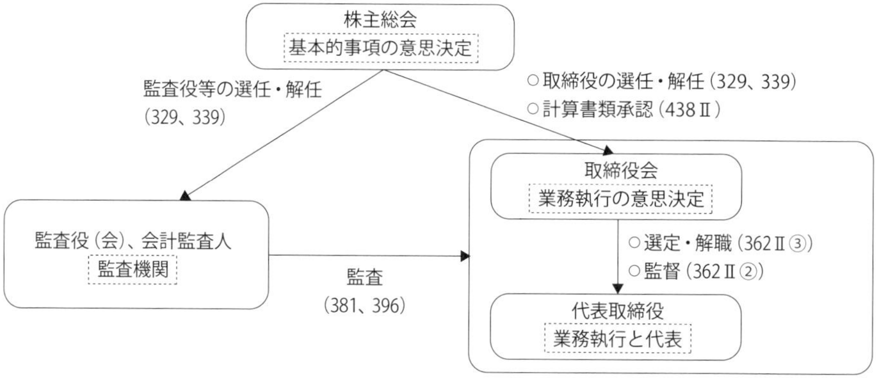

No. 018

株主総会

予H29-19

□ 月 日
□ 月 日
□ 月 日

株主総会に関する次のアからオまでの各記述のうち、会社支配の公正維持を目的とするものとしてふさわしいものを組み合わせたものは、後記１から５までのうちどれか。

□□□ ア．単元未満株主は、その有する単元未満株式について、株主総会において議決権を行使することができない。

□□□ イ．取締役会設置会社においては、株主総会は、会社法に規定する事項及び定款で定めた事項に限り、決議をすることができる。

□□□ ウ．会社は、自己株式については、株主総会における議決権を有しない。

□□□ エ．判例の趣旨によれば、会社は、定款の定めによって、株主総会における議決権行使の代理人の資格を当該会社の株主に限ることができる。

□□□ オ．Ａ株式会社（以下「Ａ社」という。）がその株主であるＢ株式会社（以下「Ｂ社」という。）の議決権の総数の４分の１以上を有する場合には、Ｂ社は、Ａ社の株主総会において、議決権を有しない。

１．アイ　　２．アオ　　３．イエ　　４．ウエ　　５．ウオ

No. 018　正解　5　株主総会に関する各条文を比較しながら、その制度趣旨まで理解しよう。　正答率 68.3%

ア　ふさわしくない。

単元未満株主は、その有する単元未満株式について、株主総会において議決権を行使することができない（189条１項）。これは、少数出資者の権利を限定し、会社に生ずる株主管理コストを削減するための規定である。

イ　ふさわしくない。

取締役会設置会社においては、**株主総会は、会社法に規定する事項**及び**定款で定めた事項に限り**、**決議**をすること**ができる**（295条２項）。これは、取締役会設置会社においては、基本的事項以外の決定については会社経営の専門家である取締役が構成する取締役会に委ねることで、所有と経営の分離を図るための規定である。

ウ　ふさわしい。

会社は、**自己株式**については、株主総会における**議決権を有しない**（308条２項）。これは、会社支配の公正を維持するための規定である。

エ　ふさわしくない。

判例は、**株主総会**における**議決権行使の代理人を株主に限る**旨の**定款**の規定は、**有効**であるとしている（最判昭43.11.１百選29事件）。これは、当該定款の規定が、「株主総会が、株主以外の第三者によって攪《かく》乱されることを防止し、会社の利益を保護する趣旨にでたものと認められ、合理的理由による相当程度の制限ということができる」からである。

オ　ふさわしい。

株式会社がその**総株主の議決権の４分の１以上を有する**ことその他の事由を通じてその経営を実質的に支配することが可能な関係にあるものとして法務省令（会社則67条）に定める株主は、**議決権を有しない**（会社308条１項本文括弧書）。これは、当事会社の経営者が相互に支配権を支持し合うなど**議決権行使の歪《わい》曲化のおそれを防止**し、もって**会社支配の公正を維持**するための規定である。

文献　試験対策講座・会社法162、189、190、244、252～255頁。判例シリーズ37事件

No. 019

株主総会

予H28-20

□　月　日
□　月　日
□　月　日

株主総会に関する次の1から5までの各記述のうち、正しいものを2個選びなさい。

□□□ 1．株式会社は、株主が代理人によってその議決権を行使することができない旨を定款で定めることができない。

□□□ 2．株主総会に出席しない株主が書面によって議決権を行使することができることとする旨を定めたときは、株主総会を開催することを要しない。

□□□ 3．株主は、必要な事項を記載した議決権行使書面を株式会社に提出した場合には、同一の議案について、代理人によってその議決権を行使することができない。

□□□ 4．株主が当該株主総会において実質的に同一の事項について繰り返して説明を求める場合には、取締役は、当該事項について説明をすることを要しない。

□□□ 5．株主の全員の同意を得て、招集の手続を経ることなく株主総会を開催するときは、株主の同意は、書面又は電磁的記録によりしなければならない。

No. 019　**正解　1、4**

310条や314条等の重要条文の内容を中心に、株主総会に関する知識を整理しよう。

正答率 66.9%

1　正しい。

株主は、**代理人によって**その**議決権を行使**することが**できる**（310条1項前段）。これは、株主に議決権行使の機会を保障する趣旨の**強行規定**である。そのため、株式会社が、株主が代理人によってその議決権を行使することができない旨を定款で定めることは、許されない。

2　誤り。

書面による議決権行使（298条1項3号）は、株主総会に出席しない株主に議決権行使を認める制度であるにすぎず、株主総会の開催を不要とするものではない。

3　誤り。

書面による議決権行使をした株主も、株主総会に出席して議決権を行使することができる。そして、株主は、代理人によってその議決権を行使することができる（310条1項前段）。したがって、株主は、必要な事項を記載した議決権行使書面を株式会社に提出した場合（311条1項）でも、同一の議案について、代理人によってその議決権を行使することができる。

4　正しい。

取締役は、**株主総会**において、株主から特定の事項について説明を求められた場合には、原則として、当該事項について**必要な説明**をしなければならない（314条本文）。もっとも、株主が当該株主総会において**実質的に同一の事項**について**繰り返して説明を求める場合**には、当該**説明**をすることを**要しない**（同条ただし書、会社則71条3号）。

5　誤り。

株主総会は、**株主の全員の同意があるとき**は、**招集の手続を経ることなく開催**することが**できる**（会社300条本文）。この株主全員の同意は暗黙のものでもよいと解されており（東京高判昭48.10.25参照）、同意を得る手段に特に限定はない。

文献　試験対策講座・会社法246、254、256、257、259、260頁

No. 020　論

株主総会

予R5-19

□ 月 日
□ 月 日
□ 月 日

株主総会に関する次のアからオまでの各記述のうち、正しいものを組み合わせたものは、後記１から５までのうちどれか。

□□□ ア．判例の趣旨によれば、会社法上の公開会社でない取締役会設置会社は、取締役会の決議によるほか株主総会の決議によっても代表取締役を選定することができる旨を定款で定めることができる。

□□□ イ．株式会社は、株主総会の場所に存しない株主を、映像と音声の送受信により相手の状態を相互に認識しながら通話をすることができる方法によって、当該株主総会に出席させることはできない。

□□□ ウ．判例の趣旨によれば、定款に株主総会で議決権を行使する代理人を株主に限定する旨の定めがある場合には、法人である株主は、その従業員であって株主でない者に株主総会における議決権を代理行使させることができない。

□□□ エ．株式会社は、取締役を選任する株主総会の決議について、定足数をなくし、出席した株主の議決権の過半数をもって行うこととする旨を定款で定めることができる。

□□□ オ．監査役会設置会社は、取締役の選任について、株主からの請求があるときであっても累積投票によらない旨を定款で定めることができる。

１．アウ　２．アオ　３．イウ　４．イエ　５．エオ

No. 020　**正解　2**　株主総会に関する問題は論文式試験でも頻出なので、ここで知識を整理しておこう。　正答率 77.9%

ア　正しい。　類 予R4-20-ア

判例は、「**取締役会設置会社**である**非公開会社**における、**取締役会の決議によるほか株主総会の決議**によっても**代表取締役を定めることができる旨の定款の定めは有効**である」としている（最決平29. ２ .21百選41事件）。その理由として、株主総会は法定の事項及び定款で定めた事項に限り決議が可能になるが（295条２項）、法にこの**定款で定める事項の内容を制限する明文の規定はない**こと、代表取締役の選定が**株主総会の決議事項とされても**、代表取締役の選定及び解職に関する**取締役会の権限**（362条２項３号）が**否定されるものではなく**、**取締役会**の**監督権限の実効性を失わせる**とはいえ**ない**ことがあげられる。

イ　誤り。

会社法上、株主総会の招集の際は**株主総会の「場所」を定めなければならない**ため（298条１項１号）、株主総会は物理的に存在する会場での実施が必要で、**オンラインのみの実施**は**認められない**。他方、物理的に存在する「**場所**」（**会場**）**で実施**されていれば、会場外の株主を、**インターネット等の手段**を用いて映像と音声の送受信により相手の状態を相互に認識しながら通話ができる方法により**株主総会に出席**させることは**認められる**。

ウ　誤り。

判例は、代理人資格を株主に限るという「定款の規定は、**株主総会が株主以外の第三者によって攪乱されることを防止**し、**会社の利益を保護する趣旨**……であり、……従業員を代理人として株主総会に出席させた上、議決権を行使させても、特段の事情のない限り、**株主総会が攪乱され会社の利益が害されるおそれはなく**、かえって、……従業員による議決権の代理行使を認めないとすれば、株主としての意見を……十分に反映……できず、**事実上議決権行使の機会を奪うに等しく**、不当な結果をもたらす」ため、非株主の従業員による議決権の代理行使は定款に反しないとした（最判昭51.12.24百選34事件）。

エ　誤り。

309条１項の規定にかかわらず、役員を選任し、又は解任する株主総会の決議は、議決権を行使することができる株主の議決権の過半数（３分の１以上の割合を定款で定めた場合にあっては、その割合以上）を有する株主が出席し、出席した当該株主の議決権の過半数（これを上回る割合を定款で定めた場合にあっては、その割合以上）をもって行わなければならない（341条）。そのため、定款の定めによっても、**定足数**を、**議決権を行使することができる株主の議決権の３分の１未満**に**引き下げることはできない**。

オ　正しい。

累積投票制度は定款の別段の定めをもって完全に排除することができる（342条１項）。

文献　試験対策講座・会社法245、246、254〜256、280、281頁。判例シリーズ42事件

No. 021

株主総会における議決権

H25-41

□　月　日
□　月　日
□　月　日

株主総会における株主の議決権に関する次のアからオまでの各記述のうち、正しいものを組み合わせたものは、後記1から5までのうちどれか。

□□□ ア．株主総会の招集の通知は、その株主総会において決議をすることができる事項の全部につき議決権を行使することができない株主に対しては、することを要しない。

□□□ イ．株主は、議決権行使書面によって議決権を行使した場合には、その議決権行使に係る議題について株主総会に出席することができない。

□□□ ウ．株主は、その有する議決権を統一しないで行使することはできない。

□□□ エ．株主総会の決議について特別の利害関係を有する株主は、その決議において、議決権を行使することができない。

□□□ オ．株主は、株主総会の議案に賛成する議決権を行使した場合でも、その議案に係る株主総会の決議の取消しの訴えを提起することができる。

1．ア　エ　　2．ア　オ　　3．イ　ウ　　4．イ　エ　　5．ウ　オ

No. 021　正解 2　解説中の知識は、株主総会決議の取消事由を検討する前提になる。正確におさえておこう。　正答率 90.3%

ア　正しい。

株主総会を招集するには、取締役は、原則として、株主に対してその通知を発しなければならない（299条1項）。そして、この招集通知を発しなければならない株主には、株主総会において決議をすることができる事項（取締役会設置会社においては、株主総会の目的である事項として定められた事項）の全部につき議決権を行使することができない株主は含まれない（298条2項本文括弧書、3項参照）。

イ　誤り。

株主総会の招集の決定に際し、当該株主総会に出席しない株主が書面によって議決権を行使することができる旨を定めた場合（298条1項3号）、株主は、議決権行使書面によって議決権を行使することできる（311条1項参照）。もっとも、これは「株主総会に出席しない株主」が議決権を行使するための便宜を図るものであり、株主が、議決権行使書面によって議決権を行使した後であっても、その議決権行使に係る議題について株主総会に出席し、議決権を行使することを妨げるものではない。

ウ　誤り。

株主は、その有する議決権を統一しないで行使することができる（議決権の不統一行使、313条1項）。これは、委託者のために株式を保有する信託会社が各委託者の異なる意思を反映して議決権行使をする必要がある場合などに対応するために認められたものである。

エ　誤り。

株主総会の決議について特別の利害関係を有する株主であっても、一定の例外を除き（140条3項本文、160条4項本文、175条2項本文）、その決議において議決権を行使すること自体は禁止されていない（831条1項3号参照）。なお、**取締役会の決議**の場合、**特別の利害関係を有する取締役**は、その**議決に加わる**こと**ができない**とされている（369条2項）。

オ　正しい。

株主が株主総会決議取消しの訴えを提起するに当たり、当該株主の株主総会における議決権の行使態様は問題とならない（831条1項柱書前段参照）。したがって、株主は、株主総会の議案に賛成する議決権を行使した場合でも、その議案に係る株主総会決議取消しの訴えを提起することができる。

文献　試験対策講座・会社法247、256〜258、267、268、296頁

No. 022　論

株主総会

予H30-19

□ 月 日
□ 月 日
□ 月 日

株主総会に関する次の1から5までの各記述のうち、正しいものを2個選びなさい。

□□□ 1．株主総会は、会社法上の公開会社でない株式会社に限り、株主の全員の同意があるときは、招集の手続を経ることなく開催することができる。

□□□ 2．株主が、株主総会において、株主総会の目的である事項につき議案を提出するには、株式会社に対し、株主総会の日の3日前までに、当該議案を提出する旨及びその理由を通知しなければならない。

□□□ 3．株主が、取締役に対し、法定の行使期限までに、適法に、株主総会の目的である事項につき当該株主が提出しようとする議案の要領を株主総会の招集の通知に記載し、又は記録することを請求したにもかかわらず、当該要領が株主総会の招集の通知に記載され、又は記録されなかったことは、当該事項と関連しない株主総会の目的である事項に関する決議の取消事由とならない。

□□□ 4．判例の趣旨によれば、取締役選任の株主総会決議取消しの訴えの係属中、その決議に基づいて選任された取締役が全て任期満了により退任し、その後の株主総会の決議によって取締役が新たに選任されたときは、特別の事情のない限り、当該決議取消しの訴えは、訴えの利益を欠くこととなる。

□□□ 5．株主総会の決議について特別の利害関係を有する者が議決権を行使したことは、当該決議の無効事由となる。

No. 022　**正解　3、4**

303条から305条までの株主提案権について、その内容・要件をしっかり区別して記憶しよう。

正答率 67.9%

1　**誤り。**

300条本文は、公開会社・非公開会社を問わず、株主全員の同意があるときは、招集手続を経ることなく株主総会を開催できると規定している。これは、株主に対する招集通知が、株主に出席の機会と準備の期間を与えるものである以上、株主がその利益を放棄することは可能であるからである。なお、株主総会に出席しない株主が書面又は電磁的方法によって議決権を行使できるとしている場合には、招集手続の省略はできない(同条ただし書)。

2　**誤り。**

株主総会の目的である事項に関する具体的な提案をする権利である議案提案権は、原則としていつでも行使することができる（304条本文参照）。なお、一定の事項を株主総会の目的とすることを求める権利である議題提案権の行使については、取締役会設置会社において、株主総会の日の８週間前までにしなければならないという期間制限がある(303条２項)。

3　**正しい。**

株主総会決議は、議案ごとに独立になされ、他の議案についての瑕疵は、当該議案の決議の取消事由とはならないのが原則である。他の議案について、株主の議案通知請求権（305条１項）が無視されたとしても、当該事項が株主総会の目的である事項と密接な関連性があるなどの特段の事情がない限り、当該議案に関する決議には影響がなく、その取消事由には当たらない（東京高判平23.９.27)。

4　**正しい。**

判例は、本記述と同様の事案において、特別の事情のあることが立証されない限り、訴えの利益を欠くことになるとしている（最判昭45.４.２百選36事件)。これは、訴訟制度を利用する限り何らかの具体的な紛争解決の効果が期待される場合でなければならないからである。

5　**誤り。**

株主総会**決議**の**無効事由**は、「**決議の内容**」が「**法令に違反**」すること**に限定**されており（830条２項)、特別利害関係人による議決権行使はこれに該当せず、831条１項３号の取消事由に当たりうるにとどまる。

文献　試験対策講座・会社法246、249～252、265～267、271頁。判例シリーズ43事件

No. 023

株式会社についての訴訟

予R5-25

□　月　日
□　月　日
□　月　日

株式会社についての訴訟に関する次の1から5までの各記述のうち、正しいものはどれか。

□□□ 1．株主総会決議取消しの訴えは、当該株主総会決議の日から1年以内に提起することができる。

□□□ 2．株主総会決議不存在確認の訴えは、当該決議の存在を主張している株主を被告として提起することができる。

□□□ 3．株主総会決議無効確認の訴えは、被告となる株式会社の支店の所在地を管轄する地方裁判所にも提起することができる。

□□□ 4．株主代表訴訟は、会社法第423条第1項に基づく株式会社の役員等に対する損害賠償請求権を訴訟物とするものでなければならない。

□□□ 5．会社法上の公開会社である監査役設置会社が取締役であった者に対して貸金返還請求の訴えを提起する場合には、監査役が当該監査役設置会社を代表する。

（参照条文）会社法

（役員等の株式会社に対する損害賠償責任）

第423条　取締役、会計参与、監査役、執行役又は会計監査人（以下この章において「役員等」という。）は、その任務を怠ったときは、株式会社に対し、これによって生じた損害を賠償する責任を負う。

2～4（略）

No. 023　**正解　5**

831条関連の問題は頻出であるため、訴訟要件などを整理しておこう。

正答率 69.7%

1　誤り。

株主総会決議取消しの訴えは、**株主総会の決議の日から3か月以内**に提起しなければならない（831条1項柱書前段）。提訴期間の制限は、決議成立過程の瑕疵は比較的軽微であり、時の経過によってその立証が困難になるために、可能な限り、早期に決議の効力を明確ならしめるために設けられたものである。

2　誤り。

株主総会決議不存在確認の訴えは、当該株式会社を被告とする（834条16号）。

3　誤り。

株主総会決議無効確認の訴えは会社の組織に関する訴えであるところ、会社の組織に関する訴えは、被告となる会社の本店の所在地を管轄する地方裁判所の管轄に専属する（835条1項）。

4　誤り。

株主代表訴訟が認められている責任追及等の訴えには、①発起人、設立時取締役、設立時監査役、役員等、清算人の責任を追及する訴え、②102条の2第1項、212条1項、285条1項の規定による支払を求める訴え、③120条3項の利益の返還を求める訴え、④213条の2第1項、286条の2第1項の規定による支払若しくは給付を求める訴えが含まれており（847条1項）、**株主代表訴訟の訴訟物**は**423条1項に基づく株式会社の役員等に対する損害賠償請求権**に**限られない**。

5　正しい。

取締役（取締役であった者を含む）**と監査役設置会社**との**間の訴訟**の場合には、**監査役が株式会社を代表**する（386条1項1号）。

文献　試験対策講座・会社法268、272、333、374、375頁

No. 024

株主の権利

H23-43

□　月　日
□　月　日
□　月　日

種類株式発行会社でない監査役会設置会社における株主の権利に関する次のアからオまでの各記述のうち、正しいものを組み合わせたものは、後記１から５までのうちどれか。

□□□ ア．会社法所定の要件を満たす株主は、代表取締役が法令に違反する行為をするおそれがある場合において、その行為によって会社に回復することができない損害が生ずるおそれがあるときは、その行為をやめることを請求することができる。

□□□ イ．株主が監査役会議事録の閲覧を請求するためには、裁判所の許可を得なければならない。

□□□ ウ．株主は、他の株主が提起した株主代表訴訟には、共同訴訟人として参加することができない。

□□□ エ．取締役の職務の執行に関し不正の行為があった場合には、会社法所定の要件を満たす株主は、その取締役を解任する旨の議案が株主総会において否決されたかどうかを問わず、その取締役の解任の訴えを提起することができる。

□□□ オ．株主総会においてある議案について賛成の議決権を行使した株主は、その議案に係る決議の方法が定款に違反する場合でも、決議取消しの訴えを提起することができない。

１．ア　イ　　２．ア　オ　　３．イ　ウ　　４．ウ　エ　　５．エ　オ

No. 024　**正解 1**　株主の権利について、その内容と株式数等の要件を整理しておこう。　正答率 88.5%

ア　正しい。

監査役設置会社において、6か月（これを下回る期間を定款で定めた場合にあっては、その期間）前から引き続き株式を有する株主は、取締役が株式会社の目的の範囲外の行為その他法令若しくは定款に違反する行為をし、又はこれらの行為をするおそれがある場合において、当該行為によって当該株式会社に回復することができない損害が生ずるおそれがあるときは、当該取締役に対し、当該行為をやめることを請求することができる（360条3項、1項）。監査役設置会社の場合は監査役にも差止請求権があるので（385条1項）、株主の差止請求権の要件がより厳格化されている。

イ　正しい。

監査役会設置会社の株主は、その権利を行使するため必要があるときは、裁判所の許可を得て、監査役会議事録の閲覧を請求することができる（394条2項）。これは、議事録の閲覧を認めると企業秘密が漏えいされるおそれがあるため、裁判所の許可を要求する趣旨である。

ウ　誤り。

株主等又は株式会社は、共同訴訟人として、又は当事者の一方を補助するため、責任追及等の訴えに係る訴訟に参加することができる（849条1項本文）。代表訴訟であっても、原告株主と被告役員等の間での馴れ合いのおそれはあり、849条1項はそれを防止するための規定である。

エ　誤り。

役員の職務の執行に関し**不正の行為**又は**法令若しくは定款に違反する重大な事実があった**にもかかわらず、**当該役員を解任する旨の議案が株主総会において否決**されたときは、**会社法所定の要件を満たす株主**は、**当該株主総会の日から30日以内**に、**訴えをもって当該役員の解任を請求**することが**できる**（854条1項柱書）。したがって、株主が取締役の解任の訴えを提起するためには、当該取締役を解任する旨の議案が株主総会において否決されなければならない。

オ　誤り。

株主総会の**決議の方法**が**定款に違反**する場合には、**株主**は、**当該株主総会の決議の日から3か月以内**に、**訴えをもって当該決議の取消しを請求**することが**できる**（831条1項1号）。そして、この訴えを提起するに当たり、当該株主が当該決議に係る議案に反対したか否かは問われない。

文献　試験対策講座・会社法266～268、282、333、335、382、385頁

CORE TRAINING

01　招集

□□□　会社法所定の要件を満たす株主は、取締役に対し、代表取締役を取締役から解任することを議題とすること及びその理由を示して、株主総会の招集を請求することができる。H26-44-2

➡ 339 I 、297 I　1 ❷ ii　○

□□□　株主総会は、会社の本店の所在地において招集しなければならない。H26-42-ア

➡ 株主総会の招集地に制限はない　×

CORE PLUS

1　株主総会の招集手続

❶ 招集の時期	i　定時株主総会 →毎事業年度の終了（決算期）後一定の時期（権利行使の基準日を定めた場合は、基準日から 3 か月以内）に招集しなければならない（296 Ⅰ） ii　臨時株主総会 →必要がある場合、いつでも招集可能（296 Ⅱ）
❷ 招集権者	i　原則 ○取締役会非設置会社は、取締役（296 Ⅲ） ○取締役会設置会社は、代表取締役又は代表執行役（296 Ⅲ、298 Ⅰ、Ⅳ） ii　例外 少数株主（6 か月前からどの時期をとっても総株主の議決権の100分の 3 以上を有していた株主）は、取締役に対し株主総会の招集の請求が可能（297 Ⅰ、Ⅳ）H26-44-2 ＊1
❸ 招集通知	i　取締役会設置会社 ○株主総会の 2 週間前（非公開会社では、書面又は電磁的方法による議決権行使を認める場合及び電子提供措置をとる場合を除き（299 Ⅰ括弧書、325の 4 Ⅰ）、1 週間前）までに書面で通知しなければならない（299 Ⅰ、Ⅱ②）＊2 ○招集通知には、原則として298 Ⅰ各号の事項を記載・記録する必要がある（299 Ⅳ）（ただし、電子提供措置をとる場合には298条 1 項 5 号の事項を記載・記録することを要さず、325条の 4 第 2 項各号の事項を記載・記録する必要がある（325の 4 Ⅱ柱書）） ii　取締役会非設置会社 ○株主総会の 1 週間前（定款により短縮可能）までに通知しなければならない（299 Ⅰ括弧書）＊3、＊4 ○議題等の記載・記録は不要（299 Ⅱ、Ⅲ、Ⅳ参照）

＊1　6 か月要件と100分の 3 要件は定款で緩和することができる。非公開会社では 6 か月要件（保有期間要件）は課されない（297 Ⅰ、Ⅱ）。
＊2　書面による通知に代えて、電磁的方法により通知をすることもできる（299Ⅲ）。
＊3　書面又は電磁的方法による議決権行使を認める場合を除き、書面によることを要しない（299 Ⅱ ①）。
＊4　取締役会非設置会社であっても、電子提供措置をとる場合には、株主総会の 2 週間前（325の 4 Ⅰ）。

CORE TRAINING

□□□　取締役の選任に関する議案に限り株主総会において議決権を行使することができる旨の定款の定めがある議決権制限株式の株主は、取締役に対し、剰余金の配当を株主総会の議題とすることを請求することができない。 H25-42-ウ	➡ 303 I 括弧書 [2] ❶ ii	○
□□□　取締役会設置会社においては、取締役の解任が株主総会の目的である事項となっていない場合でも、株主は、その株主総会において、取締役の解任の議案を提出することができる。 H23-42-エ	➡ 304本文、298 I ②　[2] ❷ ii	×

02　議決権

□□□　大会社においては、株主の数が1000人未満でも、株主総会を招集する場合には、株主総会に出席しない株主が書面によって議決権を行使することができる旨を定めなければならない。 H23-42-イ	➡ 298 II 本文、298 I ③　[3] ＊1	×
□□□　取締役会は、書面による議決権行使と電磁的方法による議決権行使のいずれもすることができる旨を定めた場合には、株主が同一の議案につき両方の方法により重複してそれぞれの内容が異なる議決権の行使をしたときの取扱いに関する事項を定めることができる。 H24-41-ア	➡ 298 I ⑤、会社則63④ロ　[3] ＊2	○
□□□　株式会社は、株主が他人のために株式を有する者でないときは、当該株主が株主総会においてその有する議決権を統一しないで行使することを拒むことができる。 予R2-19-1	➡ 313 III　[3] ＊3	○
□□□　株主総会において決議事項の全部について議決権を行使することができない株主は、当該株主総会について提出された議決権行使書面の閲覧又は謄写をすることができない。 予R4-19-ウ	➡ 311 IV、310 VII括弧書　[3] ※	○

CORE PLUS

2 株主提案権

<table>
<tr><th colspan="2"></th><th>ⅰ 持株要件・保有期間要件</th><th>ⅱ 行使内容の制限</th><th>ⅲ 行使時期の制限</th></tr>
<tr><td colspan="2">❶ 議題提案権（303Ⅰ）</td><td rowspan="2">○取締役会非設置会社
→制限なし（303Ⅰ、305Ⅰ本文）
○取締役会設置会社
→少数株主のみ
○少数株主とは、6か月前から総株主の議決権の100分の1以上又は300個以上の議決権を有してきた者をいう（ただし、これらの要件は定款で緩和可）
○なお、非公開会社の場合、6か月の要件はない（303Ⅲ、305Ⅱ）</td><td>当該株主が議決権を行使できる事項に限り議題とできる（303Ⅰ括弧書）
H25-42-ウ</td><td>○取締役会非設置会社
→制限なし
○取締役会設置会社
→株主総会の日の8週間（定款でこれを下回る期間を定めたときは、その期間）前まで（303Ⅱ後段）</td></tr>
<tr><td rowspan="2">❷ 議案提出権</td><td>議案の要領の通知請求（305Ⅰ）*</td><td rowspan="2">株主総会の目的である事項（当該株主が議決権を行使できる事項に限る）につき議案の提出ができる（304本文）
H23-42-エ</td><td>株主総会の日の8週間前まで（305Ⅰ本文）</td></tr>
<tr><td>株主総会での議案提出権（304本文）</td><td>制限なし</td><td>制限なし</td></tr>
</table>

＊　取締役会設置会社の株主が請求する場合、議案通知請求権を行使できる議案の個数は10に制限される（305Ⅳ柱書）。

3 議決権の行使方法

❶ 原則	株主自ら行使
❷ 例外	ⅰ 代理行使（310Ⅰ） ⅱ 書面による行使（298Ⅰ③）＊1 ⅲ 電磁的方法による行使（298Ⅰ④）＊2 ⅳ 議決権の不統一行使（313Ⅰ）＊3

＊1　株主数が1000人以上である株式会社は、原則として書面投票制度を採用する旨を定めなければならない（298Ⅱ）。H23-42-イ

＊2　書面による議決権行使と電磁的方法による議決権行使のいずれもすることができる旨を定めた場合には、株主が同一の議案について両方の方法により重複してそれぞれ内容の異なる議決権の行使をしたときの取扱いに関する事項を定めることができる（会社則63④ロ）。H24-41-ア

＊3　株主が他人のために株式を有する者でないときは、株式会社は、議決権の不統一行使を拒むことができる（会社313Ⅲ）。予R2-19-1

※　株主は、当該株主総会について提出された議決権行使書面の閲覧又は謄写を請求することができる（311Ⅳ、312Ⅴ）。もっとも、この場合の株主は限定されており、「株主総会において決議した事項の全部につき議決権を行使することができない株主」（310Ⅶ括弧書）については、閲覧又は謄写の請求はできない。予R4-19-ウ

CORE TRAINING

03　株主総会の議事と決議方法等

問題	解説	正誤
□□□　株主総会においてその延期の決議があった場合、後日開催されるその株主総会につき、改めて株主に対する招集通知を発しなければならない。H24-41-エ	➡ 317。延期・続行の決議に際し、改めて招集通知を発することは義務付けられていない	×
□□□　取締役は、株主総会において、株主から特定の事項について説明を求められた場合には、当該事項が株主総会の目的である事項に関しないものであるときであっても、当該事項について必要な説明をしなければならない。H23-42-オ、予R2-19-2	➡ 314　[4]❷ i	×
□□□　株主総会で株主から特定の事項について説明を求められた場合において、当該事項について説明をするために調査をすることが必要であるときは、当該株主が株主総会の日より相当の期間前に当該事項を当該会社に通知していたとしても、取締役は、当該株主総会において、説明をする必要はない。H20-40-オ	➡ 314、会社則71①イ。相当の期間前に通知していた場合、説明を拒む正当な理由（314ただし書）はない　[4]❷ iii	×
□□□　会社は、総株主の議決権の100分の１以上の議決権を有する株主の同意がある場合に限り、株主総会に係る招集の手続及び決議の方法を調査させるため、その株主総会に先立ち、裁判所に対し、検査役の選任の申立てをすることができる。H25-42-オ	➡ 306 I。株主の同意は不要　[5]❶ i	×
□□□　株主総会においては、その決議によって、取締役がその株主総会に提出し、又は提供した資料を調査する者を選任することができる。H24-41-ウ	➡ 316 I　[5]❷	○
□□□　株式会社の株主が、当該株式会社の業務及び財産の状況を調査させるため、裁判所に検査役選任の申立てをした時点で、当該申立てをするために必要な持株要件を満たしていたとしても、その後、当該株式会社が新株を発行したことにより、当該株主が当該持株要件を満たさないものとなった場合には、特段の事情のない限り、当該申立ては、申立人の適格を欠くものとして不適法となる。予H30-17-イ	➡ 最決平18.９.28（百選57事件）。検査役の選任に関する裁判が確定するまで持株要件を維持しなければならない　[5]＊	○

CORE PLUS

4 取締役の説明義務

❶原　則	❷例　外
株主総会において株主から特定の事項につき説明を求められた場合には、説明義務が発生（314本文）＊ →求められる説明の程度は「原則として、平均的な株主が基準とされるべき」（東京地判平16.5.13）	以下の場合、説明を拒否することが可能（314ただし書） i　その事項が株主の目的である事項と関係がない場合 H23-42-オ、予R2-19-2 ii　説明することによって株主の共同の利益を著しく害する場合 iii　その他正当な理由がある場合として法務省令で定める場合（会社則71） H20-40-オ

＊　会社が株主から事前に質問状を送付されていても、株主総会の場で具体的な質問がない限り説明義務は発生しない。

5 総会検査役と調査者

❶総会検査役	i　選任の申立主体 株主総会又は少数株主（公開会社である取締役会設置会社では6か月前からどの時期をとっても総株主の議決権の100分の1以上を有していた株主＊。会社306Ⅰ、Ⅱ） H25-42-オ ii　検査役の職務 株主総会にかかる招集手続及び決議の方法を調査し、調査の結果を裁判所に報告する iii　裁判所の権限 ○検査役の報告の後、必要がある場合は、改めて取締役に株主総会を招集させることができる（307Ⅰ①） ○取締役に対し、調査の結果を全株主に対して通知するよう命じることができる（307Ⅰ②）
❷調　査　者	株主総会は、その決議により、取締役、会計参与、監査役、監査役会、会計監査人が当該株主総会に提出・提供した資料を調査する者を選任することができる（316Ⅰ） H24-41-ウ

＊　検査役選任の申立て時点では持株要件を満たしていたものの、その後、新株を発行したことにより、申立てをした株主が持株要件を満たさなくなった場合、株式会社が検査役選任の申請を妨害する目的で新株を発行したなどの特段の事情のない限り、持株要件を満たさなくなった株主は申請人の適格を欠くこととなる（最決平18.9.28百選57事件）。予H30-17-イ

CORE TRAINING

04　決議の瑕疵

□□□　監査役が株主総会の決議の取消しの訴えを提起するには、監査役会の同意を得る必要はない。 H25-46-イ	➡ 831Ⅰ柱書前段、828Ⅱ①括弧書 [6] ❶ a	○
□□□　判例の趣旨によれば、取締役の選任を目的とする株主総会につきその決議の取消しの訴えが提起された場合には、その決議により選任された取締役は、会社の共同訴訟人としてその訴訟に参加することができる。 予H25-26-ウ	➡ 最判昭36.11.24 [6] ＊1	×
□□□　株主総会の決議の取消しの訴えは、総株主の同意を得ない限り、取り下げることができない。 予H25-26-オ	➡ [6] ※	×
□□□　定足数を満たしていないのに、定足数を満たしたものとして、株式会社が株主総会の決議が成立したものとしたときは、当該決議は、無効である。 予R2-19-5	➡ 最判昭35.3.15。定足数不足は決議取消事由になるにすぎない（なお、判例は社員総会決議の事案） [6] ❶ d i e.g.	×
□□□　株主総会の決議について特別の利害関係を有する者が議長として議事を主宰した場合には、その株主総会の決議は、無効である。 H26-42-オ	➡ 830Ⅱ参照。株主総会の無効事由である決議内容の法令違反に当たらない	×
□□□　株主総会決議無効確認の訴えにおいて、株主総会決議の無効原因として主張された瑕疵が株主総会決議の取消原因に該当しており、株主総会決議取消しの訴えの原告適格、出訴期間等の要件を満たしている場合には、株主総会決議取消しの請求を追加する訴えの変更が出訴期間経過後にされても、当該株主総会決議取消しの訴えは、適法である。 予R4-24-1	➡ 最判昭54.11.16（百選40事件） [6] ＊2	○

CORE PLUS

6 株主総会決議の効力を争う訴えその１

		❶ 決議取消しの訴え（831 Ⅰ）	❷ 決議不存在確認の訴え（830 Ⅰ）	❸ 決議無効確認の訴え（830 Ⅱ）
訴訟要件	a 原告適格	株主等（831 Ⅰ柱書、828 Ⅱ①括弧書。株主・取締役・監査役・清算人・執行役） H25-46-イ	制限なし	
	b 被告適格	当該株式会社（834⑰、⑯）[*1]		
	c 出訴期間	決議の日から３か月以内（831 Ⅰ柱書）[*2]	制限なし	
d 取消事由・無効事由・不存在事由		ⅰ 招集手続・決議方法の法令・定款違反（831 Ⅰ①） e.g. ○一部の株主に対する招集通知を欠いた場合（299 Ⅰ違反） ○取締役会で決議されていない議題について決議した場合（309 Ⅴ本文違反） ○定足数不足のまま決議をした場合（最判昭35. 3 .15参照。なお、この事案は社員総会における定足数不足に関する事案） 予R2-19-5 ⅱ 招集手続・決議方法の著しく不公正（831 Ⅰ①） e.g. 騒然混乱した議場で、議題の説明等もなく、強引に拍手による採決方法を採り決議を成立させた場合 ⅲ 決議内容の定款違反（831 Ⅰ②） e.g. 定款所定の額を超えた役員報酬を決議した場合 ⅳ 特別利害関係株主の議決権行使によって著しく不当な決議がなされた場合（831 Ⅰ③） e.g. 合併の相手方が株主として議決権を行使したことにより、合併対価が著しく不当にもかかわらず、合併承認決議が可決された場合	総会決議が事実上存在しない場合・手続的瑕疵が重大で、法律上は総会決議が存在するとは認められない場合 e.g. ○議事録は作成されているが総会自体は全く開催されていなかった場合 ○招集通知を受けた株主が僅少である場合 ○代表取締役でない取締役が招集した場合	決議内容の法令違反（830 Ⅱ） e.g. 分配可能額を超えた剰余金の配当決議（461 Ⅰ柱書違反）

＊1　株主総会決議取消しの訴えにおいて、判例は、当事者適格を有することが共同訴訟参加（民訴52）の要件であるとしたうえで、株主総会決議取消しの訴えの被告となり得る者は、その性質上株式会社に限られ、その決議により選任された取締役は、被告適格を有しないため、当該株主総会決議取消しの訴えに共同訴訟参加することはできないとしている（最判昭36.11.24）。 予H25-26-ウ

＊2　取消訴訟の出訴期間内に株主総会取消事由を無効原因として、株主総会決議無効確認の訴えを提起した後、取消訴訟の出訴期間経過後に無効原因を取消原因として株主総会取消の主張を行った事案において、判例は「株主総会決議の無効確認を求める訴において決議無効原因として主張された瑕疵が決議取消原因に該当しており、しかも、決議取消訴訟の原告適格、出訴期間等の要件をみたしているときは、たとえ決議取消の主張が出訴期間経過後になされたとしても、なお決議無効確認訴訟提起時から提起されていたものと同様に扱うのを相当」とすると判示している（最判昭54.11.16百選40事件）。 予R4-24-1

※　訴えの取下げに際し、総株主の同意を得る必要はない。 予H25-26-オ

CORE TRAINING

□□□　取締役を選任する株主総会決議（第一決議）の不存在確認を求める訴訟の係属中、第一決議で選任された取締役によって構成される取締役会の招集決定に基づき同取締役会で選任された代表取締役が招集した株主総会において新たに取締役を選任する株主総会決議（第二決議）がされた場合において、第一決議が存在しないことを理由とする第二決議の不存在確認を求める訴えが提起され、第一決議の不存在確認を求める訴えに併合されているときは、特段の事情のない限り、第一決議の不存在確認を求める訴えには確認の利益が認められる。予R4-24-2

➡ 最判平11.3.25　8 ❶　○

□□□　取締役に対する退職慰労金支給の株主総会決議（第一決議）の取消しを請求する訴訟の係属中、第一決議と同一の内容を持ち、かつ、第一決議の取消しが確定した場合にさかのぼって効力を生ずるとされる株主総会決議（第二決議）がされた場合において、第二決議について株主総会決議取消しの訴えの提起等がなく有効であることが確定したときは、特段の事情のない限り、第一決議の株主総会決議取消しの訴えは、訴えの利益を欠く。予R4-24-3

➡ 最判平4.10.29　8 ❷　○

CORE PLUS

7　株主総会決議の効力を争う訴えその2

		❶ 決議取消しの訴え（831Ⅰ）	❷ 決議不存在確認の訴え（830Ⅰ）	❸ 決議無効確認の訴え（830Ⅱ）
a 裁量棄却の有無		○ （取消事由が招集手続・決議方法の法令・定款違反の場合のみ。831Ⅱ）	×	
b 主張方法		決議取消しの訴えのみ	抗弁その他訴訟以外の方法でも可	
c 認容判決の効力	対世効	○ （838）		
	遡及効	○ （839反対解釈、834⑰、⑯）		

8　株主総会決議の効力を争う訴えの利益

❶ 訴えの利益が認められる	❷ 訴えの利益が認められない
○当該年度の計算書類承認決議について取消しの訴えが係属中、当該計算書類の次年度以降の計算書類について承認決議がなされた場合（最判昭58.6.7百選37事件） ○取締役選任決議（第一決議）の不存在確認請求訴訟の係属中に、第一決議で選任された取締役によって構成される取締役会の招集決定に基づき、その取締役会で選定された代表取締役により招集された株主総会において、新たに取締役を選任する株主総会決議（第二決議）がされた場合において、第二決議の不存在確認を求める訴えが提起され、第一決議の不存在確認請求に併合されており、特段の事情がない場合（最判平11.3.25）予R4-24-2	○退職慰労金支給の株主総会決議（第一決議）の取消しの訴えが係属中、第一決議の取消しが確定することを条件として、遡って第一決議と同内容の効力が生じるとする決議（第二決議）がなされ、特段の事情がない場合（最判平4.10.29）予R4-24-3 ○取締役選任決議（第一決議）の取消訴訟の係属中に、第一決議で選任された取締役が全員退任し、後任の取締役が選任され、特別の事情が無い場合（最判昭45.4.2百選36事件）＊

＊　特別の事情として、役員選任決議の取消しの訴え係属中に役員が退任し、その後総会において役員退任による、後任の役員の選挙がされた場合において、後任役員選挙の不存在確認請求が追加された場合（最判令2.9.3百選A14事件参照）が挙げられる。

9 株主総会の決議の種類

		要件		具体例
		定足数 （議決権を行使できる株主の議決権数に対する割合）	決議要件 （特に記載がなければ出席した株主の議決権数に対する割合）	
普通決議	309 Ⅰ	原則：過半数 例外：定款の定め	原則：過半数 例外：定款の定め	株式の分割（183 Ⅱ）
	341、206の2 Ⅴ	原則：過半数 例外：定款の定め（3分の1以上が下限）	原則：過半数 例外：定款の定め（過半数を上回る割合）	○役員の選任・解任（309 Ⅱ⑦の場合を除く） ○支配権の異動を伴う募集株式発行等の承認
特別決議（309 Ⅱ）		原則：過半数 例外：定款の定め（3分の1以上が下限）	原則：3分の2以上 例外：定款の定め	4号：株式の併合（180 Ⅱ） 7号：監査役・累積投票で選任された取締役・監査等委員である取締役の解任（339 Ⅰ） 11号：解散（471③）、事業譲渡等・事後設立の承認（467 Ⅰ） 12号：合併・会社分割の承認（783 Ⅰ、795 Ⅰ、804 Ⅰ）
特殊決議	309 Ⅲ	なし	原則：議決権を行使することのできる株主の半数以上＋当該株主の議決権の3分の2以上 例外：定款の定め（原則を上回る割合）	すべての発行済株式を譲渡制限株式とする旨の定めを新設する定款変更（309 Ⅲ①）
	309 Ⅳ	なし	原則：総株主の半数以上＋総株主の議決権の4分の3以上 例外：定款の定め（原則を上回る割合）	非公開会社において、剰余金の配当を受ける権利等に関する事項について、株主ごとに異なる取扱いを行う旨の定款の定めを置く場合

No. 025

監査役の独立性を確保することを目的とする規律

H23-46

□　月　日
□　月　日
□　月　日

監査役に関する次のアからオまでの各規律のうち、監査役の独立性確保を目的としないものを組み合わせたものは、後記1から5までのうちどれか。

□□□ ア．監査役の任期は、定款の定めによって短縮することができないとの規律

□□□ イ．監査役会設置会社において、取締役が監査役の選任に関する議案を株主総会に提出するには、監査役会の同意を得なければならないとの規律

□□□ ウ．補欠の監査役を選任することができるとの規律

□□□ エ．監査役を辞任した者は、辞任後最初に招集される株主総会に出席して、辞任した旨及びその理由を述べることができるとの規律

□□□ オ．監査役会の決議は、監査役の過半数をもって行うとの規律

1．ア　イ　　2．ア　エ　　3．イ　オ　　4．ウ　エ　　5．ウ　オ

No. 025　正解　5　監査役の規律に関する各条文の趣旨・目的を確認しておこう。　正答率 84.2%

ア　目的とする。

監査役の任期を定めた336条１項に、取締役の任期の短縮を定めた332条１項ただし書に相当する規定が存在しないことから、監査役の任期は、定款の定めによって短縮することができない。これは、定款による任期の短縮をできないこととすることで、監査役の地位を強化し、経営陣からの独立性を担保するものである。

イ　目的とする。

監査役会設置会社において、取締役が監査役の選任に関する議案を株主総会に提出するには、監査役会の同意を得なければならない（343条３項、１項）。これは、取締役が株主総会に提出する監査役選任議案に関し監査役会に拒否権を与えることにより、監査役の地位を強化するものである。

ウ　目的としない。

監査役等の役員の選任決議をする場合には、役員が欠けた場合又はその員数を欠くこととなるときに備えて補欠の役員を選任することができる（329条３項）。これは、役員に欠員が生じた場合に選任に手間取る等の不都合に備えてあらかじめ補欠役員を準備しておくことを目的とするものである。したがって、これは監査役の独立性確保を目的とするものではない。

エ　目的とする。

監査役を辞任した者は、辞任後最初に招集される株主総会に出席して、辞任した旨及びその理由を述べることができる（345条４項・２項）。これは、辞任について取締役・取締役会から不当な圧力を受ける場合などに、監査役は株主総会で意見を述べることができるとすることで、監査役の地位を強化するものである。

オ　目的としない。

監査役会の決議は、監査役の過半数をもって行う（393条１項）。これは、合議体によって意思決定をする場合の基本原則であって、監査役の独立性とは関係がない。

文献　試験対策講座・会社法274、279、281、284、335頁

CORE TRAINING

01　総説

□□□　定款の定めがない場合には、役員の欠員を生ずることとなるときに備えて補欠の役員を選任することができない。 予H29-21-ウ

➡ 補欠の役員の選任（329Ⅲ）についての定款の定めは不要　[1] ❶ ii　×

□□□　役員選任の効力は、株主総会における選任決議のみで生ずるものではなく、被選任者が就任を承諾することによって発生する。 予H29-21-ア

➡ 330、民643。委託に対する相手方の承諾により効力発生　[1] ❷　○

CORE PLUS

[1] 役員総説

❶ 選任権限	i　役員（取締役・会計参与・監査役）及び会計監査人は、株主総会の決議により選任される（329Ⅰ） ii　役員が欠けた場合等に備えて、補欠の役員の選任が可能（329Ⅲ） 予H29-21-ウ
❷ 役員等と会社との関係	株式会社と役員及び会計監査人との関係は、委任に関する規定に従う（330） 予H29-21-ア

CORE TRAINING

02　取締役

□□□　指名委員会等設置会社でない会社法上の公開会社の取締役の任期は、選任後２年以内に終了する事業年度のうち最終のものに関する定時株主総会の終結の時までであり、定款又は株主総会の決議によってその任期を短縮することはできるが、これを伸長することはできない。 H20-41-ウ改題

➡ 332Ⅰ、Ⅱ　2 ❶ｂｉ　○

03　監査役

□□□　株式会社の監査役は、当該会社の子会社の取締役を兼ねることができない。 H20-43-ア

➡ 335Ⅱ　○

□□□　会社は、定款の定めにより、当該会社の監査役の任期を、選任後２年以内に終了する事業年度のうち最終のものに関する定時株主総会の終結の時までとすることができる。 H19-44-オ

➡ 336Ⅰ、332Ⅰ参照　2 ❷ａ　×

04　選任と終任

□□□　会社は、定款の定めにより、会計参与を取締役会の決議によって選任するものとすることができる。 H25-43-オ

➡ 295Ⅲ、329Ⅰ　3 ❶　×

CORE PLUS

2 役員の任期

	❶ 取締役	❷ 監査役
a 原則	2 年（選任 2 年以内に終了する事業年度のうち最終のものに関する定時株主総会の終結の時まで）。ただし定款又は株主総会決議で短縮可（332 Ⅰ）	4 年（選任 4 年以内に終了する事業年度のうち最終のものに関する定時株主総会の終結の時まで）（336 Ⅰ）。取締役とは異なり短縮不可 H19-44-オ
b 例外	i 非公開会社（監査等委員会設置会社及び指名委員会等設置会社を除く） →10年まで伸張可能（332 Ⅱ） H20-41-ウ改題 ii 監査等委員会設置会社の取締役（監査等委員以外）、指名委員会等設置会社の取締役、会計監査人設置会社で定款により剰余金配当等の権限を取締役会に与える場合 → 1 年（332 Ⅲ、Ⅵ、459 Ⅰ） iii 監査等委員会設置会社の監査等委員 → 2 年。もっとも短縮不可（332Ⅳ、Ⅰただし書） iv 332 Ⅶ規定の定款変更をした場合 →定款変更の効力発生時に任期満了（332 Ⅶ）	i 非公開会社 →10年まで伸張可能（336 Ⅱ） ii 補欠監査役 →定款により、退任した監査役の任期の満了する時までと変更可能（336 Ⅲ）

3 役員の選任

❶ 原則	株主総会の普通決議により選任（329 Ⅰ、309 Ⅰ） H25-43-オ
❷ 例外（取締役のみ）	累積投票制度による選任（342） →同じ株主総会で 2 人以上の取締役を選任する場合に、その取締役全員の選任決議を一括して行い、その代わり各株主に 1 株につき選任される取締役の数と同数の議決権（3 人選任のときは 1 株につき 3 票）を与えて、各株主にはその議決権を全部 1 人に集中して投票するか、又は数人に分散して投票するかの自由を認め、投票の結果最多数を得たものから順次その員数までを当選者とする方法

CORE TRAINING

問題	参照	解答
□□□　監査役は、正当な理由がなくとも、株主総会の決議によって解任することができる。予H30-21-1	➡ 339Ⅰ　[4]❸a	○
□□□　正当な理由がないのに株主総会の決議によって取締役を解任された者は、株式会社に対し、解任によって生じた損害の賠償を請求することができる。予R2-20-3	➡ 339Ⅱ　[4]※	○
□□□　監査役が３人いる場合には、そのうちの２人の同意により、職務を怠った会計監査人を解任することができる。H25-43-イ	➡ 340Ⅱ　[4]＊２	×
□□□　監査役は、株主総会において、自分が再任されないことについて意見を述べることができる。予H29-21-オ	➡ 345Ⅳ・Ⅰ　[4]＊１	○
□□□　株式会社の取締役の解任の訴えについては、当該株式会社及び当該取締役の双方を被告としなければならない。予R2-20-4	➡ 855、854Ⅰ　[4]❶c	○
□□□　監査役会は、会計監査人が職務上の義務に違反し、又は職務を怠ったときは、監査役の全員の同意によって、その会計監査人を解任することができる。予H30-21-2	➡ 340Ⅳ、Ⅱ、Ⅰ①　[4]＊２	○

CORE PLUS

4 役員の解任

<table>
<tr><th></th><th colspan="2">❶ 取締役</th><th>❷ 会計参与</th><th>❸ 監査役</th><th>❹ 会計監査人</th></tr>
<tr><td>a 解任決議の要件</td><td colspan="2">○原則として普通決議（341、ただし定款で定足数を3分の1以上にすること、及び決議に必要な議決権の割合を加重することができる）
○累積投票で選任された取締役については、特別決議（309Ⅱ⑦、342Ⅵ）</td><td>普通決議
（341、ただし定款で定足数を3分の1以上にすること、及び決議に必要な議決権の割合を加重することができる）</td><td>特別決議
（339Ⅰ、341、309Ⅱ⑦、343Ⅳ）
予H30-21-1</td><td>○普通決議（339Ⅰ、309Ⅰ）
○監査役設置会社では、株主総会に提出する会計監査人の選任・解任・会計監査人を再任しないことに関する議案の内容は、監査役（2人以上の場合は、その過半数〔監査役会設置会社では監査役会〕）が決定する（344）</td></tr>
<tr><td>b 株主総会での意見の陳述</td><td colspan="2">○監査等委員である取締役による、ⅰ監査等委員である取締役の選任・解任・辞任についての意見陳述権（342の2Ⅰ）、ⅱ監査等委員である取締役以外の取締役の選任・解任・辞任についての意見陳述権（342の2Ⅳ）
○監査等委員である取締役を辞任した者が辞任の旨及び理由を述べる権利（342の2Ⅱ）</td><td>○選任・解任・辞任についての意見陳述権（345Ⅰ）
○辞任した者が辞任の旨及び理由を述べる権利（345Ⅱ）</td><td>○選任・解任・辞任についての意見陳述権（345Ⅳ・Ⅰ）＊1
○辞任した者が辞任の旨及び理由を述べる権利（345Ⅳ・Ⅱ）</td><td>○選任・解任・不再任・辞任についての意見陳述権（345Ⅴ・Ⅰ）
○辞任した者又は340条により解任された者が辞任の旨及び理由又は解任についての意見を述べる権利（345Ⅴ・Ⅱ）</td></tr>
<tr><td>c その他の解任手続</td><td>解任の訴え（854）</td><td colspan="3">○少数株主（6か月以上前〔定款で軽減可、非公開会社では不要〕から総株主の議決権又は発行済株式の100分の3以上〔定款で軽減可〕を有する者）が提起すること（854Ⅰ①）
○株主総会決議の日から30日以内に提起する必要
○役員の職務執行に関する不正行為又は重大な法令・定款違反の事実があったにもかかわらず、株主総会での解任が成功しなかったことが必要
○当該株式会社及び役員の双方を被告とする必要（855）予R2-20-4
○役員を解任する旨の株主総会決議が323条によりその効力を生じないときも可能</td><td>監査役（又は監査役会・監査等委員会・監査委員会）による、一定の場合の解任請求権（340）＊2</td></tr>
</table>

＊1　監査役は、再任されないことに関する意見も述べることができる。予H29-21-オ

＊2　会計監査人の解任は、監査役が2人以上ある場合には、監査役の全員の同意が必要である（340Ⅳ、Ⅱ）。H25-43-イ、予H30-21-2

※　正当な理由なく役員等を解任された者は、株式会社に対し、解任によって生じた損害の賠償を請求することができる（339Ⅱ）。予R2-20-3

MEMO

No. 026

取締役会設置会社と取締役会非設置会社

予H28-21

□ 月 日
□ 月 日
□ 月 日

取締役会設置会社（監査等委員会設置会社及び指名委員会等設置会社を除く。）と取締役会設置会社でない会社に関する次のアからオまでの各記述のうち、誤っているものを組み合わせたものは、後記１から５までのうちどれか。なお、特別法の規定の適用がある場合は、考慮しないものとする。

□□□ ア．取締役会設置会社においては、定款に別段の定めがある場合を除き、業務執行についての取締役会の決定をするに当たり会議を開催する必要があるが、取締役会設置会社でない会社においては、取締役が３人いる場合であっても、業務の決定をするに当たり会議を開催する必要がない。

□□□ イ．取締役会設置会社においては、監査役を置くことができるが、取締役会設置会社でない会社においては、監査役を置くことができない。

□□□ ウ．取締役会設置会社においては、代表取締役を選定しなければならないが、取締役会設置会社でない会社においては、代表取締役を定めることができない。

□□□ エ．取締役会設置会社においては、株主総会は、会社法に規定する事項及び定款に定めた事項に限り、決議をすることができるが、取締役会設置会社でない会社においては、株主総会は、会社に関する一切の事項について決議をすることができる。

□□□ オ．取締役会設置会社においては、株主総会は、会社法に別段の定めがある場合を除き、当該株主総会の目的とされた事項以外の事項については、決議をすることができないが、取締役会設置会社でない会社においては、株主総会は、当該株主総会の目的とされた事項以外の事項についても、決議をすることができる。

１．ア　エ　　２．ア　オ　　３．イ　ウ　　４．イ　エ　　５．ウ　オ

No. 026　正解 3　取締役会設置会社と取締役会非設置会社の相違点を、関連条文をおさえながら確認しておこう。　正答率 69.3%

ア　正しい。

取締役会設置会社では、定款に別段の定めがある場合を除き、業務執行についての取締役会の決定（362条２項１号）をするに当たり、会議を開催する必要がある。これに対して、取締役会非設置会社では、取締役が２人以上いる場合には、会社業務は、定款に別段の定めがある場合を除き、取締役の過半数をもって決定されるが（348条２項）、この決定をするに当たり、会議を開催する必要はない。

イ　誤り。

取締役会設置会社（監査等委員会設置会社及び指名委員会等設置会社を除く）では、原則として**監査役**を**置かなければならない**（327条２項本文）。これに対して、**取締役会非設置会社**については、**監査役**を**置くことができる**とされており（326条２項）、監査役を置いてはならないとする規定はない。

ウ　誤り。

取締役会設置会社では、取締役会が「**取締役の中から代表取締役を選定しなければならない**」（362条３項）。これに対して、**取締役会非設置会社**では、「定款、定款の定めに基づく取締役の互選又は株主総会の決議によって、**取締役の中から代表取締役を定めることができる**」とされており（349条３項）、代表取締役を定めることができないとする規定はない。

エ　正しい。

取締役会設置会社では、株主総会は、**会社法に規定する事項**及び**定款で定めた事項**に限り、**決議**をすることが**できる**（295条２項）。これに対して、**取締役会非設置会社**では、株主総会は、会社法に規定する事項及び株式会社の組織、運営、管理その他株式会社に関する**一切の事項**について**決議**をすることが**できる**（295条１項）。

オ　正しい。

取締役会設置会社では、株主総会は、会社法に別段の定めがある場合（309条５項ただし書、317条）を除き、株主総会の目的とされた事項（298条１項２号）以外の事項については決議をすることができない（309条５項本文）。これに対して、取締役会非設置会社では、株主総会は、株主総会の目的とされた事項以外の事項についても決議をすることができる（309条５項本文反対解釈）。

文献　試験対策講座・会社法241、243、244、260、286、288、292、300、329頁

No. 027

取締役会が有する監督機能

予H30-20

□　月　日
□　月　日
□　月　日

7章 機関

取締役会に関する次のアからオまでの各記述のうち、取締役会が有する監督機能に資する行為又は制度としてふさわしいものを組み合わせたものは、後記1から5までのうちどれか。

□□□ ア．会社法上の公開会社でない株式会社が、取締役会の決議によるほか株主総会の決議によっても代表取締役を定めることができる旨の定款の定めを設けること。

□□□ イ．取締役会が取締役の全員を代表取締役に選定すること。

□□□ ウ．取締役会が代表取締役を解職するとされていること。

□□□ エ．取締役会を招集する取締役を定款又は取締役会で定めたときは、その取締役が取締役会を招集するとされていること。

□□□ オ．取締役会は、3か月に1回以上、開催しなければならないとされていること。

1．アウ　2．アエ　3．イエ　4．イオ　5．ウオ

No. 027　正解　5

取締役の職務執行を監督するという取締役会の性質を念頭に置きながら、各選択肢について考えてみよう。

正答率 79.0%

ア　ふさわしくない。

判例は、本記述と同様の定款の定めの有効性が争われた事案において、当該定款の規定によっても「代表取締役の選定及び解職に関する取締役会の権限（法362条2項3号）が否定されるものではなく、取締役会の監督権限の実効性を失わせるとはいえない」と判示している（前掲最決平29年）。しかし、取締役会の権限たる代表取締役の選定等を株主総会決議でもできるとすることによって、取締役会の監督権限を強化することにはならず、取締役会の監督機能に資する制度とはいえない。

イ　ふさわしくない。

各取締役に対する監督権限や監督責任は、取締役と代表取締役との間で差異がなく、取締役全員を代表取締役に選定したとしても、取締役会の監督機能に資するとはいえない。

ウ　ふさわしい。

取締役会は、代表取締役を選定し**解職**する**権限**を有する（362条2項3号）。取締役会が代表取締役の解職権限を持つことは、取締役会の代表取締役に対する影響力を強化することになるから、必然的に取締役会の監督機能に資することとなる。

エ　ふさわしくない。

取締役会の**招集権限は**本来**各取締役が個別に持っている**ものであり（366条1項本文）、366条1項ただし書により招集権限を持つ取締役を**制限**することは、取締役会の**監督機能に資するとはいえない**。

オ　ふさわしい。

会社法は、代表取締役及び選定業務執行取締役に3か月に1回以上の頻度で職務執行の状況を取締役会に報告する義務を課している（363条2項）。このように、取締役会の定期的な開催を義務付けることにより、取締役が互いの業務について知る機会が設けられることになるから、この制度には、取締役会の監督機能の強化が期待できるといえる。

文献　試験対策講座・会社法244、245、292、294頁

No. 028

取締役会

予H27-20

□ 月 日
□ 月 日
□ 月 日

取締役会に関する次のアからオまでの各記述のうち、正しいものを組み合わせたものは、後記1から5までのうちどれか。

□□□ ア．会社は、取締役会の日の3日前までに取締役会の招集通知を発する旨を定款で定めることができる。

□□□ イ．取締役会の招集権者を定めるときは、定款でこれを定めなければならない。

□□□ ウ．取締役会においては、その招集に際して定められた取締役会の目的である事項以外の事項についても決議することができる。

□□□ エ．定款に取締役の員数及び取締役会の決議要件についての定めがなく、3人の取締役がいる場合において、2人の取締役が取締役会の決議について特別の利害関係を有するときは、その取締役会の決議は、行うことができない。

□□□ オ．監査役設置会社の株主は、取締役が会社の目的の範囲外の行為をするおそれがあると認めるときは、取締役会の招集を請求することができる。

1．ア　イ　　2．ア　ウ　　3．イ　エ　　4．ウ　オ　　5．エ　オ

No. 028　**正解 2**　取締役会の招集手続について、株主総会と対比しながら366条から370条までの条文を確認しておこう。　正答率 65.7%

ア　正しい。

取締役会を**招集**する者は、取締役会の日の**1週間前まで**に、その**通知**を発しなければならない（368条1項）。もっとも、この**通知期間**は、**定款の定め**により**短縮**することが**できる**（同項括弧書）。

イ　誤り。

取締役会の**招集権者**は、**定款又は取締役会で定める**ことができる（366条1項ただし書）。これは、多数の取締役が存在する場合において、各取締役が取締役会を招集することによって生じ得る混乱を予防する趣旨である。

ウ　正しい。

取締役会においては、その招集に際して定められた取締役会の目的である事項以外の事項についても決議することができる。これは、取締役会においては、業務執行の必要上、そのときに審議・決議しなければならない議題が適宜付議されることが当然に予定されているためである。

エ　誤り。

取締役会の決議について**特別の利害関係を有する取締役**は、**議決**に**加わることができない**（369条2項）。そして、取締役会の決議は、定款に別段の定めがない限り、**議決**に加わることが**できる取締役の過半数が出席**し、**その過半数**をもって**行う**（369条1項）。このように、取締役会の定足数算定の基礎となるのは「議決に加わることができる取締役」であるから、特別の利害関係を有する取締役は、取締役会の定足数算定の基礎に算入されない。したがって、3人のうち2人の取締役が特別の利害関係を有するときは、議決に加わることのできる取締役は1人であり、定足数は1人となるため、当該1人の取締役が出席することで、取締役会の決議を行うことができる。

オ　誤り。

取締役会設置会社（監査役設置会社、監査等委員会設置会社及び指名委員会等設置会社を除く）の株主は、取締役が取締役会設置会社の目的の範囲外の行為をするおそれがあると認めるときは、取締役会の招集を請求することができる（367条1項）。したがって、監査役設置会社（2条9号）の株主は、取締役が会社の目的の範囲外の行為をするおそれがあると認めるときでも、取締役会の招集を請求することはできない。これは、監査役設置会社では、業務監査を担う機関が存在するため、あえて取締役の職務執行を監視するための株主権を強化する必要がないからである。

文献　試験対策講座・会社法294～296頁

No. 029　論　**取締役及び取締役会**　H26-43

□　月　日
□　月　日
□　月　日

取締役及び取締役会に関する次のアからオまでの各記述のうち、判例の趣旨に照らし誤っているものを組み合わせたものは、後記１から５までのうちどれか。

□□□　ア．取締役会を構成する取締役は、社外取締役であっても、取締役会に上程された事柄についてだけ監視するにとどまらず、代表取締役による会社の業務執行一般につき、これを監視する職務を有する。

□□□　イ．取締役会の開催に当たり、取締役の一部の者に対する招集通知を欠いた場合において、その取締役が出席してもなお決議の結果に影響がないと認めるべき特段の事情があるときは、その決議は有効である。

□□□　ウ．取締役会の定足数は、開会時に充足されただけでは足りず、討議及び議決の全過程を通じて維持されなければならない。

□□□　エ．代表取締役の解職に関する取締役会の決議については、その決議がその代表取締役に告知されて初めて解職の効果が生ずる。

□□□　オ．代表取締役が取締役会の決議を経ないで重要な業務執行に該当する取引をした場合には、特段の事情がない限り、その会社以外の者も、取締役会の決議を経ていないことを理由とするその取引の無効を主張することができる。

１．ア　ウ　　２．ア　オ　　３．イ　ウ　　４．イ　エ　　５．エ　オ

No. 029　**正解　5**　記述イ及びオの判例は、事例問題においても必要となる知識である。判旨をしっかり記憶しておこう。　正答率 95.0%

ア　正しい。　類 予R4-20-ウ

判例は、「株式会社の**取締役会**は**会社の業務執行につき監査する地位**にあるから、**取締役会を構成する取締役**は、会社に対し、**取締役会に上程された事柄**について**だけ監視するにとどまらず**、代表取締役の**業務執行一般につき**、これを**監視し**、必要があれば、**取締役会を自ら招集**し、あるいは**招集することを求め**、取締役会を通じて**業務執行が適正に行なわれるようにする職務**を**有する**」としている（最判昭48. 5 .22百選67事件）。そして、同判例は、監視義務を負う取締役について、単に「取締役会を構成する取締役」としており、社外取締役と他の取締役とを区別していない。

イ　正しい。

判例は、**一部の取締役に対して招集通知を欠いた場合**は「**特段の事情のないかぎり**、右瑕疵のある招集手続に基づいて開かれた取締役会の**決議**は**無効**になると解すべきであるが、この場合においても、**その取締役が出席してもなお決議の結果に影響がないと認めるべき特段の事情があるとき**は、右の瑕疵は決議の効力に影響がないものとして、**決議**は**有効**になる」としている（最判昭44.12. 2 百選62事件）。

ウ　正しい。

判例は、株式会社の取締役会の定足数は、「討議、議決の全過程を通じて維持されるべきであって、開会の始めにみたされていればよいというものではない」としている（最判昭41. 8 .26）。

エ　誤り。

判例は、「代表取締役解任の決議は、代表取締役の会社代表機関たる地位を剥奪するものであって、右決議によって右機関たる地位が失われることの効果として、被上告会社を代表する権限も当然消滅する」とし、代表取締役であった者への「告知をまってはじめて解任の効果が生ずると解すべきではない」としている（最判昭41.12.20）。

オ　誤り。

判例は、**362条 4 項**が「**重要**な**業務執行**について**の決定**を**取締役会の決議事項と定めた**のは、……**会社の利益を保護**しようとする**趣旨**に出たもの」であるから、「株式会社の代表取締役が取締役会の**決議を経ない**で重要な業務執行に該当する取引をした場合、取締役会の決議を経ていないことを理由とする同**取引の無効**は、**原則**として**会社のみが主張**することができ、**会社以外の者**は、当該会社の取締役会が上記無効を主張する旨の決議をしているなどの**特段の事情がない限り**、これを**主張**することは**できない**」としている（最判平21. 4 .17）。

文献　試験対策講座・会社法298、301、305、367、368頁。判例シリーズ70、76事件

No.
030

論

取締役の報酬

H24-42 改題

□　月　日
□　月　日
□　月　日

取締役会設置会社（監査等委員会設置会社及び指名委員会等設置会社を除く。）の取締役の報酬等に関する次のアからオまでの各記述のうち、正しいものを組み合わせたものは、後記１から５までのうちどれか。なお、各記述について、定款には、報酬等に関する事項の定めがないものとする。

□□□ ア．判例によれば、取締役が死亡した場合の弔慰金の支給は、それが在職中の職務執行の対価であるときは、株主総会の決議によらなければならない。

□□□ イ．判例によれば、株主総会の決議に基づいて取締役の報酬の額が具体的に定められた場合でも、その後、株主総会がその取締役の報酬を無報酬とする旨の決議をしたときは、その取締役は、これに同意しなくても報酬を請求することができなくなる。

□□□ ウ．判例によれば、株主総会の決議で取締役全員の報酬の総額を定め、その具体的な配分は、取締役会の決定に委ねることができる。

□□□ エ．会社が、取締役に対し、その報酬等としていわゆるストック・オプションとしての新株予約権を付与する場合には、株主総会の決議によることを要しない。

□□□ オ．会社が会社法上の公開会社である場合には、事業報告により、その事業年度に係る取締役ごとの個別の報酬の額を明らかにしなければならない。

１．ア　イ　　２．ア　ウ　　３．イ　オ　　４．ウ　エ　　５．エ　オ

7章
機関

No. 030 **正解 2**

報酬規制の対象及び手続について、記述ア・イ・ウの判例を参考にしながら学習しよう。

正答率 87.8%

ア　正しい。

判例は、会社の役員に対する**退職慰労金**（死亡の場合の弔慰金を含む、最判昭48.11.26）は、それが**在職中の職務執行の対価として支給される**ものである**限り、「報酬等」**（361条1項）**に含まれる**としている（最判昭39.12.11百選59事件）。したがって、弔慰金の支給は、株主総会の決議によらなければならない（同項柱書）。

イ　誤り。　類 予R4-20-エ

判例は、株式会社において、**定款又は株主総会の決議によって取締役の報酬額が具体的に定められた場合**には、その報酬額は、**会社と取締役間の契約内容となり**、契約当事者である会社と取締役の双方を拘束するから、その後株主**総会が当該取締役の報酬を無報酬とする旨の決議**をしたと**しても**、当該**取締役**は、これに**同意しない限り**、その**報酬の請求権を失うものではない**としている（最判平4.12.18百選A23事件）。

ウ　正しい。

判例は、361条の趣旨は取締役の報酬額に関して取締役又は取締役会のなれ合いにより不当に報酬額が上げられるというお手盛りを防止する点にあるから、株主総会の決議で取締役全員の報酬の総額を定め、その具体的な配分は取締役会の決定に委ねることができるとしている（最判昭60.3.26）。

エ　誤り。

ストック・オプションとは、会社が取締役や従業員にその職務執行の対価として付与する新株予約権をいう。そのため、ストック・オプションは、「募集新株予約権」に当たる（361条1項4号）。また、職務執行の対価として付与されるものである以上、当該ストック・オプションの公正な価格を評価できる場合は、「報酬等のうち額が確定しているもの」に当たり（同項1号）、公正な価格を評価できない場合は、「報酬等のうち額が確定していないもの」に当たる（同項2号）。したがって、会社が、取締役に対し、ストック・オプションを付与する場合にも、株主総会の決議による必要がある（同項柱書）。

オ　誤り。

株式会社が事業年度の末日において公開会社である場合、株式会社の会社役員に関する事項を事業報告の内容に含めなければならない（会社則119条2号）。そして、当該事業年度に係る会社役員の報酬等は、役員に関する事項に含まれるが（会社則121条4号）、当該報酬等について、会社役員の全部につき取締役、会計参与、監査役又は執行役ごとの報酬等の総額を掲げることとする場合には、取締役、会計参与、監査役又は執行役ごとの報酬等の総額及び員数を明らかにすれば足りる（同号イ）。したがって、必ずしもその事業年度に係る取締役ごとの個別の報酬の額を明らかにする必要はない。

文献　試験対策講座・会社法319～323頁。判例シリーズ65、67事件

No. 031

論

取締役の報酬等

予R1-21改題

□　月　日
□　月　日
□　月　日

監査役会設置会社の取締役の報酬等に関する次の１から５までの各記述のうち、誤っているものはどれか。なお、各記述について、定款には、報酬等に関する事項の定めがないものとする。

□□□ １．判例の趣旨によれば、取締役の報酬については、株主総会の決議により、取締役全員の報酬の総額の最高限度額を定め、各取締役に対する配分の決定を取締役会の決定に委任することができ、その委任を受けた取締役会は、その決議によって、各取締役の報酬の額の決定を代表取締役に再委任することができる。

□□□ ２．判例の趣旨によれば、退任する取締役の退職慰労金については、株主総会の決議により、明示的又は黙示的に、その支給に関する基準を示し、具体的な金額等は当該基準によって定めるべきものとして、その決定を取締役会の決定に委任することができる。

□□□ ３．退任する取締役の退職慰労金に係る株主総会の決議においては、確定した額を定めるのではなく、具体的な算定方法を定めることはできない。

□□□ ４．株式会社が取締役に対し報酬として当該株式会社の株式を交付する場合には、具体的な算定方法を株主総会の決議により定めることができる。

□□□ ５．判例の趣旨によれば、退任した取締役が株主総会の決議を経て株式会社の内規に従い具体的な退職慰労年金債権を取得した場合には、その後、取締役会の決議によって当該内規が廃止されたときであっても、退任取締役相互間の公平を図るため集団的、画一的な処理が制度上要請されているという理由のみから、当該内規の廃止の効力を既に退任した取締役に及ぼし、その同意なく未支給の退職慰労年金債権を失わせることはできない。

No. 031　**正解 3**　取締役の報酬等は重要な論点であるので、この機会に条文や判例集を確認しよう。　正答率 82.8%

1　正しい。

前掲最判昭60年は、「**株主総会の決議**で**取締役**全員の**報酬の総額を定め**、その**具体的な配分は取締役会の決定に委ねることができ**、株主総会の決議で各取締役の報酬額を個別に定めることまでは必要ではな」いとしている。そして、判例は、委任を受けた取締役会が、個々の取締役に対する配分の決定を更に代表取締役に一任することもできるとしている（最判昭31.10.5）。

2　正しい。

前掲最判昭39年（百選59事件）は、役員に対する**退職慰労金は**、「**その在職中における職務執行の対価**として支給されるものである限り」361条1項にいう「**報酬等**」**に当たる**としたうえで、退職慰労金支給決議が金額、支給期日、支給方法を無条件に**取締役会に一任する趣旨ではなく**、会社の業績、退職役員の勤続年数、担当業務、功績の軽重等から割り出した**一定の基準により退職慰労金を決定する方法が慣行**となっており、この**慣行によって定めるべきことが黙示になされたときは**、株主総会においてその金額等に関する一定の枠が決定されたものであり、**有効な決議**であるとしている。

3　誤り。

「報酬等」は額が確定しているものに限られず、額が確定していないものについては株主総会の決議によって、「その具体的な算定方法」を定めることができる（361条1項2号）。

4　正しい。

株式も「報酬等」に当たり、株価については必ずしも公正な評価額を算定できるとは限らず（非上場会社の場合等）、その場合には「額が確定していないもの」として、株主総会の決議によって「その具体的な算定方法」を定めることができる（361条1項2号）。

5　正しい。

判例は、「退任取締役が被上告人の株主総会決議による個別の判断を経て具体的な退職慰労年金債権を取得したものである以上……その後の本件内規の改廃により将来退任する取締役との間に不公平が生ずるおそれがあることなどを勘案しても、退職慰労年金については、上記のような集団的、画一的処理が制度上要請されているという理由のみから、本件内規の廃止の効力を既に退任した取締役に及ぼすことは許されず、その同意なく上記退職慰労年金債権を失わせることはできない」としている（最判平22.3.16）。

文献　試験対策講座・会社法319～321、323頁。判例シリーズ65事件

CORE TRAINING

01　総説

□□□　監査役会設置会社における取締役と指名委員会等設置会社における執行役は、いずれも、使用人を兼ねることができない。予H24-21-エ改題

➡ 331Ⅰ、402Ⅳ参照　1 ＊　×

□□□　指名委員会等設置会社の取締役は、当該指名委員会等設置会社の使用人を兼ねることができない。予R2-20-2

➡ 331Ⅳ　1 ＊　○

□□□　業務執行取締役は、取締役会から委任された業務の執行の決定を使用人に再委任することはできない。予R5-21-1

➡ 業務執行取締役は、業務執行の決定・業務執行について、使用人に委任することが可能であり、日ごろなされる業務執行は使用人が行っていることが多い　×

CORE PLUS

1　株式会社の業務執行と代表

	❶ 取締役会非設置会社	❷ 取締役会設置会社	❸ 指名委員会等設置会社
a　会社の業務執行	○各取締役（348Ⅰ） ○２人以上いる場合は、過半数で決定（348Ⅱ） ○それぞれについて、定数で別段の定めをすることができる（348Ⅰ、Ⅱ）	○取締役会が意思決定し（362Ⅱ①）、代表取締役が執行（363Ⅰ①、なお、②） ○代表取締役への決定委任に、一定の制限（362Ⅳ各号）	○執行役（418②） ○業務執行の決定は取締役会（416Ⅰ①）、執行役への委任には一定の制限（416Ⅳ）＊
b　会社の代表	○原則：各取締役（349Ⅰ本文、Ⅱ） ○代表取締役等を定めた場合はその者（349Ⅰただし書）	代表取締役（349Ⅰただし書、Ⅳ、Ⅴ）	代表執行役（420Ⅲ・349Ⅳ）

＊　監査役会設置会社における取締役及び指名委員会等設置会社における執行役は、支配人その他の使用人を兼ねることができる（331Ⅰ参照、402Ⅳ参照）。一方、監督と執行との制度的分離の観点から、指名委員会等設置会社の取締役は、当該会社の支配人その他の使用人を兼ねることができない（331Ⅳ）。予R2-20-2、予H24-21-エ改題

CORE TRAINING

02　社外取締役

□□□　社外取締役でない取締役は、当然に業務執行取締役となり、一定の業務執行権限を有する。予R5-21-2

➡ 2⑮イ、363Ⅰ②参照。社外取締役でなければ、当然に業務執行取締役になるわけではない　[2]＊1　×

□□□　監査等委員会設置会社の取締役のうち社外取締役であるものについては、社外取締役である旨を登記しなければならない。予R1-20-オ

➡ 911Ⅲ㉒ロ。社外取締役である旨が登記事項である　○

□□□　大会社である監査等委員会設置会社及び指名委員会等設置会社においては、社外取締役を選任することが義務付けられるが、監査役会設置会社においては、社外監査役を選任することが義務付けられるものの、社外取締役の選任が義務付けられることはない。予R4-21-イ

➡ 327の2　[3]❶　×

□□□　取締役がある業務を執行することにつき取締役会設置会社と当該取締役との利益が相反する状況にあるときは、取締役会の決議によって当該業務の執行を委託された社外取締役が当該業務を執行しても、当該業務の執行が業務執行取締役の指揮命令によるものでなければ、当該社外取締役は、社外取締役の要件を欠くことにはならない。予R5-21-4

➡ 348の2Ⅰ、Ⅲ　[2]＊2　○

CORE PLUS

2 社外取締役になることのできない者の範囲

❶	○現在、当該株式会社又はその子会社の業務執行取締役等である者（2⑮イ）[*1、*2] ○就任の前10年間に、当該株式会社又はその子会社の業務執行取締役等であったことがある者（2⑮イ） ○就任の前10年内に、当該株式会社又はその子会社の取締役、会計参与、監査役であったことがある者であって、当該取締役、会計参与又は監査役への就任の前10年間に、当該株式会社又はその子会社の業務執行取締役等であったことがある者（2⑮ロ）
❷	○親会社等（自然人である場合）（2⑮ハ） ○親会社等の取締役、執行役、支配人その他の使用人（2⑮ハ）
❸	親会社等の子会社等（兄弟会社）の業務執行取締役等（2⑮ニ）
❹	○当該株式会社の取締役、執行役、支配人その他の重要な使用人の配偶者又は二親等内の親族（2⑮ホ） ○親会社等（自然人である場合）の配偶者又は二親等内の親族（2⑮ホ）

＊1　業務執行取締役等とは、業務執行取締役、執行役、支配人その他の使用人を指す。業務執行取締役とは、株式会社の363条1項各号の取締役、及び、当該株式会社の業務を執行したその他の取締役をいう。そのため、社外取締役でない取締役が、当然に業務執行取締役となるわけではない。予R5-21-2

＊2　令和元年改正で、一定の場合に業務執行を社外取締役に委託することができる規定が設けられた（348の2）。原則として、この規定によって委託された業務の執行は2⑮イの「業務を執行」に該当しない（348の2 Ⅲ）。予R5-21-4

3 社外取締役の設置義務

❶ 設置義務がある会社	❷ 必要人数
監査役会設置会社であって、公開会社であり、大会社かつ金融商品取引法24 Ⅰの規定により有価証券報告書を内閣総理大臣に提出しなければならないもの（327の2）予R4-21-イ	1人以上（327の2）
監査等委員会設置会社（331 Ⅵ）	監査等委員である取締役（最低3人以上）のうち、その過半数（331 Ⅵ）
指名委員会等設置会社（400 Ⅲ）	指名委員会、監査委員会又は報酬委員会の各委員（各委員会につき最低3人以上）のうち、その過半数（400 Ⅲ）

CORE TRAINING

03　取締役会

□□□　取締役及び執行役は、いずれも、多額の借財の決定について、取締役会から委任を受けることができない。予H24-21-ウ	➡ 362Ⅳ②、416Ⅳ。執行役に対する委任は可能　4 ❶ii	×
□□□　監査役は、代表取締役につき法令に違反する事実があると認めるときは、遅滞なく、その旨を取締役会に報告しなければならない。H26-44-5	➡ 382括弧書　4 ＊1	○
□□□　判例の趣旨によれば、会社法上の公開会社でない株式会社において、取締役会の決議によるほか株主総会の決議によって代表取締役を定めることも、その旨の定款の定めがあれば、許される。予R4-20-ア	➡ 最決平29.2.21（百選41事件）　4 ＊2	○
□□□　代表取締役は、自己の職務の執行の状況の取締役会への報告につき、6か月に1回、取締役の全員に対してその状況を通知することをもって、取締役会への報告を省略することも、その旨の定款の定めがあれば、許される。予R4-20-イ	➡ 363Ⅱ、372Ⅰ、Ⅱ　4 ❷	×
□□□　判例の趣旨によれば、業務執行取締役は、代表取締役及び他の業務執行取締役を監視する義務を負わない。予R5-21-3	➡ 最判昭48.5.22（百選67事件）参照。取締役会を構成する取締役は監視義務を負うため、取締役会を構成する業務執行取締役も上記義務を負うと解される　4 ※	×

CORE PLUS

4 取締役会の権限

❶ 業務執行の決定	○具体的な業務執行の決定に関しては、代表取締役や業務執行取締役に委任することが可能 ○もっとも、以下の事項その他重要な業務執行の決定は委任不可（362 Ⅳ柱書） i　重要な財産の処分及び譲受け（362 Ⅳ①） ii　多額の借財（362 Ⅳ②） 予H24-21-ウ iii　支配人その他の重要な使用人の選任及び解任（362 Ⅳ③） iv　支店その他の重要な組織の設置、変更及び廃止（362 Ⅳ④） v　社債の募集（362 Ⅳ⑤、676①、会社則99） vi　内部統制システムの構築（362 Ⅳ⑥、会社則100） vii　定款規定に基づく取締役等の責任の一部免除（362 Ⅳ⑦、426 Ⅰ参照）
❷ 取締役の職務執行の監督	○取締役が不正行為を行っている場合、監査役に対し権限行使を促す義務あり（357 Ⅰ） ○監督機能の実効性確保のため、代表取締役及び業務執行取締役は 3 か月に 1 回以上、職務執行の状況を取締役会に報告しなければならない（363 Ⅱ）＊1 予R4-20-イ
❸ 代表取締役の選定及び解職	○取締役の中から代表取締役を選定することができ、不適任と判断すれば解職することができる（362 Ⅱ③）＊2 ○代表取締役の職務執行に対する監督機能（362 Ⅱ②）の実効性を担保する意義を有する

＊1　監査役は、取締役が不正の行為をし、若しくは当該行為をするおそれがあると認めるとき、又は法令若しくは定款に違反する事実若しくは著しく不当な事実があると認めるときは、遅滞なく、その旨を取締役会に報告しなければならない（382括弧書）。H26-44-5

＊2　会社法上の公開会社でない株式会社においては、代表取締役の選定を株主総会の決議事項とする定款の定めを置くことが許されている（最決平29. 2 .21百選41事件）。予R4-20-ア

※　判例は、「取締役会を構成する取締役は、会社に対し、取締役会に上程された事柄についてだけ監視するにとどまらず、代表取締役の業務執行一般につき、これを監視し、必要があれば、取締役会を自ら招集し、あるいは招集することを求め、取締役会を通じて業務執行が適正に行なわれるようにする職務を有する」としている（最判昭48. 5 .22百選67事件）。そのため、取締役会を構成する取締役であれば、監視義務を負う。予R5-21-3

CORE TRAINING

□□□　判例によれば、代表取締役の解職に関する取締役会の決議について、その代表取締役は、議決に加わることができない。 H25-43-ウ

➡ 最判昭44.3.28（百選63事件）。「特別の利害関係を有する取締役」（369 II）に当たり議決に加わることができない　5 ＊　○

□□□　取締役が6名選任されている取締役会設置会社において、重要な財産の処分及び譲受け並びに多額の借財についての取締役会の決議につき、取締役3名による決議をもって行うことができる旨を取締役会で定める場合、この3名のうち1名は社外取締役でなければならない。 H20-42-ウ

➡ 373 I ②。特別取締役が社外取締役である必要はない　5 ❶d　×

□□□　取締役会の決議に反対した取締役は、自己が反対したことを明記していない議事録に異議をとどめないで署名又は記名押印した場合には、当該決議に賛成したものとみなされる。 予R4-20-オ

➡ 369 V　5 ※　×

CORE PLUS

5 取締役会・株主総会の決議

	❶ 取締役会	❷ 株主総会
a 原則的な決議方法	議決権を行使できる取締役の過半数の出席の下で、出席者の過半数により決定するのが原則（369Ⅰ。ただし、定足数及び割合の加重のみ定款で可、369Ⅰ括弧書）	議決権を行使できる株主の議決権の過半数を有する株主の出席の下で、出席株主の議決権の過半数により決定するのが原則（309Ⅰ。ただし、定足数のみ定款で加減・排除可）
b 議決権の行使方法	○取締役が決議の目的である事項について提案をした場合において、議決に加わることのできる取締役の全員が書面又は電磁的記録によりその提案に同意した場合、取締役会の決議があったものとみなす旨を定款で定めることができる（370。ただし監査役が異議を述べた場合を除く、370括弧書） ○代理行使・不統一行使は不可	○代理行使、書面による行使、電磁的方法による行使、及び不統一行使が認められる（310Ⅰ、311Ⅰ、312Ⅰ、313Ⅰ） ○取締役・株主の提案事項に対し、その事項について議決権を行使できる株主の全員が書面又は電磁的記録により同意した場合は、株主総会の承認があったものとみなす（319Ⅰ）
c 特別利害関係人の参加	認められない（369Ⅱ）＊	自己株式取得の相手方の場合（140Ⅲ本文、160Ⅳ本文、175Ⅱ本文）を除き、認められる（決議が著しく不当な場合に取消原因となるにすぎない、831Ⅰ③）
d 決議要件等の特例	取締役の数が6人以上、かつ、うち1人以上が社外取締役の場合は、362Ⅳ①及び②に掲げる事項についての取締役会の決議については、あらかじめ選定した3人以上の取締役（特別取締役）のうち議決に加わることができる者の過半数が出席し、その過半数をもって行うことができる旨を定めることができる（373Ⅰ） H20-42-ウ	○特別決議（309Ⅱ） 定足数：過半数（定款で3分の1以上に変更可） 決議要件：出席株主の議決権の3分の2以上（定款で加重可） ○特殊決議（309Ⅲ） 決議要件：議決権行使可能株主の半数以上（定款で加重可）＋当該株主の議決権の3分の2以上（定款で加重可） ○特殊決議（309Ⅳ） 決議要件：総株主の半数以上（定款で加重可）＋総株主の議決権の4分の3以上（定款で加重可）
e 決議の瑕疵の処理	会社法に規定なし （一般原則による）	○決議の取消しの訴え（831） ○決議の不存在、無効確認の訴え（830）

＊　代表取締役の解職決議の対象となる代表取締役に対し、一切の私心を去って、株式会社に対して負担する忠実義務に従い公正に議決権を行使することは必ずしも期待しにくく、かえって自己個人の利益を図って行動することもあり得る。したがって、代表取締役の解職決議の対象となる代表取締役は、特別利害関係人に当たると解すべきである（最判昭44．3．28百選63事件）。 H25-43-ウ

※　取締役会の決議に参加した取締役で、当該取締役会の議事録に異議をとどめないものは、決議に賛成したものと推定される（369Ⅴ）。 予R4-20-オ

CORE TRAINING

04　代表取締役

□□□　代表取締役及び代表執行役は、いずれも、その権限に制限が加えられていない限り、会社の業務に関する一切の裁判上及び裁判外の行為をする権限を有する。予H24-21-イ	➡ 349Ⅳ、420Ⅲ・349Ⅳ　6 ❶	○
□□□　代表取締役が、自己の個人的利益を図る目的で、会社を代表して第三者から金銭を借り入れた場合において、当該第三者が当該代表取締役の真意を知り得べきであったときは、その借入れの効力は、会社には及ばない。H25-44-オ	➡ 民107。借入れの効力は株式会社に帰属しない　6 ❷	○
□□□　取締役が会社の代表取締役として第三者と取引を行った場合において、当該取締役を代表取締役に選定した取締役会の決議が無効であったときは、当該取締役が代表権を有しないことを当該第三者が知らなかったとしても、その取引の効力は、会社には及ばない。H25-44-ア	➡ 最判昭56.4.24　7 ❶ i	×

CORE PLUS

6 代表取締役の代表権

❶ 原　則	○会社の業務に関する一切の裁判上・裁判外の行為についての代表権を有する（349Ⅳ） 予H24-21-イ ○代表権に加えた制限は、善意の第三者に対抗することができない（349Ⅴ） ○代表取締役が複数いる場合でも、各自が単独で会社を代表する
❷ 代表権の濫用	代表権を有する者が、自己又は第三者の利益を図る目的を有して、客観的には権限の範囲内に属する行為をする場合 →民法107条の適用により、取引の相手方が代表取締役の真意を知り、又は知ることができた場合には、その行為は代表権を有しない者がした行為とみなす H25-44-オ

7 表見代表取締役

❶ 要件	i　外観の表示 ○「その他株式会社を代表する権限を有するものと認められる名称」（354）には、総裁、副総裁、頭取、副頭取、理事長、代表取締役代行者なども含む（代表取締役代行者について最判昭44.11.27） ○単なる使用人にも類推適用可（最判昭35.10.14） ○事実上の取締役又は代表取締役にも類推適用可（最判昭56.4.24） H25-44-ア
	ii　会社の帰責原因 名称使用の黙示的な承認で足りる（代表取締役の少なくとも1人が知っていればよい）
	iii　外観の信頼 ○代表取締役でないことについて善意無重過失であれば足りる（最判昭52.10.14百選46事件） ○代表取締役でないと疑うに足りる相当の理由があるのに、登記簿の調査や会社への確認を怠った場合は、重過失あり
❷ 効果	表見代表取締役の行為の効力が株式会社に帰属する

CORE TRAINING

05　取締役と会社の関係――取締役の義務と報酬

□□□　取締役及び執行役は、いずれも、法令及び定款並びに株主総会の決議を遵守し、会社のため忠実にその職務を行わなければならない。予H24-21-オ

➡ 355、419Ⅱ・355。取締役及び執行役は忠実義務を負う　○

□□□　事業として甲県内においてトラックによる陸上貨物運送を行っているA社（取締役会設置会社）が、その事業計画及び市場調査に基づき、隣接する乙県内においてトラックによる陸上貨物運送を開始することを取締役会の決議によって決定し、乙県内においてトラックターミナル用の不動産を取得した後、A社の取締役であるBが、営業として乙県内においてトラックによる陸上貨物運送を行おうとする場合には、A社が乙県内においてトラックによる陸上貨物運送をいまだ開始していないときであっても、Bは、A社の取締役会において、当該運送に係る取引につき重要な事実を開示し、その承認を受けなければならない。予H29-22-ウ

➡ 東京地判昭56.3.26（百選53事件）。開業準備に着手している場合には「事業の部類に属する取引」（356Ⅰ①）に当たる　8 ❷ⅱ　○

□□□　甲県内においてトラックによる陸上貨物運送を行っているA社（取締役会設置会社）の取締役であるBが、事業として甲県内においてトラックによる陸上貨物運送を行っているC社の代表取締役となって当該運送に係る取引をしようとする場合には、Bは、A社の取締役会において、当該取引につき重要な事実を開示し、その承認を受けなければならない。予H29-22-エ

➡ 競合他社の代表取締役として行う個々の取引は「事業の部類に属する取引」（356Ⅰ①）に当たる　8 ❷ⅲ　○

□□□　甲県内においてトラックによる陸上貨物運送を行っているA社（取締役会設置会社）の取締役であるBが、トラックによる陸上貨物運送を行うことを事業の目的とするD社を設立し、その発行する全部の株式を保有する場合において、自らはD社の代表取締役でないときは、甲県内における陸上貨物運送に係る取引について継続的に自ら決定してD社の代表取締役に指示しているときであっても、Bは、A社の取締役会において、当該取引につき重要な事実を開示し、その承認を受けることを要しない。予H29-22-オ

➡ 大阪高判平2.7.18。競合他社の事実上の主宰者として行う取引は競業取引（356Ⅰ①）に当たる　8 ❶　×

□□□　取締役会設置会社においては、第三者のために当該取締役会設置会社の事業の部類に属する取引をした取締役は、当該取引につき取締役会の承認を受けなかった場合であっても、当該取引後、遅滞なく、当該取引についての重要な事実を取締役会に報告しなければならない。予R1-20-イ

➡ 365Ⅱ　[8]❸iii　○

CORE PLUS

[8] 競業取引

要件	❶「自己又は第三者のために」	自己又は第三者の計算で取引すれば足りる。競合他社の事実上の主宰者 として行う取引も含む（大阪高判平2. 7. 18、名古屋高判平20. 4. 17） 予H29-22-オ
	❷「会社の事業の部類に属する取引」	i　株式会社と同種又は類似の商品・役務を対象とし、株式会社の実際の事業と市場で競合し、株式会社の取締役との間に利益衝突のおそれがある取引 ii　一時的な休止中、又は開業準備中の事業も含む（開業準備中の事業につき東京地判昭56. 3. 26百選53事件） 予H29-22-ウ iii　競合他社の代表取締役として行う個々の取引も含む 予H29-22-エ iv　他の会社の無限責任社員や業務執行者、平取締役になること自体は含まない
❸ 必要な承認機関の承認		i　取締役会設置会社では取締役会、取締役会非設置会社では株主総会が承認を行う（365Ⅰ、356Ⅰ①） ii　承認は事前に、原則として具体的な取引について個別的に得る必要がある iii　取締役会設置会社では、取引をした取締役に取引についての重要な事実を取締役会に報告する義務がある（365Ⅱ） 予R1-20-イ

CORE TRAINING

□□□　取締役会設置会社であるA社は、事業として甲県内においてトラックによる陸上貨物運送を行っており、Bは同社の取締役である。業として甲県内においてトラックによる陸上貨物運送を行っているBが、A社の取締役会において、当該運送に係る取引につき重要な事実を開示することも、その承認を受けることもしていない場合において、当該運送に係る取引によってA社に損害が生じたときは、Bは、その任務を怠ったものと推定される。 予H29-22-イ	➡ 423Ⅲ参照。利益相反取引の場合と異なり、競業取引の場合に任務懈怠は推定されない 9 ＊	×
□□□　取締役会設置会社において、代表取締役GがHに対して負担する債務について、Gが、会社を代表して、取締役会の承認を受けないで、その債務を引き受けた場合において、Hが取締役会の承認を受けていないことを知っていたときは、その債務引受けの効力は、会社には及ばない。 H25-44-エ	➡ 最大判昭43.12.25(百選56事件)。会社は間接取引該当性と相手方の悪意を主張・立証すれば取引の無効を相手方に主張できる 9❷a	○
□□□　取締役の報酬として金銭でないもの（当該株式会社の募集株式及び募集新株予約権を除く。）についてその具体的な内容を定める議案を株主総会に提出した取締役は、当該株主総会において、当該内容を相当とする理由を説明しなければならない。 H20-41-イ改題	➡ 361Ⅳ、Ⅰ⑥。361Ⅰ各号の事由を定め、又はこれを改定する場合には株主総会での説明が必要	○
□□□　判例によれば、取締役の退職慰労金については、定款又は株主総会決議で取締役に対する支給額の総額を定めることを要する。 H18-46-1	➡ 最判昭39.12.11(百選59事件)。当該株式会社で慣例となっている一定の支払基準によって支給すべきという趣旨の決議によっても定めることができる 10❷a	×
□□□　判例の趣旨によれば、使用人として受ける給与の体系が明確に確立されている場合であっても、使用人兼務取締役について、別に使用人として給与を受けることを予定しつつ、取締役として給与を受ける報酬額のみを株主総会で決議することはできない。 予R5-21-5	➡ 最判昭60.3.26 10 ＊	×

CORE PLUS

9 承認のない競業取引・利益相反取引

	❶ 競業取引（356Ⅰ①、365Ⅰ）	❷ 利益相反取引（356Ⅰ②、③、365Ⅰ）
a 私法上の効果	規制の対象とされていない取引の相手方が不利益を受けるのは不都合であるから、取引は有効となる	○直接取引の相手方に対しては常に取引の無効を主張可 ○第三者に対しては、当該取引が利益相反取引に該当すること、及び取締役会（株主総会）の承認を受けていないことを当該第三者が知っていることを会社側が立証すれば無効主張可（最大判昭43. 12. 25百選56事件） H25-44-エ
b 会社に対する損害賠償責任	○過失責任（423Ⅰ） ○取締役・第三者が取引で得た利益の額が、株式会社の損害と推定（423Ⅱ）*	○356条1項2号、3号に違反する利益相反取引により株主総会に損害が生じた場合、役員等は会社に対し責任を負う（423Ⅰ） ○423条3項各号に該当する取締役・執行役は任務懈怠が推定（423Ⅲ柱書） ○自己のために直接取引をした取締役は無過失責任を負う（428Ⅰ）

*　競業取引の場合、利益相反取引の場合とは異なり、任務懈怠を推定する規定は存在しない。 予H29-22-イ

10 取締役の報酬

	a 肯定例	b 否定例
❶ 「報酬等」に当たるか	○賞与（361Ⅰ） ○退職慰労金（最判昭39. 12. 11百選59事件）	使用人兼務取締役の使用人分給与（使用人としての給与体系が確立し、使用人分を別に支払う旨明示した場合につき最判昭60. 3. 26）*
❷ 報酬等の決定及び分配の方法として適切か	○事後的な株主総会の決議（最判平17. 2. 15） ○取締役全員の報酬等の総額又は最高限度額を定めた決定（解釈。特定取締役への分配の一任も可、最判昭31. 10. 5） ○退職慰労金につき、総額又は最高限度額の定めはないが、①一定の支給基準が確立し、②株主が支給基準を推知でき、③株主総会決議がその支給基準で決まる額の限度内で相当な金額を支給すべきものとする趣旨である場合（前掲最判昭39年、最判昭44. 10. 28） H18-46-1	○報酬等の額を定めない定款の規定又は株主総会の決議（最判平15. 2. 21百選A21事件） ○取締役（会）への無条件での一任（東京地判昭26. 4. 28）

*　使用人として受ける給与の体系が明確に確立されている場合、使用人兼務取締役について、別に使用人として給与を受けることを予定しつつ、取締役として受ける報酬額のみを株主総会で決議することも許される（前掲最判昭60年）。 予R5-21-5

〚第１編第７章第５節（会計参与）及び第６節（監査役及び監査役会）には、登載基準を満たすフル問題がありません。〛

CORE TRAINING

□□□　監査役会設置会社において、監査役が子会社の業務及び財産の状況を調査するには、監査役会の同意を得なければならない。 H25-46-オ	➡ 381Ⅲ、390Ⅱ柱書ただし書参照 [1] ❷ ii	×
□□□　監査役の監査の範囲を会計に関するものに限定する旨の定款の定めがある株式会社の監査役は、その職務を行うため必要があるときは、当該株式会社の子会社に対して会計に関する報告を求め、又は当該子会社の業務及び財産の状況の調査をすることができる。 予H30-21-5	➡ 389Ⅴ　[1] ＊	○
□□□　会社法上の公開会社の監査役は、取締役が不正の行為をするおそれがあると認めるときは、遅滞なく、その旨を取締役会に報告しなければならない。 予H30-21-4	➡ 382　[1] ❸ ii	○
□□□　監査等委員は、監査等委員会設置会社の取締役会において、監査委員は、指名委員会等設置会社の取締役会において、それぞれ意見を述べることができるが、監査役は、取締役ではないから、監査役会設置会社の取締役会において意見を述べることができない。 予R4-21-エ	➡ 383Ⅰ本文 [1] ❸ iii	×
□□□　監査役設置会社における監査役報酬について、株主総会決議では、監査役ごとに報酬額を定めることなく監査役全員に支給する総額のみを定め、各監査役に対する具体的配分は、取締役会の決定に委ねることができる。 H18-46-4	➡ 387Ⅰ、Ⅱ [2] ❷	×
□□□　監査役会設置会社において、取締役が監査役の選任に関する議案を株主総会に提出するには、監査役会の同意を得なければならない。 H25-46-ウ	➡ 343Ⅲ、Ⅰ [3] ❹	○

CORE PLUS

1 監査役の権限等

❶ 取締役の職務執行の監査	ⅰ 株式会社の業務全般に及ぶ（381Ⅰ前段） ⅱ ただし、非公開会社（監査役会又は会計監査人を置く株式会社を除く）の場合、定款で監査範囲を会計関係に限定できる（389Ⅰ）*
❷ 調査権	ⅰ 取締役・会計参与・支配人その他の使用人に対し事業の報告を求め、又は自ら株式会社の業務・財産状況を調査する（381Ⅱ） ⅱ 子会社に対し事業の報告を求め、業務・財産状況を調査する（381Ⅲ）。H25-46-オ ただし、子会社は正当な理由があれば拒否できる（381Ⅳ）
❸ 報告等	ⅰ 業務全般の監査に関する監査報告の作成（381Ⅰ後段） ⅱ 取締役の不正、又は法令定款違反等の行為につき、取締役会への報告義務（382） 予H30-21-4 ⅲ 取締役会に出席し、必要と認めるときは意見を述べる義務（383Ⅰ） 予R4-21-エ ⅳ 取締役に対する招集請求及び自身による招集可（383Ⅱ、Ⅲ）

＊　その職務を行うため必要があるときは、当該株式会社の子会社に対して会計に関する報告を求め、又は当該子会社の業務及び財産の状況の調査をすることができる（389Ⅴ）。予H30-21-5

2 監査役の取締役会の出席義務と報酬等

❶ 取締役会への出席義務	監査役は取締役会に出席し、必要があるときは、意見を述べなければならない（383Ⅰ本文）。例外として特別取締役による取締役会には、全員出席する必要はなく、互選により出席する監査役を定めることができる（383Ⅰただし書）
❷ 報酬等 H18-46-4	○監査役の地位の独立性を確保するため、監査役の報酬等は、定款又は株主総会の決議により定めなければならない（387Ⅰ） ○監査役が2人以上いる場合において、各監査役の報酬等について定款の定め又は株主総会の決議がないときは、その報酬等は、定款又は株主総会の決議で定めた範囲内において、監査役の協議によって定める（387Ⅱ）

3 監査役の独立を担保するための制度

❶ 監査役の任期の決定（336）
❷ 選任決議の定足数及び解任決議（341、343Ⅳ）
❸ 監査役の選任、解任、辞任の場合の意見陳述権（345Ⅳ・Ⅰ）
❹ 監査役選任決議案の提出についての監査役（監査役会）の同意、監査役の選任を議題とすること及び監査役の選任に関する議案を提出することについての監査役（監査役会）の請求権（343） H25-46-ウ
❺ 監査役の報酬等（387）
❻ 費用等の請求（388）
❼ 監査役の兼任禁止（335Ⅱ）
❽ 社外監査役（335Ⅲ）
❾ 監査役の責任の免除と減軽（424から427まで）

CORE TRAINING

□□□　監査役会は、２人以上の常勤監査役を選定することができる。 予H27-22-ア

➡ 390Ⅲ　4❶　○

□□□　監査役会設置会社においては、監査役は、３人以上で、その過半数は、社外監査役でなければならない。 H20-43-イ、予H27-22-イ

➡ 監査役が３人以上で、そのうち半数以上は社外監査役（２⑯）でなければならない(335Ⅲ)　×

CORE PLUS

4 監査役会の権限等と運営

権限等	❶ 監査役会の職務	ⅰ監査報告の作成、ⅱ常勤の監査役の選定・解職(監査役会は少なくとも１人は常勤の監査役を選定しなければならない、390Ⅲ)、ⅲ監査方針、株式会社の業務・財産状況の調査方法等の決定(390Ⅱ各号)。ただし、ⅲの決定は、各監査役の権限行使を妨げることはできない(390Ⅱ柱書ただし書) 予H27-22-ア
権限等	❷ 報告義務	○監査役は、監査役会の求めがあれば、いつでも職務執行の状況を報告する義務(390Ⅳ) ○なお、取締役・会計参与・監査役・会計監査人が監査役の全員に対して監査役会に報告すべき事項を通知した場合は、報告不要(395)
運営	❸ 招　集	○招集権者による各監査役に対する通知(392Ⅰ)。ただし、全員の同意があれば不要(392Ⅱ) ○原則として各監査役に招集権(391)
運営	❹ 決　議	監査役の過半数で行う(393Ⅰ。代理行使及び書面決議不可)
運営	❺ 議事録	○書面又は電磁的記録で作成し(393Ⅱ、Ⅲ)、監査役会の日から10年間本店に備置き(394Ⅰ) ○株主、会社債権者、及び親会社社員に閲覧・謄写請求権(394Ⅱ、Ⅲ)。ただし、裁判所の許可が必要 ○裁判所は株式会社又はその親会社・子会社に著しい損害を及ぼすおそれがある場合には、閲覧・謄写を許可できない(394Ⅳ)

〚第1編第7章第7節（会計監査人）には、登載基準を満たすフル問題がありません。〛

CORE TRAINING

□□□　会計監査人は、いつでも、会計帳簿の閲覧及び謄写をし、又は取締役に対し、会計に関する報告を求める権限がある。 予R3-21-ウ	➡ 396Ⅱ　1❶iii	○
□□□　会計監査人は、その職務を行うため必要があるときは、会計監査人設置会社の子会社に対して会計に関する報告を求めることはできるが、その子会社の業務及び財産の状況の調査をする権限を有しない。 予R3-21-エ	➡ 396Ⅲ　1❶iv	×
□□□　会計監査人は、その職務を行うに際して取締役の職務の執行に関し法令に違反する重大な事実があることを発見したときは、遅滞なく、これを取締役会に報告する義務がある。 予R3-21-イ	➡ 397Ⅰ。「監査役」に報告する　1❷i	×
□□□　監査役会を構成する監査役は、その職務を行うため必要があるときは、会計監査人に対し、その監査に関する報告を求めることができる。 予R3-21-オ	➡ 397Ⅱ　1❷ii	○
□□□　会計監査人は、定時株主総会において出席を求める決議があったときは、その株主総会に出席して意見を述べなければならない。 H24-41-オ、予R3-21-ア	➡ 398Ⅱ　1❸ii	○

CORE PLUS

1 会計監査人

❶ 権限	i 計算書類等の監査（396Ⅰ前段） ii 会計監査報告（396Ⅰ後段） iii 会計帳簿の閲覧等（396Ⅱ） 予R3-21-ウ iv 子会社報告請求権・調査権（396Ⅲ） 予R3-21-エ
❷ 不正行為の報告	i 会計監査人は、その職務を行うに際して取締役の職務の執行に関し不正の行為又は法令・定款に違反する重大な事実があることを発見したときには、遅滞なく、これを監査役（監査役会設置会社においては監査役会）に報告しなければならない（397Ⅰ、Ⅲ） 予R3-21-イ ii 監査役は、その職務を行うため必要があるときは、会計監査人に対し、その監査に関する報告を求めることができる（397Ⅱ） 予R3-21-オ
❸ 株主総会における意見陳述	i 396条1項に規定する書類が法令又は定款に適合するかどうかについて会計監査人が監査役と意見を異にするときは、会計監査人は定時株主総会に出席して意見を述べることができる（398Ⅰ） ii 会計監査人は、定時株主総会において出席を求める決議があったときは、その株主総会に出席して意見を述べなければならない（398Ⅱ） H24-41-オ、予R3-21-ア
❹ 報酬等	会計監査人の報酬等は株式会社が定めるが、取締役は、会計監査人又は一時会計監査人の職務を行うべき者の報酬等を定める場合には、監査役（監査役会設置会社においては監査役会）の同意を得なければならない（399Ⅰ、Ⅱ）*

＊　会計監査人の職務の性質上、会計監査人に業務執行者から一定程度独立した地位を与える必要があるため、監査役（又は監査役会）の同意を要求している（399Ⅰ、Ⅱ）。

〖第1編第7章第8節（監査等委員会設置会社）には、登載基準を満たすフル問題がありません。〗

CORE TRAINING

□□□　大会社でない監査等委員会設置会社は、会計監査人を置くことを要しない。予R1-22-2	➡ 327Ⅴ、328Ⅰ、Ⅱ	×
□□□　監査等委員会設置会社においては、最低4人の取締役を置かなければならない。予R1-22-1	➡ 331Ⅵ、399の13Ⅲ　[1]❹b、[1]＊2	○
□□□　監査等委員会設置会社の取締役の過半数が社外取締役である場合には、当該監査等委員会設置会社の取締役会は、その決議によって、株主総会を招集する場合における株主総会の日時及び場所の決定を取締役に委任することができる。予R1-22-4	➡ 399の13Ⅴ④、298Ⅰ①	×
□□□　大会社かつ監査等委員会設置会社における監査等委員である取締役の任期は、選任後2年以内に終了する事業年度のうち最終のものに関する定時株主総会の終結の時までであり、定款又は株主総会の決議によって、その任期を短縮することはできない。予R4-21-ア改題	➡ 332Ⅳ、Ⅲ、Ⅰ　[1]❻b	○
□□□　取締役会を招集する取締役が定款又は取締役会で定められている場合でも、監査等委員会が選定する監査等委員又は監査委員会が選定する監査委員は、取締役会を招集することができる。予R4-21-ウ	➡ 399の14、417Ⅰ	○
□□□　監査等委員は、取締役が法令又は定款に違反する行為をするおそれがある場合において、当該行為によって監査等委員会設置会社に著しい損害が生ずるおそれがあるときは、当該取締役に対し、当該行為をやめることを請求することができる。予R1-22-5	➡ 399の6Ⅰ　[2]❶	○

CORE PLUS

1 監査役会・監査等委員会・監査委員会

	a 監査役会 （監査役会設置会社）	b 監査等委員会 （監査等委員会設置会社）	c 監査委員会 （指名委員会等設置会社）
❶ 目的	取締役・会計参与の職務執行を監査する		取締役・会計参与・執行役の職務執行を監査する
❷ 監査対象	適法性監査＊1 （妥当性監査はしない）	適法性監査及び妥当性監査	
❸ 構成員	監査役	委員である取締役	
❹ 員数	3人以上（335Ⅲ） 社外監査役が半数以上	3人以上（331Ⅵ、400Ⅰ、Ⅲ） 予R1-22-1 社外取締役が過半数＊2	
❺ 構成員の選任主体・方法	株主総会が直接選任する （329Ⅰ、341）		取締役会が選任する （400Ⅱ）
❻ 任期	4年（336Ⅰ） ただし、非公開会社の場合は、定款で10年以内とすることができる（336Ⅱ）	2年（332Ⅲ、Ⅰ） 任期は短縮できない（332Ⅳ） 予R4-21-ア改題	1年（332Ⅵ、Ⅰ）
❼ 常勤者の要否	必要（390Ⅲ）	不要	
❽ 監査の方法	各監査役が監査する	内部統制システムを活用した組織監査	
❾ 監査役、監査等委員、監査委員が兼任できない職務	335Ⅱ	331Ⅲ	400Ⅳ
	当該会社又はその子会社の業務執行取締役		
	当該会社又はその子会社の支配人その他の使用人		子会社の支配人その他の使用人
	子会社の会計参与		
	子会社の執行役		当該会社又はその子会社の執行役

＊1　妥当性監査についても、全面的にあるいは一定限度で監査対象となるとする見解もある。

＊2　監査等委員である取締役は3人以上でなければならない。そして、取締役会は、監査等委員である取締役を除く取締役から代表取締役を選定しなければならない（399の13Ⅲ）ため、取締役は最低4人必要。 予R1-22-1

2 監査等委員による取締役の行為の対応

❶ 取締役の行為の差止め（399の6Ⅰ）	取締役が監査等委員会設置会社の目的の範囲外の行為その他法令若しくは定款に違反する行為をし、又はこれらの行為をするおそれがある場合、当該行為によって当該監査等委員会設置会社に著しい損害が生じるおそれがあるときには、当該取締役に対し、当該行為をやめることを請求できる 予R1-22-5
❷ 取締役会への報告義務（399の4）	次のいずれかを認める場合、遅滞なく、取締役会に報告しなければならない i　取締役が不正の行為をし、若しくは当該行為をするおそれ ii　法令若しくは定款に違反する事実若しくは著しく不当な事実
❸ 株主総会に対する報告義務（399の5）	取締役が株主総会に出席しようとする議案、書類その他の法務省令で定めるものについては法令若しくは定款に違反し、又は著しく不当な事項があると認めるときは、その旨を株主総会に報告しなければならない

〚第1編第7章第9節（指名委員会等設置会社）には、登載基準を満たすフル問題がありません。〛

CORE TRAINING

□□□ 会社法上の公開会社である指名委員会等設置会社の業務執行に関して、重要な財産の処分を執行役に委任することができる。 H26-46-1改題 、予H24-21-ウ	➡ 416Ⅰ①、362Ⅳ①、416Ⅳ柱書本文	○
□□□ 会社法上の公開会社である指名委員会等設置会社の業務執行に関して、払込金額が募集株式を引き受ける者に特に有利な金額でない場合における募集株式の発行に係る募集事項の決定を執行役に委任することができる。 H26-46-5改題	➡ 416Ⅳただし書。各号の除外事項にない	○
□□□ 会社法上の公開会社である指名委員会等設置会社の業務執行に関して、取締役の報酬の決定を執行役に委任することができる。 H26-46-2改題	➡ 404Ⅲ前段、416Ⅳ柱書本文 [1]＊	×
□□□ 会社法上の公開会社である指名委員会等設置会社の業務執行に関して、執行役が2名以上ある場合における代表執行役の選定を執行役に委任することができる。 H26-46-4改題	➡ 代表執行役の選定は416条4項12号で委任できない事項	×
□□□ 指名委員会等設置会社の指名委員会は、株主総会に提出する会計監査人の選任及び解任並びに会計監査人を再任しないことに関する議案の内容を決定する。 予R2-22-ウ	➡ 監査委員会が決定する（404Ⅱ②） [1]	×
□□□ 監査委員は、執行役又は取締役が不正の行為をするおそれがあると認めるときは、遅滞なく、その旨を取締役会に報告しなければならない。 予R2-22-オ	➡ 406	○
□□□ 報酬委員会は、その決議によって、執行役の個人別の報酬の内容の決定を執行役に委任することができる。 予R2-22-エ	➡ 報酬委員会は409条3項各号の定める事項を自ら決定しなければならない [1]＊	×
□□□ 指名委員会、監査委員会又は報酬委員会の各委員会の委員の過半数は、社外取締役でなければならない。 予R2-22-ア	➡ 400Ⅲ [1]※	○
□□□ 執行役は、取締役会の決議によって、選任され、又は解任される。 予R2-22-イ	➡ 402Ⅱ、403Ⅰ [1]	○

CORE PLUS

1 指名委員会等設置会社の構造

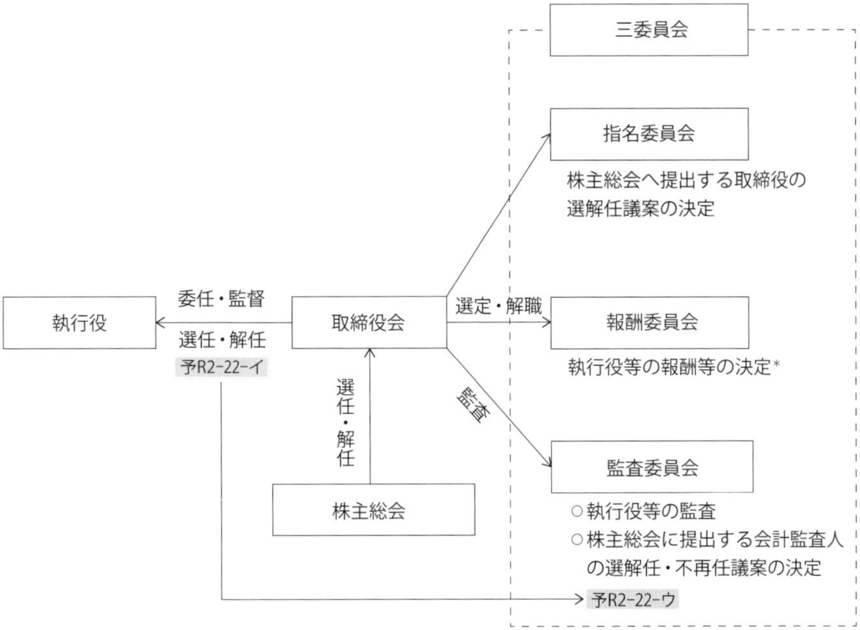

＊　指名委員会等設置会社においては、執行役に委任できる事項は取締役会が決定すべき事項に限られる（416Ⅳ柱書本文）が、執行役・取締役の報酬は報酬委員会が決定すべき事項である（404Ⅲ前段）から、執行役に委任することができない。H26-46-2改題、予R2-22-エ

※　各委員会の委員の過半数は、社外取締役でなければならない（400Ⅲ）。予R2-22-ア

CORE TRAINING

□□□ 監査役会設置会社及び監査等委員会設置会社の取締役会は、株式会社の業務並びに当該株式会社及びその子会社から成る企業集団の業務の適正を確保するために必要なものとして法務省令で定める体制の整備に係る決定を取締役に委任することができないが、指名委員会等設置会社の取締役会は、当該決定を執行役に委任することができる。予R4-21-オ

➡ 362Ⅳ⑥、399の13Ⅰ①ハ、Ⅱ、416Ⅰ①ホ、Ⅱ　×

□□□ 監査役会設置会社における取締役と指名委員会等設置会社における執行役に関して、代表取締役及び代表執行役は、いずれも、取締役の中から選定されなければならない。予H24-21-ア改題

➡ 420Ⅰ前段 [3] ＊　×

CORE PLUS

[2] 指名委員会等設置会社の取締役会が執行役に決定を委任できない事項（416Ⅳただし書各号）

❶ 譲渡制限株式又は譲渡制限新株予約権の譲渡等の承認をするか否かの決定（①、③）
❷ 指定買取人の指定（①）
❸ 165条3項において読み替えて適用される自己株式取得に関する事項の決定（②）
❹ 株主総会の招集事項及び株主総会に提出する議案の内容の決定（④、⑤）
❺ 348条の2第2項の規定による委託（⑥）
❻ 競業及び利益相反取引における取締役会の承認（⑦）
❼ 取締役会を招集する取締役の決定（⑧）
❽ 各委員会の委員又は執行役若しくは代表執行役の、選定及び解職並びに解任（⑨、⑩、⑫）
❾ 408条1項1号の規定による指名委員会等設置会社を代表する者の決定（⑪）
❿ 定款の定めに基づく役員等の株式会社に対する損害賠償責任の免除（⑬）
⓫ 補償契約又は役員等賠償責任保険契約の内容の決定（⑭、⑮）
⓬ 計算書類等、臨時計算書類及び連結計算書類の承認（⑯）
⓭ 中間配当における剰余金の配当に関する事項の決定（⑰）
⓮ 事業譲渡等、合併契約、吸収分割契約、新設分割計画、株式交換契約、株式移転計画、株式交付計画の内容の決定（⑱から㉔まで）＊

＊ 株主総会決議による承認を要しないものを除く（416Ⅳ⑱から㉔括弧書）。

[3] 指名委員会等設置会社の代表執行役の選定、解職、権限

❶ 選定	○取締役会は、執行役のなかから代表執行役を選定しなければならない（420Ⅰ前段）＊ ○執行役が1人のときは、その者が代表執行役に選定されたものとされる（420Ⅰ後段）
❷ 解職	代表執行役は、いつでも、取締役会の決議によって解職され得る（420Ⅱ）
❸ 権限	○一般の株式会社の代表取締役と同様に、表見代表執行役（421）の規定があるほか、代表権の範囲などについて、一般の株式会社の代表取締役に関する規定が準用される（420Ⅲ） ○なお、株主による執行役の行為の差止めが認められるが（422）、これは取締役の行為の差止めの場合（360）と同様である

＊ 執行役が取締役から選定されなければならないという規定はない（402Ⅵ参照）。予H24-21-ア改題

〚第１編第７章第10節（取締役会非設置会社）には、登載基準を満たすフル問題がありません。〛

No. 032　論　経営判断の原則

H25-45

□ 月 日
□ 月 日
□ 月 日

取締役の善管注意義務違反の有無については、取締役の意思決定の過程及び内容に著しい不合理がないかどうかという観点から判断されるべきであり、そのような著しい不合理がなければ取締役の善管注意義務違反はないとすべきであるとの見解がある。次の１から５までの各記述のうち、この見解と整合しないものはどれか。

□□□ １．企業経営には一定のリスクが伴うので、取締役の経営判断に対して事後的又は結果論的な評価をすることにより、取締役を萎縮させるべきではない。

□□□ ２．取締役の経営判断は、経営の専門家によるものであるから、尊重されるべきである。

□□□ ３．株主は、株主総会において選任した取締役に会社の経営を委ね、取締役は、これを引き受けたのであるから、取締役の経営判断の失敗については、取締役が責任を負うべきである。

□□□ ４．取締役が経営判断を行うに当たり弁護士の意見を聴取することは、取締役の意思決定の過程の合理性を裏付ける一要素となり得る。

□□□ ５．取締役に善管注意義務違反の責任を余りに広く課すと、取締役となろうとする者がいなくなるという懸念がある。

No. 032　正解　3

経営判断原則の根拠と、記述４の判例が示す規範をしっかりと復習しよう。

正答率 96.0%

1　整合しないとはいえない。

設問の見解の理由として、企業活動は、利益獲得をその目標としており、一定のリスクが伴うものであるところ、このような企業活動のなかで取締役が萎縮することなく経営に専念するためには、その権限の範囲内で裁量権が認められるべきであり、取締役の経営判断に対して事後的又は結果論的な評価をするべきではないということが挙げられる。

2　整合しないとはいえない。

設問の見解の理由として、裁判官の常識と経営者の常識とは、必ずしも一致せず、経営の専門家ではない裁判官の常識からすれば、誤った経営判断のようにみえても、経営者の常識からすれば、十分採り得る選択肢であるという場合もあり得るということが挙げられる。

3　整合しない。

設問の見解の理由として、株主は、株主総会において選任した取締役に会社の経営を委ねたのであるから、その失敗についてのリスクも株主が負担すべきということが挙げられる。これに対して、本記述は、取締役の経営判断に対して事後的又は結果論的な評価をし、その失敗について取締役が責任を負うべきとするものである。したがって、設問の見解と本記述は整合しない。

4　整合しないとはいえない。

設問の見解を採用したうえで、その意思決定の過程の合理性を裏付ける一要素として、経営判断を行うに当たり弁護士の意見を聴取したことが挙げられる。判例も、事業再編計画の一環としての株式取得の方法や価格の決定に関する取締役の判断が善管注意義務に違反するかが争われた事案において、「その**決定の過程、内容に著しく不合理な点がない限り**、取締役としての**善管注意義務に違反するものではない**」としたうえで、その決定過程に不合理な点がないことを認定するに当たり、「弁護士の意見も聴取されるなどの手続が履践されている」ことをも考慮している（最判平22.７.15百選48事件）。

5　整合しないとはいえない。

設問の見解の理由として、企業活動は、利益獲得をその目標としており、一定のリスクが伴うものであるところ、取締役に善管注意義務違反の責任をあまりに広く課すと、その責任を避けようとして、取締役となろうとする者がいなくなる懸念があるということが挙げられる。

文献　試験対策講座・会社法357、358頁

No. 033　論　**取締役の責任**　予R3-22
□ 月 日
□ 月 日
□ 月 日

取締役の責任に関する次の1から5までの各記述のうち、正しいものを2個選びなさい。

□□□ 1．株式会社が当該株式会社の計算において株主の権利の行使に関して財産上の利益の供与をしたときは、当該利益の供与をした取締役は、当該株式会社に対し、供与した利益の価額に相当する額を支払う義務を負う。

□□□ 2．判例の趣旨によれば、会社法第429条第1項の役員等の責任について、取締役が第三者に対して賠償すべき損害の額を定めるに当たっては、当該第三者に過失があったとしても、過失相殺をすることはできない。

□□□ 3．剰余金の配当により株主に対して分配可能額を超える金銭が交付された場合において、当該剰余金の配当に関する職務を行った業務執行取締役が当該株式会社に対して配当額に相当する金銭を支払う義務は、その全額を総株主の同意により免除することができる。

□□□ 4．判例の趣旨によれば、株式会社の取締役を辞任した者は、その辞任登記が未了である場合において、当該株式会社の代表者に対して辞任登記を申請しないで不実の登記を残存させることにつき明示的に承諾を与えていたときは、辞任登記未了であるためその者が取締役であると信じて当該株式会社と取引をした第三者に対し、会社法第429条第1項の役員等として責任を負うことがある。

□□□ 5．新株予約権の募集に関する職務を行った業務執行取締役は、新株予約権を行使した新株予約権者が給付した現物出資財産の価額が新株予約権の内容として定められた価額に著しく不足する場合には、検査役の調査を経たときであっても、その株式会社に対し、当該不足額を支払う義務を負う。

（参照条文）会社法

第429条 役員等がその職務を行うについて悪意又は重大な過失があったときは、当該役員等は、これによって第三者に生じた損害を賠償する責任を負う。

2（略）

No. 033　**正解　1、4**　取締役の責任に関する横断的な問題である。条文は正確に理解しておこう。　正答率 78.4%

1　**正しい。**

120条4項本文は、株式会社が同条第1項の規定に違反して財産上の利益の供与をしたときは、当該利益の供与をすることに**関与した取締役**（指名委員会等設置会社にあっては、執行役を含む）として法務省令（会社則21条）で定める者は、当該株式会社に対して、**連帯して**、供与した利益の価額に相当する額を支払う義務を負うと規定し、会社法120条4項ただし書は、その者（当該利益の供与をした取締役を除く）がその職務を行うについて注意を怠らなかったことを証明した場合は、この限りでないと規定している。

2　**誤り。**

判例は、商法266条の3第1項（現会社法429条1項）により、取締役が第三者に対して損害賠償の責めに任ずる場合において、その第三者にも過失があるときは、民法722条2項の類推適用により過失相殺が認められるとしている（最判昭59.10.4）。

3　**誤り。**

分配可能額を超えて金銭等の交付がなされた場合には、当該行為に関する職務を行った業務執行者（業務執行取締役等）等は、当該株式会社に対し、連帯して、当該金銭等の交付を受けた者が交付を受けた金銭等の帳簿価額に相当する金銭を支払う義務を負うが（会社462条1項）、例外的に総株主の同意があれば、その責任を免除することができる。ただし、その**責任の免除**は、**分配可能額の限度**に限られる（同条3項ただし書）。

4　**正しい。**

判例は、株式会社の取締役を辞任した者は、登記申請権者である当該株式会社の代表者に対し、辞任登記を申請しないで**不実の登記**を**残存**させることにつき**明示的に承諾**を与えていたなどの特段の事情がある場合には、商法14条（現会社法908条2項）の類推適用により、善意の第三者に対し、当該株式会社の取締役でないことをもって対抗することができない結果、同法266条の3第1項前段（現会社法429条1項）にいう取締役として所定の責任を免れることはできないとしている（最判昭62.4.16百選68事件）。

5　**誤り。**

新株予約権の募集に関する職務を行った業務執行取締役は、新株予約権を行使した新株予約権者が給付した現物出資財産の価額が新株予約権の内容として定められた価額に著しく不足する場合には、その株式会社に対し、当該不足額を支払う義務を負うが（286条1項1号）、現物出資財産の価額について検査役の調査を経た場合には、その義務を負わない（同条2項1号）。

文献　試験対策講座・会社法121、237、364、370、371、424頁。判例シリーズ78事件

CORE TRAINING

01　役員等の責任の免除と軽減

□□□　株式会社の取締役が自己のために当該株式会社とした取引によって当該株式会社に損害が生じたときは、当該取締役の当該株式会社に対する損害賠償責任は、総株主の同意によっても、免除することができない。 予R1-20-エ

➡ 428Ⅱ、Ⅰ、424　×
1 ❸ c

□□□　監査役会設置会社において、取締役がその任務を怠ったときに負う会社に対する損害賠償責任の法定の額を限度とする一部の免除をするためには、取締役が職務を行うにつき善意で、かつ、過失がないときであることが必要である。なお、取締役の責任を追及する訴えに係る訴訟において和解をする場合は、考慮しないものとする。 H23-44-イ

➡ 425Ⅰ。善意で、かつ、「重大な過失」がないときであることが必要　×
1 ❶ c

CORE PLUS

1 役員等の対会社責任の比較

<table>
<tr><th colspan="3"></th><th>a　責任の性質</th><th>b　責任額</th><th>c　責任の免責・限定</th></tr>
<tr><td rowspan="4">任務懈怠責任（423 Ⅰ）</td><td colspan="2">❶ 原　則</td><td>過失責任</td><td>発生した損害の額</td><td rowspan="3">○総株主の同意により免除できる（424）
○責任の一部免除・限定できる（425、426、427）
H23-44-イ</td></tr>
<tr><td colspan="2">❷ 競業取引規制違反</td><td>過失責任</td><td>発生した損害の額（競業取引によって取締役、執行役又は第三者が得た利益の額は、損害の額と推定、423 Ⅱ）</td></tr>
<tr><td rowspan="2">❸ 利益相反取引</td><td>原　則</td><td>過失責任</td><td rowspan="2">発生した損害の額</td></tr>
<tr><td>直接取引のうち、取締役が自己のためにした取引</td><td>無過失責任（428 Ⅰ）</td><td>○総株主の同意により免除できる（424） 予R1-20-エ
○責任の一部免除・限定は不可（428 Ⅱ）</td></tr>
<tr><td colspan="2" rowspan="2">❹ 剰余金の配当</td><td>違法配当の責任（462 Ⅰ柱書）</td><td>過失責任（462 Ⅱ）</td><td>交付した金銭等の帳簿価格に相当する金銭</td><td>総株主の同意がある場合、分配可能額の限度で免除できる（462 Ⅲただし書）</td></tr>
<tr><td>欠損が生じた場合の責任（465 Ⅰ柱書）</td><td>過失責任（465 Ⅰただし書）</td><td>欠損の額
ただし、分配額が上限</td><td>総株主の同意がある場合には免除できる（465 Ⅱ）</td></tr>
</table>

※　利益供与における役員等の責任については、「3 利益供与の効果」（1編4章1節、37頁）を参照。

CORE TRAINING

□□□　監査役会設置会社において、取締役がその任務を怠ったときに負う会社に対する損害賠償責任の法定の額を限度とする一部の免除に関する議案を取締役が株主総会に提出するためには、監査役の過半数をもって行う決議による監査役会の同意を得なければならない。なお、取締役の責任を追及する訴えに係る訴訟において和解をする場合は、考慮しないものとする。 H23-44-ウ	➡ 425Ⅲ①。各監査役の同意を得なければならない	×
□□□　監査役会設置会社において、取締役会の決議により、取締役がその任務を怠ったときに負う会社に対する損害賠償責任の法定の額を限度とする一部の免除をするためには、取締役会の決議によって免除することができる旨を定款で定めなければならない。なお、取締役の責任を追及する訴えに係る訴訟において和解をする場合は、考慮しないものとする。 H23-44-エ	➡ 426Ⅰ　2 ❸	○

CORE PLUS

2 役員等の責任の免除と軽減

❶ 責任の免除（任務懈怠、利益供与、違法な剰余金配当の役員等の責任）	総株主の同意が必要である（120Ⅴ、424、462Ⅲただし書、464Ⅱ、465Ⅱ）。会社に最終完全親会社等がある場合において、特定責任追及の訴えの対象となる特定責任（847の3Ⅳ）について会社の総株主の同意のみならず、その会社の最終完全親会社等の総株主の同意も必要である（847の3Ⅹ）
❷ 責任の軽減（428Ⅰの場合を除く、428Ⅱ）	その役員等が職務を行うにつき、善意でかつ重大な過失がないときは、賠償の責任を負う額から最低責任限度額を控除して得た額を限度として、株主総会の特別決議によって免除することができる（425Ⅰ、309Ⅱ⑧）
❸ 定款規定と取締役の過半数の同意・取締役会の決議に基づく軽減*（428Ⅰの場合を除く、428Ⅱ）	○善意かつ重過失がない場合で「責任の原因となった事実の内容、当該役員等の職務の執行の状況その他の事情を勘案して特に必要と認めるとき」は取締役の過半数の同意によって免除することができる旨を定款で定めることができる（426Ⅰ）。また、この定款の定めは登記事項である（911Ⅲ㉔） H23-44-エ ○上記定款に基づき、免除する旨の同意を行ったときは、取締役は遅滞なく、425条2項各号に掲げる事項及び責任を免除することに異議がある場合には一定の期間内に述べる旨を公告し、又は株主に通知しなければならない（426Ⅲ）。非公開会社においては公告では足りず、株主に通知しなければならない（426Ⅳ）
❹ 定款規定と責任限定契約に基づく事前の軽減	○株式会社は非業務執行取締役等（427Ⅰ括弧書）との間で、423条1項の責任について、善意かつ無重過失の場合には、定款で定めた額の範囲内で、あらかじめ株式会社が定めた額と最低責任限度額とのいずれか高い額を限度とする旨の契約を締結することができる旨を定款に定めることができる（427Ⅰ） ○356条1項2号の取引（自己のためにした取引に限る）に基づく423条1項の責任には427条1項は適用できない（428Ⅰ、Ⅱ）

＊　監査役設置会社（取締役が2人以上ある場合に限る）、監査等委員会設置会社、指名委員会等設置会社が対象。

CORE TRAINING

02　役員等の第三者に対する損害賠償責任

□□□　株式会社の取締役として選任されていない者は、自己を取締役として登記することについて承諾し、その旨の登記がされた場合であっても、積極的に取締役として対外的又は内部的な行為をしない限り、会社法第429条第1項の役員等としての責任を負わない。 H24-44-ウ 、予R5-27-イ

➡ 最判昭47.6.15（商法百選8事件）
3 ❷c
✕

□□□　取締役を退任したにもかかわらずその旨の登記がされていない場合には、退任した取締役は、過失により退任の登記がされていないことを知らなかったためこれを放置していたときであっても、善意の第三者に対し、自己が取締役でないことを対抗することができない。 H24-44-オ

➡ 最判昭62.4.16（百選68事件）
3 ❸c
✕

□□□　取締役は、虚偽の公告をした場合には、注意を怠らなかったことを証明したときを除き、これによって第三者に生じた損害を賠償する責任を負う。 予H29-26-2

➡ 429Ⅱ①ニ、同項柱書ただし書
○

CORE PLUS

3 事実上の（代表）取締役の責任

		a 選任	b 登記	c 第三者に対する責任
❶ 名目的取締役		有	有無を問わない[*1]	429Ⅰ直接適用（最判昭55.3.18）
登記簿上の取締役[*2]	❷ 選任決議を欠く登記簿上の取締役	無	有	就任登記への故意又は過失による承諾があれば908Ⅱ類推（最判昭47.6.15商法百選8事件） H24-44-ウ 、 予R5-27-イ
登記簿上の取締役[*2]	❸ 退任登記未了の取締役	—（退任済み）	選任登記あり 退任登記なし	不実の就任登記を残存させることにつき明示的な承諾を与えていたなどの特段の事情があれば908Ⅱ類推（最判昭62.4.16百選68事件） H24-44-オ
❹ 事実上の（代表）取締役[*3]		無	無	429Ⅰ類推（名古屋地判平22.5.14）

＊1　名目的取締役は、登記の有無を問わず、「役員等」（429Ⅰ）に当たる。
＊2　登記簿上の取締役として908条2項が類推適用されたとしても、「役員等」に当たるということが認められるだけであり、実際に当該登記簿上の取締役が責任を負うというためには、429条1項の要件を満たす必要がある点に注意。
＊3　適法な選任手続はなく、登記簿上も取締役とはされていないが、対外的にも重要事項について決定権を有していた実質的経営者のこと。

No. 034

論

会社関係訴訟

予H27-26

□ 月 日
□ 月 日
□ 月 日

会社関係訴訟に関する次の1から5までの各記述のうち、正しいものを2個選びなさい。

□□□ 1．株主代表訴訟を提起した株主は、株式交換によりその訴訟の係属中に株主でなくなった場合でも、その対価として株式交換完全親会社の株式を取得したときは、原告適格を失わない。

□□□ 2．会社法上の公開会社において、株主代表訴訟を提起することができる株主は、6か月前から引き続き株式を有している必要があるが、この期間は、定款の定めにより伸長することができる。

□□□ 3．株主代表訴訟は、退任後の取締役を被告として提起することができない。

□□□ 4．取締役を選任した株主総会決議の取消しの訴えは、その取締役を被告として提起することができる。

□□□ 5．判例によれば、株主は、自己に対する株主総会の招集手続に瑕疵がない場合でも、他の株主に対する招集手続に瑕疵があるときは、そのことを理由として、株主総会決議の取消しの訴えを提起することができる。

No. 034　**正解　1、5**　会社関係訴訟の訴訟要件に関連する知識を確認しておこう。　正答率 82.8%

1　正しい。

株主代表訴訟を提起した株主は、原則として、その訴訟の係属中は株主であり続ける必要があり、訴訟の係属中に株主としての資格を喪失した場合には、原告適格を失うこととなる。そして、ある株式会社の役員等についての株主代表訴訟の係属中に、その株式会社が株式交換により完全子会社となった場合、原告である株主は、株主としての資格を喪失することになる。もっとも、このような場合でも、その者が当該株式交換の対価としてその株式会社の完全親会社の株式を取得したときは、例外的に、原告適格を失わず、そのまま訴訟を追行することができる（851条1項1号）。これは、株式交換後も、当該株主は完全親会社の株主として当該株式会社（完全子会社）に対して利害関係を有し続けることから、引き続き代表訴訟の訴訟追行を認める趣旨である。

2　誤り。

会社法上の**公開会社**において、**株主代表訴訟を提起する**ことができる**株主は、6か月前から**引き続き**株式を有**している**必要**がある（847条1項本文）。そして、この「6箇月」という期間は、定款の定めにより短縮することができるが（同項括弧書）、伸長することはできない。

3　誤り。

株主代表訴訟により追及することができる取締役の責任は、当該取締役の在任中に生じた責任に限定されるが、その在任中に生じた責任であれば、退任後もその責任を問うことができる。したがって、株主代表訴訟は、退任後の取締役を被告として提起することもできる。

4　誤り。

株主総会決議の取消しの訴えにおいて被告となり得る者は、株式会社に限られ（834条17号）、取締役は被告適格を有しない。したがって、取締役を選任した株主総会決議の取消しの訴えは、その取締役を被告として提起することはできない（最判昭36.11.24参照）。

5　正しい。

判例（最判昭42.9.28百選33事件）は、「株主は自己に対する株主総会招集手続に瑕疵がなくとも、**他の株主に**対する招集手続に**瑕疵のある場合**には、**決議取消の訴を提起し得る**」としている。

文献　試験対策講座・会社法268、269、374、375頁。判例シリーズ41、45事件

CORE TRAINING

□□□　株主代表訴訟の対象となる取締役の責任について、会社法が取締役の地位に基づいて取締役に負わせている責任のほか、取締役が会社との取引によって負担することになった債務についての責任も含まれるという判例の立場と、取締役に対して会社の取得した動産の所有権に基づき当該会社への当該動産の引渡しを求める訴えは、株主代表訴訟として適法であるという考え方は整合する。予H29-25-ア

➡ 最判平21.3.10（百選64事件）1 ❸b　×

□□□　株主代表訴訟における上記判例の立場と、会社が取締役の責任追及をけ怠するおそれがあるのは、取締役の地位に基づく責任が追及される場合に限られないから、取締役が職務遂行とは関係なく会社に対して行った不法行為に基づいて負うに至った債務についても、株主が取締役の責任を追及する訴えを提起することができることとする必要があるという考え方は整合する。予H29-25-ウ

➡ 最判平21.3.10（百選64事件）1 ❸b　×

□□□　株主代表訴訟における上記判例の立場と、取締役が会社に対して責任を負う場合には、役員相互間のなれ合いから会社による取締役の責任追及が行われないおそれがあるので、会社や株主の利益を保護するため、株主代表訴訟の制度が設けられているという考え方は整合する。予H29-25-イ

➡ 最判平21.3.10（百選64事件）1 ❸　○

□□□　株主代表訴訟における上記判例の立場と、取締役は会社に対して忠実義務を負っており、取締役は、会社との取引によって負担することになった債務についても、会社に対して忠実に履行すべき義務を負うという考え方は整合する。予H29-25-エ

➡ 最判平21.3.10（百選64事件）取締役は忠実義務（355）により、会社に対して取引債務を履行すべき責任を負う　1 ❸　○

CORE PLUS

1 株主代表訴訟（847 I）「責任」の意義

	a 意義	b 具体例
❶ 全債務説	責任には、取締役等が会社に対して負担するすべての債務を含む	会社の所有権に基づく真正な登記名義の回復を原因とする所有権移転登記手続債務は含まれる
❷ 限定債務説	会社法上の役員等の責任（423 I）に限定される	上記所有権移転登記手続債務は含まれない
❸ 判例（最判平21. 3. 10）予H29-25-イ・エ	取締役の地位に基づく責任のほか、取締役が会社との取引によって負担することになった債務の責任も含まれる	取締役と会社間の契約に基づかない所有権に基づく動産の引渡債務、職務遂行とは関係のない取締役の会社に対する不法行為に基づく債務についての責任は含まれない　予H29-25-ア・ウ

CORE TRAINING

□□□ 会社法上の公開会社においては、6か月（これを下回る期間を定款で定めた場合にあっては、その期間）前から引き続き株式を有する株主でなければ、株主代表訴訟を提起することができないという制度の趣旨は、株主代表訴訟におけるなれ合いの訴訟による弊害の防止を目的としている。 予H30-26-ア	➡ 原告適格を限定する制度の趣旨は、濫訴を防止する点にある 2❶、3❷	×
□□□ 監査役会設置会社である甲株式会社（以下「甲社」という。）の取締役Aが甲社に損害を与えたとして、株主Bが、甲社に対し、Aの責任を追及する訴えの提起を請求した場合、甲社が会社法上の公開会社でない場合には、Aの責任を追及する訴えの提起の請求を受ける際に甲社を代表する者は、代表取締役である。 H25-50-ア	➡ 監査役設置会社が取締役の責任を追及する訴えの提起の請求を受ける場合には、監査役が監査役設置会社を代表する（386Ⅱ①）	×
□□□ 株主代表訴訟の提起が悪意によるものであると認められるときは、裁判所は、被告の申立てにより又は職権で、訴えを提起した株主に対し、相当の担保を立てるべきことを命ずることができる。 H24-49-ウ	➡ 847の4Ⅱ 3＊	×
□□□ 株主が株主代表訴訟を提起したときは、裁判所は、被告の申立てにより、当該株主に対し、相当の担保を立てるべきことを命ずることができるという制度の趣旨は、株主代表訴訟におけるなれ合いの訴訟による弊害の防止を目的としている。 予H30-26-イ	➡ 847条の4第2項の趣旨は、代表訴訟が不当訴訟として被告に対する不法行為を構成する場合に、被告が原告株主に対して有することとなる損害賠償請求権の履行を確保する点にある 3❷	×
□□□ 監査役会設置会社である甲株式会社（以下「甲社」という。）の取締役Aが甲社に損害を与えたとして、株主Bが、甲社に対し、Aの責任を追及する訴えの提起を請求した場合、甲社の本店の所在地を管轄する地方裁判所の管轄に専属する。 H25-50-イ	➡ 株式会社等の本店の所在地を管轄する地方裁判所の管轄に専属する（848） 2❹	○

CORE PLUS

2 株主代表訴訟の要件

❶ 提訴権者	6か月前から引き続き株式を有する株主でなければならない（847Ⅰ本文） 予H30-26-ア
❷ 対　象 （847Ⅰ本文）	i　発起人、設立時取締役、設立時監査役、役員等、清算人の責任追及 ii　払込みを仮装した設立時募集株式の引受人・不公正な払込金額で株式を引き受けた者等、不公正な払込金額で新株予約権を引き受けた者等の支払（102の2Ⅰ、212Ⅰ、285Ⅰ参照） iii　違法な利益供与がなされた場合の利益供与を受けた者からの利益の返還（120Ⅲ） iv　出資の履行を仮装した募集株式の引受人・新株予約権にかかる払込み等を仮装した新株予約権者等の支払（213の2Ⅰ、286の2Ⅰ参照）
❸「責任」 （847Ⅰ本文）	「責任」には、役員等の地位に基づく責任のほか、役員等が会社との取引によって負担することになった債務の責任も含まれる。cf.1
❹ 管　轄	株式会社等の本店の所在地を管轄する地方裁判所の管轄に専属する（848） H25-50-イ

3 株主代表訴訟の提訴権の濫用防止

❶ 意　義	代表訴訟が株主や第三者の不正な利益を図り、又は、会社に損害を与えることを防ぐ
❷ 提訴の濫用防止を趣旨とした規定の例	○提訴請求（847Ⅰ、Ⅲ） ○訴訟要件（847Ⅰ本文） 予H30-26-ア ○担保提供命令（847の4Ⅱ、Ⅲ） 予H30-26-イ *

＊　裁判所は、被告の申立てがある場合に限り、訴えを提起した株主に対し、相当の担保を立てるべきことを命ずることができる。 H24-49-ウ

CORE TRAINING

□□□　監査役会設置会社である甲株式会社（以下「甲社」という。）が会社法上の公開会社である場合において、取締役Ａが甲社に損害を与えたとして甲社が取締役Ａの責任を追及する訴えを提起したときは、甲社は、遅滞なく、その旨を公告し、かつ、株主に通知しなければならない。H25-50-ウ	➡ 849Ⅴ。公告し、又は株主に通知すれば足りる　5 ❸	×
□□□　会社法上の公開会社は、株主代表訴訟を提起した株主から訴訟告知を受けたときは、遅滞なく、その旨を公告し、又は株主に通知しなければならないとする規定の趣旨は、株主代表訴訟におけるなれ合いの訴訟による弊害の防止を目的としている。予H30-26-ウ	➡ 849Ⅴ　5 ＊	○
□□□　監査役会設置会社において、株主代表訴訟で会社が被告である取締役を補助するためその訴訟に参加するには、監査役会の同意を得なければならない。H25-46-エ	➡ 監査役（監査役が２人以上ある場合にあっては、各監査役）の同意を得なければならない（849Ⅲ①）	×
□□□　株主代表訴訟においては、総株主の同意を得た場合に限り、取締役の責任を免除する内容の訴訟上の和解をすることができる。H24-49-エ	➡ 株主代表訴訟における訴訟上の和解には424条の規定が適用されない（850Ⅳ）　4 ※	×
□□□　株主代表訴訟を提起した株主が勝訴した場合において、当該株主代表訴訟に関し、必要な費用を支出したときは、当該株式会社に対し、その費用の額の範囲内で相当と認められる額の支払を請求することができるという規定の趣旨は、株主代表訴訟におけるなれ合いの訴訟による弊害の防止を目的としている。予H30-26-エ	➡ 852条１項の趣旨は、代表訴訟により株主等が勝訴した場合には、株主等の負担で会社が利益を得たことになるため、株主の負った負担を会社が補填することとし、これにより代表訴訟が行われなくなることを防止する点にある　5 ❻	×

CORE PLUS

4 株主代表訴訟の訴訟上の和解

❶ 和解に必要な同意	○会社が取締役（監査等委員会及び監査委員を除く）、執行役及び清算人並びにこれらの者であった者の責任を追及する訴えに係る訴訟における和解をするには、次の各号に掲げる者の同意が必要である（849の２） ⅰ 監査等委員会設置会社→監査役（監査役が２人以上である場合にあっては、各監査役） ⅱ 監査等委員会設置会社→各監査等委員 ⅲ 指名委員会等設置会社→監査委員 ○訴訟上の和解をする場合、責任免除に総株主の同意は不要となる（850Ⅳ、424）。会社が和解の当事者でないときは、会社の承認が必要である（850Ⅰ）
❷ 裁判所の対応	裁判所は、会社に対し、和解の内容を通知し、かつ、その和解に異議があれば２週間以内に述べるべき旨を催告し（850Ⅱ）、会社がその期間内に書面で異議を述べなかった場合は、上記による通知の内容で和解することを承認したものとみなされる（同Ⅲ）

※ 取締役の会社に対する責任は、総株主の同意がなければ免除できないが、株主代表訴訟における訴訟上の和解については424条の規定が適用されないことから（850Ⅳ）、総株主の同意を得なくとも、849条の２各号に掲げられた者の同意を得れば、取締役の責任を免除する旨の訴訟上の和解をすることができる。H24-49-エ

5 株主等の責任追及のその他の手続

❶ 訴訟費用等	担保提供命令（847の４Ⅱ、Ⅲ）
❷ 訴えの管轄	株式会社等の本店の所在地を管轄する地方裁判所の管轄に専属する（848）
❸ 訴訟参加等 H25-50-ウ	ⅰ 訴訟参加（849Ⅰ） ⅱ 訴訟告知、通知、公告（849Ⅳ、849Ⅴ、Ⅸ）＊ ⅲ 補助参加（849Ⅰ）
❹ 訴訟上の和解の制限	cf. 4
❺ 判決の効力	判決の効力は株式会社等に及ぶ（民訴115Ⅰ②）
❻ 費用の会社負担	責任追及等の訴えを提起した株主等が勝訴（一部勝訴を含む）した場合に当該責任追及等の訴えに係る訴訟に関し、必要な費用（訴訟費用を除く、弁護士報酬等は含む）を支出した時は当該株式会社に対し、その費用の額の範囲内又はその報酬額の範囲内で相当と認められる額の支払を請求することができる（会社852Ⅰ） 予H30-26-エ
❼ 再審の訴え	株主が一定の条件を満たした場合、再審の訴えを請求することができる（853Ⅰ）

＊ 849条５項の趣旨は、確定判決の既判力が会社にも及ぶことから、（民訴115Ⅰ②）、他の株主に訴えの存在を知らしめ、訴訟参加の機会を与えることで、株主代表訴訟におけるなれ合いを防止することである。予H30-26-ウ

CORE TRAINING

□□□　監査役会設置会社である甲株式会社（以下「甲社」という。）において、株主が甲社のために提起した取締役の責任を追及する訴えに係る請求を認容する確定判決の効力は、甲社に対しても及ぶが、その請求を棄却する確定判決の効力は、甲社には及ばない。H25-50-オ

➡ 株主代表訴訟における株主は「他人のために原告……となった」者（民訴115Ⅰ②）に当たるため、当該訴訟の確定判決の効力は、「その他人」である株式会社に対して及ぶ

×

□□□　一定の場合には、株主は、株主代表訴訟に係る確定した終局判決に対し、再審の訴えをもって、不服を申し立てることができるという規定の趣旨は、株主代表訴訟におけるなれ合いの訴訟による弊害の防止を目的としている。予H30-26-オ

➡ 会社853条1項の趣旨は、馴れ合い訴訟による株式会社等の損失を事後的に補填する点にある　6❶

○

CORE PLUS

6 責任追及等の訴えの確定判決に対する再審の訴え（853Ⅰ、Ⅱ）

❶ 趣旨	馴れ合い訴訟による株式会社等の損失の事後的に填補　予H30-26-オ
❷ 要件	○責任追及の訴えが提起された場合 ○原告及び被告が共謀して責任追及等の訴えに係る訴訟の目的である株式会社等の権利を害する目的をもって判決をさせたとき ○853条１項各号に掲げる者であること
❸ 効果	再審の訴えをもって、不服を申し立てることができる

No. 035

株式会社の資本金

予H27-23

□　月　日
□　月　日
□　月　日

株式会社の資本金に関する次のアからオまでの各記述のうち、正しいものを組み合わせたものは、後記1から5までのうちどれか。

□□□ ア．資本金の額は、会社の財産の増減と連動して増減する。

□□□ イ．資本金は、貸借対照表において、資産の部に計上される。

□□□ ウ．募集株式の発行に際して、株主となる者が会社に対して払込み又は給付をした財産の額の２分の１を超えない額を資本金として計上しないときは、資本金として計上しない額は、利益準備金として計上しなければならない。

□□□ エ．自己株式の処分により、資本金の額は増加しない。

□□□ オ．資本金の額の減少は、債権者異議手続が終了していないときは、その効力を生じない。

1．ア　イ　　2．ア　エ　　3．イ　ウ　　4．ウ　オ　　5．エ　オ

No. 035　**正解 5**　資本金に関連する知識について、解説中の条文を中心に整理しておこう。　正答率 68.5%

ア　誤り。

株式会社の資本金の額は、株式会社の現在の財産の状況とは関係なく、過去に株主から拠出された財産の額に相当するものとされる額（445条1項参照）が貸借対照表の純資産の部に計数として計上されるものである（会社計算76条1項1号イ、2項1号）。すなわち、資本金の額の増加又は減少とは、現実の会社財産の増減を意味するわけではない。したがって、資本金の額は、会社の財産の増減と連動して増減するわけではない。

イ　誤り。

貸借対照表とは、会社の財政状況を明らかにするため、一定の時点における資産、負債及び純資産を記載する計算書である（会社計算73条1項）。そして、アの解説で述べたように、資本金は、貸借対照表において、純資産の部に計上される。したがって、資産の部に計上されるわけではない。

ウ　誤り。

募集株式の発行に際して、**株主となる者が**会社に対して**払込み又は給付**をした**財産の**額の**2分の1を超えない額**は、**資本金**として**計上しないことができる**（会社445条2項）。そして、これにより資本金として計上しないこととした額は、利益準備金ではなく、資本準備金として計上しなければならない（同条3項）。

エ　正しい。

株式会社が自己株式を処分した場合、処分差益は、貸借対照表上の「その他資本剰余金」に計上される（会社計算14条2項1号）。したがって、株式会社が自己株式を処分しても、資本金の額は増加しない。

オ　正しい。

資本金の額の減少は、原則として、その効力発生日として定められた日に効力を生じる（会社449条6項1号、447条1項3号）。もっとも、資本金の額の減少についての債権者異議手続が終了していないときは、その効力を生じない（449条6項柱書ただし書）。

文献　試験対策講座・会社法163、201、408、409、413～416頁

MEMO

CORE TRAINING

01　計算総説

問題	解説	正誤
□□□　株式会社の会計帳簿の閲覧の請求をする株主は、当該請求の理由を明らかにし、かつ、当該請求の理由を基礎付ける事実が客観的に存在することを立証しなければならない。予H30-17-ウ	➡ 最判平16.7.1（百選73事件）。433条1項について、請求の理由に具体的に記載された理由を基礎付ける事実が客観的に存在することについての立証は不要 [2] ＊1	×
□□□　株式会社の会計帳簿の閲覧の請求をした株主が当該株式会社の業務と実質的に競争関係にある事業を営む場合には、当該株式会社は、当該株主に会計帳簿の閲覧によって知り得る情報を自己の事業に利用するなどの主観的意図がないときであっても、当該請求を拒むことができる。予H30-17-エ	➡ 判例は、433条2項3号に基づき閲覧請求を拒む場合について、主観的意図を不要とした（最決平21.1.15百選74事件） [2] ＊2	○
□□□　会社法所定の要件を満たす株主は、代表取締役による会社の業務執行に関し、法令に違反する重大な事実があることを疑うに足りる事由があるときは、会社の業務及び財産の状況を調査させるため、裁判所に対し、検査役の選任の申立てをすることができる。H26-44-1	➡ 358Ⅰ　[1]❶ii	○
□□□　公告方法が官報に掲載する方法である会社は、貸借対照表又はその要旨の公告をしなければならない場合であっても、定時株主総会の終結後遅滞なく、貸借対照表の内容である情報を、定時株主総会の終結の日後5年を経過する日までの間、継続して電磁的方法により不特定多数の者が提供を受けることができる状態に置く措置をとったときは、当該公告をすることを要しない。予H29-26-3	➡ 440Ⅲ	○

CORE PLUS

1 検査役による調査の要件・効果

❶ 要件	i　株式会社の業務の遂行に関し、不正の行為又は法令若しくは定款に違反する重大な事実があることを疑うに足りる事由（358 Ⅰ柱書） ii　裁判所に対する検査役の選任の申立て（358 Ⅰ柱書） H26-44-1 iii　総株主（株主総会において決議をすることができる事項の全部につき議決権を行使することができない株主を除く）の議決権の100分の 3（定款で軽減することができる）以上の議決権を有する株主、又は発行済株式（自己株式を除く）の100分の 3（定款で軽減することができる）以上の数の株式を有する株主であること（358 Ⅰ各号）。
❷ 効果	○当該株式会社の業務及び財産の状況の調査をすることができる ○その職務を行うために必要があるときは、子会社の業務及び財産の状況を調査することができる（358 Ⅳ）

2 会計帳簿等閲覧請求

❶ 要件（433 Ⅰ柱書）	i　総株主の議決権の100分の 3 以上の数を有する株主が
	ii　請求の理由を明らかにすること＊1
❷ 拒否事由（433 Ⅱ）	i　その権利の確保又は行使に関する調査以外の目的で請求した場合（①）
	ii　株主の共同の利益を害する目的があった場合（②）
	iii　実質的に競争関係にある者が請求した場合（③）＊2
	iv　閲覧謄写によって知り得た事実を利益を得て第三者に通報するため請求した場合（④）
	v　請求者が閲覧謄写によって知り得た事実を利益を得て第三者に通報したことがある場合（⑤）

＊1　請求の理由を明らかにすれば足り、理由を基礎付ける事実についてまでの証明は不要である（最判平16.7.1百選73事件）。予H30-17-ウ

＊2　3号によって拒否するためには、競業関係が客観的に存在していれば足り、競業利用目的など主観的な意図は要求されない（最決平21.1.15百選74事件）。予H30-17-エ
∵　主観的意図は立証困難であり、これが必要であるとすると、競業他社に情報が流出する危険が高まる。

※　貸借対照表、損益計算書などの計算書類（435Ⅱ）については、計算書類等閲覧請求（442Ⅲ）ができる。会計帳簿等閲覧請求と比較すると、請求権者が株主だけでなく債権者にも広げられ、請求の理由を明らかにする必要もない。

CORE TRAINING

02　資本金と準備金

問題	解説	解答
□□□　会社が資本金の額を減少する場合には、その会社の債権者は、その会社に対し、これについて異議を述べることができる。H24-46-ア	➡ 449Ⅰ柱書本文 [4] ❷ i	○
□□□　資本金の額の減少の無効は、訴えをもってのみ主張することができる。H24-46-イ	➡ 828Ⅰ⑤　[4] ❸ i	○
□□□　資本準備金は、欠損てん補のためにその額を減少することができる。H20-46-2	➡ 449Ⅰ柱書ただし書、会社計算151参照	○
□□□　剰余金の分配の財源とするために資本準備金の額を減少することはできない。H19-45-ウ	➡ 448Ⅰ、446④ [3] ❷	×
□□□　会社が準備金の額を減少する場合において、その減少額の全部を資本金とするときは、その会社の債権者は、その会社に対し、準備金の額の減少について異議を述べることができない。H24-46-ウ	➡ 449Ⅰ柱書本文括弧書　[4] ❷ ii	○
□□□　資本準備金の額の減少の手続に瑕疵がある場合、その無効は、会社法が定める会社の組織に関する行為の無効の訴えをもってのみ、主張することができる。H20-46-1	➡ 無効の訴えの制度が存在しないため、金銭支払請求訴訟（463Ⅱ）等のなかで主張する [4] ❸ ii	×
□□□　取締役会設置会社が剰余金の額を減少する場合において、その減少額の全部を準備金とするときは、取締役会の決議によって剰余金の額の減少をすることができる。H24-46-エ	➡ 株主総会の決議が必要（451Ⅱ、Ⅰ柱書） [4] ※	×

CORE PLUS

3 資本金の額の減少

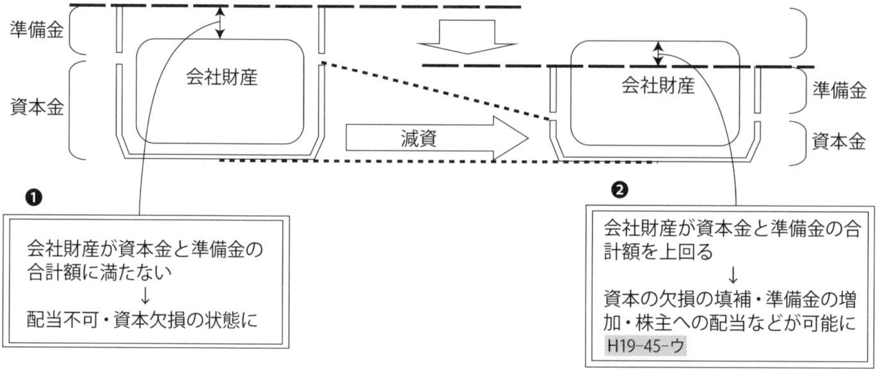

4 資本金の額の減少と準備金の額の減少

		ⅰ 資本金	ⅱ 準備金
❶ 減少の決議	原則	特別決議（309 Ⅱ⑨、447 Ⅰ）	普通決議（448 Ⅰ）
	例外	普通決議（309 Ⅱ⑨イ、ロ） ○定時株主総会で定める場合 かつ ○減少する資本金の額が株主総会の日の欠損額を超えない	取締役会の決議（448 Ⅲ）* ○株式を同時に発行する場合 かつ ○効力発生日後の資本金の額が効力発生日前の資本金の額を下回らない
		取締役会の決議（447 Ⅲ）* ○株式を同時に発行する場合 かつ ○効力発生日後の資本金の額が効力発生日前の資本金の額を下回らない	
❷ 債権者異議手続		必要（449 Ⅰ柱書本文） H24-46-ア	原則：必要 例外 1：減少額全部を資本金とする場合は不要（449 Ⅰ柱書本文括弧書） H24-46-ウ 例外 2：欠損填補目的で定時株主総会の決議によって準備金を減額する場合も不要（449 Ⅰ柱書ただし書）
❸ 無効の訴え		訴えをもってのみ主張可（828 Ⅰ⑤） H24-46-イ	訴えによらなくても主張可 H20-46-1

＊　取締役会非設置会社の場合は取締役の決定。

※　剰余金の額を減少して資本金・準備金の額を増加する場合は普通決議。 H24-46-エ

CORE TRAINING

03　剰余金の分配

問題	解説	正誤
□□□　会社法上の公開会社である大会社の株主総会に関して会社は、定款の定めにより、剰余金の配当に関する株主総会決議の定足数を排除することができない。 H24-41-イ	➡ 普通決議（454 I 各号、309 I ）は定款によって定足数を排除することができる（309 I 参照） 5 ❷	×
□□□　会社が剰余金の処分として任意積立金の積立てをする場合には、定時株主総会の決議によらなければならない。 H24-46-オ	➡ 459 I ③、452後段	×
□□□　株式会社が株主の取得の請求によって取得請求権付株式を取得した結果、取得した日の属する事業年度に係る計算書類において欠損が生じた場合でも、その行為に関する職務を行った業務執行者は、その会社に対し、その欠損を塡補する責任を負わない。 H23-39-4	➡ 465 I ④　6 ＊	×

CORE PLUS

5 剰余金の分配の手続

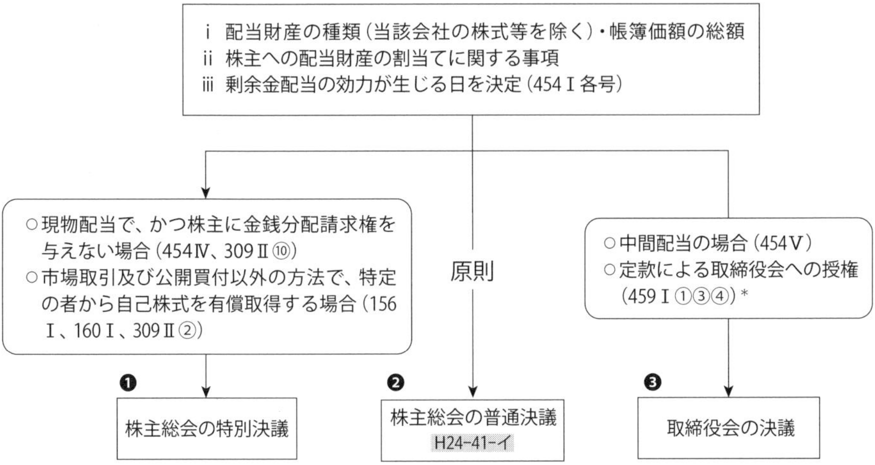

＊　このような定款の定めは、法務省令により、最終事業年度にかかる計算書類が、法令・定款に従い、会社の財産及び損益の状態を正しく表示していると認められる場合のみ、効力を有する（459Ⅱ、460Ⅱ、会社計算155）。

6 剰余金の分配と責任

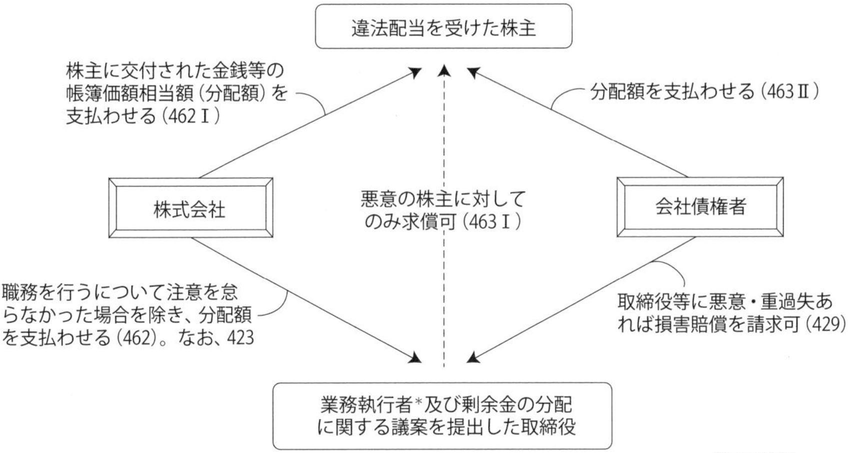

＊　業務執行者は、期末に欠損が生じた場合、会社に対して欠損補填責任を負う（465Ⅰ本文）。H23-39-4

『第１編第９章（定款の変更）には、登載基準を満たすフル問題がありません。』

CORE TRAINING

□□□　譲渡による株式の取得について会社の承認を要する旨の定款の定めは、株主総会の特別決議により、廃止することができる。H26-42-ウ	➡ 466、309Ⅱ⑪　1❷	○
□□□　会社が複数種類の株式を発行している場合に、一定の事項についての定款変更がある種類の株主に損害を与えるようなときは、その種類の株主による総会の承認決議が必要である。オリジナル①	➡ 322Ⅰ　1❹ i	○
□□□　公開会社でない株式会社が定款を変更して公開会社となる場合には、当該定款の変更後の発行可能株式総数は、当該定款の変更が効力を生じた時における発行済株式総数の４倍を超えることができない。オリジナル②	➡ 113Ⅲ②　1❹ ii	○

CORE PLUS

1 定款変更のまとめ

<table>
<tr><td>❶ 定款変更の意義</td><td colspan="3">会社の組織・活動に関する根本規則である実質的意義における定款の内容の変更をいう</td></tr>
<tr><td rowspan="4">❷ 定款変更の手続
H26-42-ウ</td><td>原則</td><td colspan="2">株主総会の特別決議（466、309Ⅱ⑪）</td></tr>
<tr><td rowspan="3">例外</td><td>株主全員の同意</td><td>○株式の取得条項の追加、変更（110）
○特定の株主からの自己株式取得の際の他の株主の売主追加請求権を排除する規定の追加、変更（164Ⅱ）</td></tr>
<tr><td>株主総会の特殊決議</td><td>譲渡制限条項の付与（309Ⅲ①）</td></tr>
<tr><td>取締役会の決議（取締役の決定）</td><td>○単元株式数の減少・廃止（195Ⅰ）
○株式分割の際の発行可能株式総数の増加（184Ⅱ）</td></tr>
<tr><td>❸ 内　　容</td><td colspan="3">絶対的記載事項、相対的記載事項、任意的記載事項</td></tr>
<tr><td>❹ 留　意　点</td><td colspan="3">i　会社が複数種類の株式を発行している場合に、一定の事項についての定款変更が、ある種類の株主に損害を与えるようなときは、その種類の株主による総会の承認決議が必要である（322Ⅰ）オリジナル①
ii　株式会社が定款を変更して公開会社となる場合には、当該定款の変更後の発行可能株式総数は、当該定款の変更が効力を生じた時における発行済株式総数の４倍を超えることができない（113Ⅲ②）オリジナル②</td></tr>
</table>

［第１編第10章（解散・清算）には、登載基準を満たすフル問題がありません。］

CORE TRAINING

□□□ 定款で定めた存続期間の満了は、会社法が規定する株式会社の解散事由である。 オリジナル	➡ 471① 1 ❶ i	○
□□□ 株式会社は、株主総会の決議によって解散した時に消滅する。 予R4-26-オ	➡ 解散後に行われる清算・破産手続の結了の時に消滅する（476参照） 1 ❷ ii	×
□□□ 清算株式会社の清算人については、定款で定める者及び株主総会の決議によって選任された者がいない場合には、当該会社に取締役がいるときであっても、利害関係人の申立てにより、裁判所が選任する。 予R4-26-ア	➡ 478 I ①、II。取締役がいる場合、取締役が清算人となる 2	×

CORE PLUS

1 解散事由と効果

❶ 解散事由（471条各号）	i 定款で定めた存続期間の満了 オリジナル ii 定款で定めた解散事由の発生 iii 株主総会の特別決議（309 II ⑪）	iv 合併 v 破産手続開始の決定 vi 解散を命ずる裁判
❷ 解散の効果	i 株式会社は、合併及び破産手続開始の決定により解散した場合であって当該破産手続が終了していない場合を除いて、清算をしなければならない（475①） ii また、清算をする株式会社は、清算の目的の範囲内において、清算が結了するまではなお存続するものとみなす（476） 予R4-26-オ iii なお、株式会社がいったん解散しても、一定の場合には、清算を結了するまで、株式会社の決議（特別決議）によって、株式会社を継続することができる（473）	

2 清算人となる者

原則	○ i 取締役[*1]（478 I ①）、ii 定款で定める者（478 I ②）、iii 株主総会決議によって選任された者（478 I ③） ○上記 i から iii までがいない場合、裁判所が選任をする[*2]（478 II） 予R4-26-ア
例外	○会社の解散命令（824 I ）又は会社の解散の訴え（833 I ）の規定による会社の解散を命ずる判決によって会社が解散する場合（471⑥）は、478 I 、II の規定にかかわらず裁判所が選任する[*2]（478 III） ○設立無効の訴え又は株式移転無効の訴えが認容された場合に該当する清算株式会社は、478 I 、II の規定にかかわらず裁判所が選任する[*2]（478 IV）

＊1 監査役を置かなければならない（477IV）監査等委員会設置会社であった清算株式会社について、監査等委員であった取締役は、清算人ではなく監査役となる（477V）。また、監査役を置かなければならない（477IV）指名委員会等設置会社であった清算株式会社について、監査委員であった取締役は、清算人ではなく監査役となる（477VI）。

＊2 478条２項及び４項の場合における清算人の選任には、利害関係人の申立てが必要になる（478II、IV）。一方、478条３項の場合における清算人の選任には、利害関係者の申立てだけでなく、法務大臣の申立て又は裁判所の職権により行うことができる（478III）。

CORE TRAINING

□□□　清算人は、清算株式会社の財産がその債務を完済するのに足りないことが明らかになったときは、直ちに破産手続開始の申立てをしなければならない。予R4-26-イ	➡ 484Ⅰ	○
□□□　清算人は、清算人会の承認を受けた決算報告を株主総会に提出してその承認を受けた場合には、その職務の執行に関し不正の行為があったときを除き、任務を怠ったことによる損害賠償の責任を免除されたものとみなされる。予R4-26-ウ	➡ 507Ⅳ	○
□□□　代表清算人は、清算株式会社の本店の所在地における清算結了の登記の時から10年間、当該会社の帳簿を保存しなければならない。予R4-26-エ	➡ 489Ⅶ①、508Ⅰ 3 ❹ iii	○

CORE PLUS

3 清算手続の流れ（通常清算）

❶ 解散	継続中の事務、及び取引関係の完結（現務の結了。481①）
❷ 債権取立・債務弁済（481②）	会社債権者に対する官報による公告、及び知れている債権者への催告（499） ↓ 申し出た債権者と知れている債権者に弁済 →それ以外の債権者は清算から除斥（503Ⅰ）
❸ 株主に、株式数に応じ残余財産を分配（481③。手続は504から506までに規定）	原則：債務の弁済が終了している必要あり（502本文） 例外：債務の存否・額に争いがある場合は、弁済に必要な財産を留保したうえで分配できる（502ただし書）
❹ 清算の結了	i　清算事務が終了したときは、遅滞なく、法務省令（会社則150）で定めるところにより、決算報告を作成（507Ⅰ） ii　決算報告を株主総会に提出し、その承認を求める（507Ⅲ。登記につき929①） iii　帳簿資料の保存（508Ⅰ）予R4-26-エ

4 清算株式会社の機関

❶ 清算人	1人又は2人以上の清算人を置かなければならない（477Ⅰ）
❷ 清算人会	原則：定款の定めがあれば置くことができる（477Ⅱ） 例外：監査役会を置く旨の定款の定めがある場合には置かなければならない（477Ⅲ）
❸ 監査役	原則：定款の定めがあれば置くことができる（477Ⅱ） 例外：475Ⅰ（清算の開始原因）に掲げる場合に該当することとなった時において、清算会社が公開会社又は大会社である場合には監査役を置かなければならない（477Ⅳ）
❹ 監査役会	定款の定めがあれば置くことができる（477Ⅱ）

No. 036

持分会社

予H27-24

□　月　日
□　月　日
□　月　日

持分会社に関する次のアからオまでの各記述のうち、正しいものを組み合わせたものは、後記1から5までのうちどれか。

□□□ ア．法人は、持分会社の社員となることができない。

□□□ イ．社員が無限責任社員又は有限責任社員のいずれかであるかは、定款の絶対的記載事項である。

□□□ ウ．有限責任社員は、信用を出資の目的とすることができる。

□□□ エ．合名会社は、計算書類を作成する必要はない。

□□□ オ．合資会社の有限責任社員が退社したことによりその会社の社員が無限責任社員のみとなったときは、その会社は、合名会社となる定款の変更をしたものとみなされる。

1．ア　ウ　　2．ア　オ　　3．イ　エ　　4．イ　オ　　5．ウ　エ

No. 036　**正解　4**　手が回らない分野であるが、条文知識で正解できる。最低限解説中の条文はおさえよう。　正答率 66.5%

ア　誤り。

法人は、持分会社の社員となることができる。これは、会社法が持分会社における定款の絶対的記載事項として、社員の氏名のほか、「名称」を掲げていること（576条1項4号）及び法人が業務を執行する社員である場合の特則（598条1項）を置いていることからも明らかである。

イ　正しい。

会社法は、**持分会社**における**定款の絶対的記載事項**として、「**社員が無限責任社員又は有限責任社員のいずれであるかの別**」を掲げている（576条1項5号）。これは、持分会社の類型（合名会社、合資会社、合同会社）を決定付ける事項であるからである。

ウ　誤り。

持分会社の有限責任社員が**出資の目的**とすることができるのは、**金銭その他の財産に限られる**（576条1項6号括弧書、151条1項柱書括弧書参照）。これは、有限責任社員は、出資の価格の限度で責任を負うにすぎないため、評価額を定めることができない労務や信用による出資を認めないことにより、会社財産を確保して会社債権者を保護するためである。したがって、信用を出資の目的とすることはできない。

エ　誤り。

持分会社は、法務省令で定めるところにより、各事業年度に係る計算書類（貸借対照表その他持分会社の財産の状況を示すために必要かつ適切なものとして法務省令で定めるものをいう）を作成しなければならない（617条2項）。したがって、持分会社である合名会社（575条1項括弧書）は、計算書類を作成する必要がある。

オ　正しい。

合資会社の有限責任社員が退社したことによりその会社の社員が無限責任社員のみとなったときは、その会社は、合名会社となる定款の変更をしたものとみなされる（639条1項）。これは、合資会社は有限責任社員と無限責任社員から構成される持分会社であるため（576条3項）、その社員が無限責任社員のみとなった場合、合資会社としては存続し得ないところ、そのような場合に、会社を解散しなければならないとすると、清算の目的の範囲のみでしか会社の権利能力が認められず（645条）、残された社員及び会社債権者その他の利害関係人に対して及ぼす影響が大きいことから、合名会社として存続することを認めるものである。

文献　試験対策講座・会社法401、435～437、439、442～445頁

CORE TRAINING

□□□ 合名会社の設立に際して作成した定款は、公証人の認証を受けることを要しない。予H30-23-1	➡ 575Ⅰ、30Ⅰ参照 1 ＊	○
□□□ 合名会社を設立する場合には、当該合名会社の社員になろうとする者は、定款の作成後、合名会社の設立の登記をする時までに、その出資の全部を履行しなければならない。予R2-24-ア	➡ 合名会社に578条のような規制はない 1❷	×
□□□ 合名会社は、会計帳簿及び各事業年度に係る計算書類を作成し、会社法所定の期間保存しなければならない。予R2-24-エ	➡ 615Ⅰ、Ⅱ、617Ⅰ、Ⅱ、Ⅳ	○
□□□ 合名会社の債権者は、当該合名会社の営業時間内は、いつでも、その計算書類の閲覧の請求をすることができる。予H30-23-2	➡ 625、618Ⅰ。合同会社の債権者であれば請求できる	×
□□□ 持分会社の成立後に加入した社員は、その加入前に生じた持分会社の債務については、弁済する責任を負わない。予H28-24-ウ	➡ 605 1❹	×
□□□ 持分会社の社員が死亡した場合にはその相続人が当該社員の持分を承継する旨の定款の定めがあるときは、当該相続人が持分を承継した時に、当該相続人に係る定款の変更をしたものとみなされる。予R3-24-エ、予H28-24-イ	➡ 608Ⅲ、Ⅰ 1❺	○

CORE PLUS

1 合名会社

❶設　立	1人以上の社員になろうとする者が定款を作成し(575)*、登記(912)をすることによって成立する(579)
❷出　資	○全社員は、出資義務を負う。出資の種類を定款で定める(576Ⅰ⑥) ○出資は会社の設立段階で履行される必要はない 予R2-24-ア
❸社員の監視権	業務執行社員を定款で定めた場合、各社員は業務執行権を有しない(591Ⅰ、Ⅱ参照)。しかし、会社の業務及び財産の状況については、裁判所の許可なく、調査することができる(監視権、592Ⅰ)
❹社員の責任	○合名会社の債務について、すべての社員は会社債権者に対して、会社に連帯して直接無限責任を負う(576Ⅱ、580Ⅰ) ○社員は加入前に生じた債務、退社後登記前に生じた債務についても責任を負う(605、612Ⅰ) 予H28-24-ウ
❺持分の相続	社員の死亡は、退社事由であり(607Ⅰ③)、相続人は払戻しを受けるのが原則である。定款で持分の承継を定めた場合には、持分の変動が生じ(608)、相続人が持分を承継した時点で、定款を変更したものとみなされる(608Ⅲ、Ⅰ) 予R3-24-エ、予H28-24-イ

＊ 定款について公証人による認証を受ける必要はない(575Ⅰ、30Ⅰ参照)。予H30-23-1

CORE TRAINING

□□□　持分会社が当該持分会社の持分を取得した場合には、当該持分は、当該持分会社がこれを取得した時に、消滅する。 予R3-24-ウ	➡ 587Ⅱ	○
□□□　新たに合資会社の有限責任社員になろうとする者は、当該有限責任社員の加入に係る定款の変更をした時にその出資に係る払込み又は給付の全部又は一部を履行していないときは、当該払込み又は給付を完了した時に、当該合資会社の有限責任社員となる。 予H30-23-4	➡ 合同会社の社員であれば、この記述は正しい（604Ⅱ、Ⅲ） 2❷	×
□□□　合資会社の無限責任社員は、当該合資会社の財産の状況にかかわらず、連帯して、当該合資会社の債務を弁済する責任を負う。 予H30-23-3	➡ 580Ⅰ各号 2❸	×
□□□　合資会社の有限責任社員は、その責任の限度を誤認させる行為をしたときであっても、出資の範囲を超えて合資会社の債務を弁済する責任を負わない。 予H28-24-オ	➡ 誤認させた責任の範囲内で当該合資会社の債務を弁済する責任を負う（588Ⅱ） 2❹	×
□□□　合資会社の有限責任社員が無限責任社員となった場合には、当該無限責任社員となった者は、その者が無限責任社員となる前に生じた当該合資会社の債務については、無限責任社員としてこれを弁済する責任を負わない。 予R2-24-イ	➡ 583Ⅰ 2❺	×
□□□　合資会社を退社した社員は、その登記をする前に生じた当該合資会社の債務について、従前の責任の範囲内でこれを弁済する責任を負う。 予H28-24-エ	➡ 退社後登記前に生じた債務についても責任を負う（612Ⅰ）	○
□□□　債権者が合資会社の社員の持分を差し押さえたときは、その差押えは、持分の払戻しを請求する権利に対しても、その効力を有する。 予R2-24-ウ	➡ 611Ⅶ	○
□□□　持分会社の無限責任社員は、定款に別段の定めがある場合を除き、他の社員の全員の承諾がなければ、その持分の全部又は一部を他人に譲渡することができない。 予R3-24-イ	➡ 585Ⅰ、Ⅳ 2❻	○

CORE PLUS

2 合資会社

❶ 有限責任社員と無限責任社員	定款及び登記には各社員の責任が有限か無限かを記載しなければならず（576 Ⅰ⑤、913⑥）、有限責任社員については、出資の目的及びその価額並びに既に履行した出資の価額については、出資の目的、価額を登記しなければならない（576 Ⅰ⑥、913⑦）
❷ 社員の加入	○持分会社は社員を加入させることができる（604 Ⅰ） ○社員の加入は、当該社員に係る定款の変更をした時に、その効力を生じる（604 Ⅱ） 予H30-23-4
❸ 無限責任社員の責任	無限責任社員は、次に掲げる場合には、連帯して持分会社の債務を弁済する責任を負う（580 Ⅰ） 予H30-23-3 ○持分会社の財産をもってその債務を完済することができない場合（580 Ⅰ①） ○持分会社の財産に対する強制執行がその功を奏しなかった場合（社員が、当該持分会社に弁済する資力があり、かつ強制執行が容易であることを証明した場合を除く）（580 Ⅰ②）
❹ 有限責任社員の責任	○有限責任社員は、会社債権者に対して直接の責任を負うが、その責任の限度は出資の価額に限定される（580 Ⅱ） ○有限責任社員は、無限責任社員と誤認させる行為をしたときは無限責任社員と同一の責任を（588 Ⅰ）、また、その責任の限度を誤認させる行為をしたときは、誤認させた責任の範囲内で当該合資会社の債務を弁済する責任を負う（588 Ⅱ） 予H28-24-オ
❺ 社員の責任の変更	有限責任社員が無限責任社員となった場合には、当該無限責任社員となった者は、その者が無限責任社員となる前に生じた持分会社の債務についても、無限責任社員としてこれを弁済する責任を負う（583 Ⅰ） 予R2-24-イ
❻ 持分の譲渡	○原則として、他の社員全員の承諾が必要（585 Ⅰ） 予R3-24-イ ○業務執行しない有限責任社員の場合は、業務執行社員全員の承諾で足りる（585 Ⅱ。なお、Ⅲ） →ただし、定款で別段の定めをすることは可能（585 Ⅳ）

CORE TRAINING

□□□ 合同会社においては、業務を執行する社員を定款で定めた場合であっても、社員の全員の氏名又は名称を登記しなければならない。予R3-24-ア、予R1-24-1	➡ 914⑥ 3❶	×
□□□ 合名会社及び合同会社のいずれにおいても、社員は、定款に別段の定めがある場合を除き、会社の業務を執行する。予H24-24-イ	➡ 590Ⅰ 3❷	○
□□□ 合同会社の存続期間を定款で定めた場合であっても、合同会社の社員は、やむを得ない事由があるときは、いつでも退社することができる。予R1-24-4	➡ 606Ⅲ	○
□□□ 合同会社の業務を執行する社員が当該社員以外の社員の全員の承認を受けて自己又は第三者のために当該合同会社の事業の部類に属する取引をしたときであっても、当該取引によって当該業務を執行する社員又は第三者が得た利益の額は、当該合同会社に生じた損害の額と推定される。予R1-24-3	➡ 承認を受けていたならば、推定されない（594Ⅱ、Ⅰ柱書本文） 3❸	×
□□□ 公告方法が官報に掲載する方法である合同会社は、貸借対照表の作成後遅滞なく、当該貸借対照表又はその要旨を公告しなければならない。予R1-24-2	➡ 持分会社に、440条1項のような規定はない	×
□□□ 合同会社が資本金の額を減少する場合には、当該合同会社は、債権者異議手続をとらなければならない。予H30-23-5	➡ 627Ⅰ、Ⅱ 3❹	○
□□□ 合同会社は、その社員の全部を無限責任社員とする定款の変更をすることにより、合名会社となる。予R2-24-オ	➡ 638Ⅲ①	○
□□□ 持分会社は、出資の払戻しを請求するには他の社員の過半数の同意を要する旨の定款の定めを設けることはできない。予R3-24-オ	➡ 624Ⅱ 4❹	×

CORE PLUS

3 合同会社

❶ 成　立	合同会社は914条各号に掲げる事項を登記することによって成立する 予R3-24-ア、予R1-24-1
❷ 業務の執行	社員は、定款に別段の定めがある場合を除き、会社の業務を執行する（590Ⅰ）予H24-24-イ
❸ 業務を執行する社員の責任	○善良な管理者の注意をもって、その職務を行う義務を負う（593Ⅰ） ○業務を執行する社員は、当該社員以外の社員の全員の承認を受けなければ、競業行為をし、又は競合会社の取締役、執行役又は業務を執行する社員となることはできない（594Ⅰ）。594条1項に違反した場合、当該行為によって当該業務を執行する社員又は第三者が得た利益の額は持分会社に生じた損害の額と推定する（594Ⅱ）予R1-24-3
❹ 資本金の額の減少	債権者は、合同会社に対し、資本金の額の減少について異議を述べることができる（627Ⅰ）予H30-23-5

4 株式会社と持分会社の比較

<table>
<tr><th rowspan="2"></th><th colspan="3">持分会社</th><th rowspan="2">ⅳ 株式会社</th></tr>
<tr><th>ⅰ 合名会社</th><th>ⅱ 合資会社</th><th>ⅲ 合同会社</th></tr>
<tr><td>❶ 責任形態</td><td>無限責任
（576Ⅱ）</td><td>無限責任＋
有限責任（576Ⅲ）</td><td>間接有限責任
（576Ⅳ）</td><td>間接有限責任
（104）</td></tr>
<tr><td>❷ 労務・信用の出資</td><td>可</td><td>無限責任社員は可
有限責任社員は不可</td><td>不可</td><td>不可</td></tr>
<tr><td>❸ 持分・株式の譲渡</td><td>他の社員全員の承諾が必要（585Ⅰ）</td><td colspan="2">原則：他の社員全員の承諾が必要（585Ⅰ）
例外：業務執行しない有限責任社員は、業務執行社員の承諾で足りる（585Ⅱ）</td><td>原則：自由（127）</td></tr>
<tr><td>❹ 出資の払戻し</td><td colspan="2">○請求可（624）予R3-24-オ
○退社に伴う持分の払戻し（611）に原則として制限なし</td><td>○原則：不可（632）
○退社に伴う持分の払戻しに制限あり（635、636）</td><td>原則：不可</td></tr>
<tr><td>❺ 剰余金・利益配当</td><td>制限なし</td><td>一定の場合に有限責任社員に配当額相当の金銭支払義務あり（623）</td><td>○利益配当に制限あり（628）
○628条違反の場合に一定の社員に金銭支払義務あり（629、630）</td><td>○分配可能額による制限あり（461）
○461条違反の場合に一定の者に金銭支払義務あり（462）</td></tr>
<tr><td>❻ 社債の発行</td><td colspan="4">可（676、2①参照）</td></tr>
</table>

［第1編第12章（社債）には、登載基準を満たすフル問題がありません。］

CORE TRAINING

01　社債総説

□□□　合同会社は、社債を発行することができる。予R1-24-5	➡ 社債は会社であれば発行でき、合同会社も会社に含まれる（676、2①）[1] ❶ i	○
□□□　株券、新株予約権証券又は社債券の発行されていない株式、新株予約権又は社債（振替株式、振替新株予約権又は振替社債を除く。）の譲渡は、その株式、新株予約権又は社債を取得した者の氏名又は名称及び住所を株主名簿、新株予約権原簿又は社債原簿に記載し、又は記録しなければ、株式会社その他の第三者に対抗することができない。H22-40-2	➡ 130Ⅰ、257Ⅰ、688Ⅰ　[1] ❸ i。cf. 83頁[2] ❷	○

02　社債管理者と社債権者集会

□□□　社債管理者は、社債に係る債権の実現を保全するために必要があるときは、裁判所の許可を得て、裁判上の行為をすることができる。H20-48-エ	➡ 裁判所の許可を得る必要はない（705Ⅰ）　[2] ❶	×
□□□　社債管理者は、社債権者のために、公平かつ誠実に社債の管理を行わなければならない。H20-48-イ	➡ 704Ⅰ（公平・誠実義務）　[2] ❷ i	○

CORE PLUS

1 社債と株式の比較

	i 社　債	ii 株　式
❶ 発行主体	株式会社、合名会社、合資会社、合同会社（676、2①） 予R1-24-5	株式会社（199 Ⅰ）
❷ 発行手続	取締役会設置会社では取締役会決議（362 Ⅳ⑤）、非取締役会設置会社では株主総会決議又は取締役限りでの決定	公開会社においては取締役会決議（201 Ⅰ、199 Ⅱ）、それ以外の場合は株主総会決議（199 Ⅱ、309 Ⅱ⑤）
❸ 譲渡対抗要件	社債原簿への記載・記録（688 Ⅰ） H22-40-2	株主名簿への記載・記録（130 Ⅰ）
❹ 経営参与権	なし	議決権（105 Ⅰ③、各種監督是正権）
❺ 経済的側面	会社の利益の有無を問わず、一定の利息の支払を請求できる（676③参照）	株式会社に剰余金がある場合のみ、配当を受けられる（453、461参照）
❻ 会社財産の分配・弁済	通常の債権者と同一順位で弁済を受ける	一般債権者・社債権者に劣後して残余財産の分配を受けるのみ（502本文）
❼ 権利の内容	社債発行契約により定まる	株主平等原則（109 Ⅰ）
❽ 団体的行動	社債管理者制度・社債管理補助者制度・社債権者集会制度	団体的活動を予定しない（各株主は、個人の資格で会社に訴え）

2 社債管理者の権限・義務・責任

❶ 権限	社債管理者は、社債権者のために社債に係る債権の弁済を受け、又は社債に係る債権の実現を保全するために必要な一切の裁判上又は裁判外の行為をする権限を有する（705 Ⅰ） H20-48-エ
❷ 義務	i 社債管理者は、社債権者のために、公平かつ誠実に社債の管理を行わなければならない（公平・誠実義務、704 Ⅰ） H20-48-イ ii 社債権者に対し、善良な管理者の注意をもって社債の管理を行わなければならない（善管注意義務、704 Ⅱ）
❸ 責任	i 社債管理者は、会社法又は社債権者集会の決議に違反する行為をしたときは、社債権者に対し、連帯して、これによって生じた損害を賠償する責任を負う（710 Ⅰ） ii 社債発行会社が社債の償還利息の支払を怠り、若しくは社債発行会社について支払の停止があった後又はその前 3 か月以内に、710条 2 項各号の行為をしたときは、社債権者に対し、損害を賠償する責任を負う（710 Ⅱ本文）*

＊　過失責任（710Ⅱただし書）。

12章 社債

CORE TRAINING

□□□　社債権者集会における決議が効力を生じるためには、裁判所の認可は不要である。 オリジナル

➡ 734 I　3 ❺ a　×

CORE PLUS

3 社債権者集会と株主総会の比較

	a 社債権者集会	b 株主総会
❶ 決議事項	法律に規定がある事項のほか、社債権者の利害に関する事項（716）	会社法に規定する事項及び組織、運営その他株式会社に関する一切の事項（取締役会設置会社においては、会社法及び定款記載事項）（295 I 、II）
❷ 招集手続	無記名式社債券発行の場合は、通知に加え（720 I ）、集会の3週間前までに公告する必要あり（720 IV、V）	招集通知（299 I ）で足りる
❸ 決議の定足数	制限なし ただし、特別決議事項の可決には社債権者の議決権総数の 5 分の 1 以上の出席が必要（724 II）	定款に定めない限り、議決権を行使することができる株主の議決権の過半数を有する株主の出席が必要 （309 I 、II。ただし、III、IV）
❹ 議決権の数	所有する種類の社債の金額に応じた議決権（723 I ）	原則として 1 株 1 議決権 （308 I 本文）
❺ 決議の効力	裁判所の認可を経て発生（734 I ） オリジナル	当然に生じる
❻ 決議取消し、無効・不存在確認の訴え	なし	あり（830、831）

No. 037

吸収合併と事業譲渡の異同

H24-47

□　月　日
□　月　日
□　月　日

株式会社を消滅会社とする吸収合併と株式会社を譲渡会社とする事業譲渡に関する次のアからオまでの各記述のうち、正しいものを組み合わせたものは、後記１から５までのうちどれか。

□□□ ア．吸収合併及び事業譲渡のいずれにおいても、その相手方は、会社でなければならない。

□□□ イ．吸収合併の場合には、消滅会社はそれによって当然に解散するが、事業譲渡の場合には、譲渡会社はその事業の全部を譲渡してもそれによって当然には解散しない。

□□□ ウ．吸収合併の場合には、合併対価として交付される財産の種類は限定されないが、事業譲渡の場合には、事業の対価として交付される財産の種類は金銭に限られる。

□□□ エ．吸収合併の場合には、消滅会社の債務は個々の債権者の同意なくして存続会社に承継されるが、事業譲渡の場合には、譲渡の相手方が譲渡会社の債務を免責的に引き受けるためには、個々の債権者の同意を得なければならない。

□□□ オ．吸収合併及び事業譲渡は、いずれも、訴えによらなければその無効を主張することができない。

１．アウ　　２．アオ　　３．イエ　　４．イオ　　５．ウエ

No. 037　**正解 3**　吸収合併と事業譲渡の本質的な違いを述べた記述イ・エの知識を、まずは記憶しよう。　正答率 85.4%

ア　誤り。

吸収合併は、会社が他の会社とする合併であって、合併により**消滅する会社の権利義務の全部を**合併後**存続する会社に承継**させるものであるため（2条27号）、その相手方は会社でなければならない。これに対して、事業譲渡は、会社が取引行為として、事業を他人に譲渡するものであるため、その相手方は必ずしも会社に限られない。

イ　正しい。　類 予R4-23-イ

吸収合併の場合には、吸収合併**消滅会社**はそれによって**当然に解散**する（471条4号）。これに対して、**事業譲渡**の場合には、**譲渡会社**は、事業目的を変更して**事業を継続**することが**でき**、また、当該譲渡に伴って**解散するにしても**、そのためには**解散決議**が**必要**であるため（309条2項11号、471条3号）、**当然に解散するというわけではない**。

ウ　誤り。　類 予R4-23-オ

吸収合併の対価として交付する財産の種類は、金銭等（金銭その他の財産をいう）であればよく（749条1項2号、151条1項柱書括弧書参照）、特に制限はない。そして、事業譲渡の対価として交付する財産の種類についても、特に制限はない。

エ　正しい。

吸収合併の場合、吸収合併消滅会社の権利義務の全部が包括的に吸収合併存続会社に移転するため（2条27号参照）、吸収合併**消滅会社の債務**は、**個々の債権者の同意なく**して、**当然に**吸収合併**存続会社に承継**される。これに対して、**事業譲渡の場合**には、譲渡会社が当該事業に関して有する権利・義務につき、権利は相手方に譲渡し、義務（債務）については相手方がこれを引き受けるという、通常の取引行為が一括して行われているにすぎないため、民法472条3項に従い、譲渡の相手方が**譲渡会社の債務を免責的に引き受けるためには、個々の債権者の同意**を**得なければならない**。

オ　誤り。　類 予R4-23-ウ

吸収合併は、**訴えによらなければ**その**無効**を**主張**することが**できない**（会社828条1項7号）。これに対して、通常の取引行為にすぎない事業譲渡については、そのような制約はなく、訴えによらなくとも、その無効を主張することができる。

文献　試験対策講座・会社法467、469、472、483、486頁

No. 038

反対株主の株式買取請求権

H26-49 改題

□ 月 日
□ 月 日
□ 月 日

組織再編行為に係る契約又は計画が株主総会において承認された場合には、反対株主に、自己の有する株式を公正な価格で買い取ることを会社に請求する権利が認められている。この反対株主の株式買取請求権に関する次のアからオまでの各記述のうち、正しいものを組み合わせたものは、後記1から5までのうちどれか。

□□□ ア．株式買取請求権は、組織再編行為に無効原因がない場合にも認められる。

□□□ イ．当事者の申立てにより、裁判所が株式の価格について決定をした場合、会社は、当該決定より前に自らが公正な価格と認める額の支払をしたときを除き、裁判所の決定した価格に加え、これに対する当該決定の確定後の法定利率により算定した利息をも支払わなければならない。

□□□ ウ．組織再編行為に係る契約又は計画を承認する株主総会において議決権を行使することができない株主には、株式買取請求権は認められない。

□□□ エ．株式買取請求権を行使した株主は、いつでも、会社の承諾を得ることなく、その株式買取請求を撤回することができる。

□□□ オ．株式買取請求権が認められる趣旨は、判例によれば、反対株主に会社からの退出の機会を与えるとともに、退出を選択した株主には、組織再編行為がされなかったとした場合と経済的に同等の状態を確保し、さらに、組織再編による相乗効果その他の企業価値の増加が生ずる場合には、これを適切に分配し得るものとすることにより、反対株主の利益を一定の範囲で保障することにある。

1．ア　エ　　2．ア　オ　　3．イ　ウ　　4．イ　エ　　5．ウ　オ

No. 038　正解 2　株式買取請求について、その趣旨及び手続を正確に理解しよう。　正答率 95.6%

ア　正しい。

組織再編における反対株主の株式買取請求権は、株主に投下資本の回収の機会を付与するために認められたものであり、組織再編行為に無効原因があるか否かを問わずに認められる。

イ　誤り。

株式買取請求があった場合、当事者の申立てにより、裁判所が株式の価格について決定をしたときは、会社は、当該決定より前に自らが公正な価格と認める額の支払をしたとき（786条5項、798条5項、807条5項、816条の7第5項）を除き、裁判所の決定した価格に加えて、①吸収型組織再編（吸収合併・吸収分割・株式交換）及び株式交付の場合にはその効力発生日から、②新設型組織再編（新設合併・新設分割・株式移転）の場合には設立会社の成立の日から、それぞれ60日を経過した後の法定利率により算定した利息をも支払わなければならない（786条4項、798条4項、807条4項、816条の7第4項）。したがって、いずれの場合でも、会社が支払うべき利息が発生するのは、裁判所による価格の決定の確定後からではない。

ウ　誤り。

組織再編において、株式買取請求権を行使することのできる「反対株主」とは、組織再編をするために株主総会の決議を要する場合には、①当該株主総会に先立って組織再編に反対する旨を会社に対し通知し、かつ、当該株主総会において組織再編に反対した株主（785条2項1号イ、797条2項1号イ、806条2項1号、816条の6第2項1号イ）及び②当該株主総会において議決権を行使することができない株主（785条2項1号ロ、797条2項1号ロ、806条2項2号、816条の6第2項1号ロ）をいう。

エ　誤り。

株式買取請求権を行使した株主が、その株式買取請求を撤回するには、会社の承諾を得なければならない（785条7項、797条7項、806条7項、816条の6第7項）。これは、とりあえず買取請求を行っておきながら株価が上昇した時にはそれを撤回し、株式を市場などで売却するといった株主の機会主義的行動を抑える趣旨である。

オ　正しい。

判例は、株式買取請求権の趣旨は、反対株主に会社からの退出の機会を与えると共に、退出を選択した株主には、組織再編行為がされなかったとした場合と経済的に同等の状態を確保し、さらに、組織再編による相乗効果その他の企業価値の増加が生ずる場合には、これを適切に分配し得るものとすることにより、反対株主の利益を一定の範囲で保障することにあるとしている（最決平23.4.19百選84事件）。

文献　試験対策講座・会社法477、479、480～482、488、495、496頁

No. 039

吸収分割

H22-48

□　月　日
□　月　日
□　月　日

吸収分割に関する次の1から5までの各記述のうち、正しいものはどれか。

□□□ 1．吸収分割株式会社は、その事業に関して有する権利義務の全部を吸収分割承継株式会社に承継させた場合には、吸収分割がその効力を生ずる日に解散したものとみなされる。

□□□ 2．吸収分割株式会社の反対株主は、吸収分割株式会社に対し、会社法所定の手続に従って、自己の有する株式を公正な価格で買い取ることを請求することができるが、吸収分割の無効の訴えを提起することはできない。

□□□ 3．吸収分割承継株式会社が吸収分割株式会社の特別支配会社であるいわゆる略式分割においては、当該略式分割が法令又は定款に違反する場合であって、吸収分割株式会社の株主が不利益を受けるおそれがあるときであっても、当該株主は、当該吸収分割株式会社に対し、当該略式分割をやめることを請求することができない。

□□□ 4．吸収分割の無効は、吸収分割の効力が生じた日から6か月以内に、吸収分割の無効の訴えをもってのみ、主張することができる。

□□□ 5．吸収分割は、吸収分割の無効の訴えに係る請求を認容する判決が確定したときには、吸収分割の効力が生じた日にさかのぼってその効力を失う。

No.
039
正解 4

記述2・3は分割の効力発生前に、記述4・5はその効力発生後に、採り得る手段であることを意識しよう。

正答率
81.5%

1　誤り。

吸収分割株式会社は、その事業に関して有する権利義務の全部を吸収分割承継株式会社に承継させた場合であっても、新たな事業を開始することができ、また、当該**分割に伴って**解散するにしても、そのためには**解散決議が必要**である（309条2項11号、471条3号）。したがって、本記述の場合でも、吸収分割会社が解散したものとみなされることはない。

2　誤り。

吸収分割をする場合、原則として、吸収分割株式会社の反対株主は、当該吸収分割株式会社に対し、自己の有する株式を公正な価格で買い取ることを請求することができる（反対株主の株式買取請求、785条1項柱書）。また、吸収分割株式会社の反対株主（同条2項）は、吸収分割の効力が生じた日において吸収分割契約をした株式会社の株主であった者（828条2項9号）として、吸収分割の無効の訴え（同条1項9号）を提起することができる。

3　誤り。

吸収分割（簡易分割の場合を除く）が法令又は定款に**違反する場合**において、吸収分割株式会社の株主が不利益を受けるおそれがあるときは、**当該株主は**、当該吸収分割株式会社に対し、**吸収分割をやめる**ことを**請求**することが**できる**（784条の2第1号）。とりわけ、略式分割については、株主総会の承認決議が存在せず、株主は株主総会決議取消しの訴えを提起してその効力を争うことができないため、当事会社の株主を保護すべく、平成26年改正前も、差止請求が認められていた。

4　正しい。

吸収分割の**無効**は、吸収分割の**効力が生じた日から6か月以内**に、吸収分割の無効の訴えをもってのみ、主張することができる（828条1項9号）。これは、法的瑕疵がある吸収分割手続を当然に無効とすることで会社分割をめぐる法的安定性が害される事態を予防する趣旨である。

5　誤り。

吸収分割の無効の訴えに係る請求を認容する判決**が確定した場合**、吸収分割は、**将来に向かって**その**効力を失う**（将来効、839条、834条9号）。これは、多くの利害関係者に影響する会社の組織に関する訴えについて、巻き戻しによる取引関係の混乱を防止するため、遡及効を否定したものである。

文献　試験対策講座・会社法488、489、494、495頁

CORE TRAINING

01　組織変更

□□□　合名会社が合同会社となるためには、組織変更計画を作成しなければならない。予H24-24-オ

➡ 743、2㉖参照
1 ※

×

CORE PLUS

1 組織変更

株式会社が法人格の同一性を保ちつつ、その組織を変更することにより合名会社、合資会社、又は合同会社となること、及び、合名会社、合資会社又は合同会社がその組織を変更することにより株式会社となること（2㉖）。

	株式会社から持分会社への組織変更の場合	持分会社から株式会社への組織変更の場合
組織変更計画の作成	必要（743、744Ⅰ）	必要（743、746）
組織変更計画に関する書面を備え置き、株主等への閲覧等に供すること	必要（775Ⅰ、Ⅲ）	不要
総株主・総社員の同意	必要（776Ⅰ）	必要（781Ⅰ本文） ただし、定款で別段の定め可 （781Ⅰただし書）
組織変更をする旨等の通知・公告	必要（776Ⅱ、Ⅲ）	不要
反対する新株予約権者の新株予約権買取請求権	あり（777、778）	なし
債権者の保護手続	あり（779）	あり（781Ⅱ・779）
組織変更の効力発生時期	計画で定めた効力発生日 （745Ⅰ）	同左（747Ⅰ）
組織変更の登記	必要（920）	

※　持分会社内での会社の種類を変更する場合、内部規律は共通であることから、持分会社の種類の変更にすぎず、組織変更には当たらない。したがって、組織変更の手続ではなく、定款変更の手続を経る。予H24-24-オ

CORE TRAINING

02 組織再編行為等

02-1 合併

□□□ 吸収合併等の各当事会社は、いずれも、吸収合併契約等備置開始日から、吸収合併契約等の内容等を記載し、又は記録した書面又は電磁的記録をその本店に備え置かなければならないが、この規律は、株主保護を直接の目的とするものでない。予H28-25-イ	➡ 782Ⅰ、794Ⅰ。左記規律の趣旨は、株主総会の承認決議や株式買取請求権の行使に関する判断資料を提供することで、株主保護を図る点にある	×
□□□ 存続会社は、吸収合併契約締結日から吸収合併の効力発生日までの間、吸収合併契約の内容を記載した書面又は電磁的記録をその本店に備え置かなければならないが、吸収合併の効力発生後はこれらを備え置く必要はない。予R3-25-5	➡ 794Ⅰ。備置き期間は、効力発生日から6か月間である	×
□□□ 公告方法が電子公告である吸収合併消滅株式会社は、吸収合併の債権者異議手続においてしなければならない公告を、官報のほか、電子公告によってするときは、知れている債権者に対する各別の催告をすることを要しない。予H29-26-4	➡ 789Ⅲ [2]＊2	○
□□□ その発行する全部の株式の内容として譲渡による当該株式の取得について株式会社の承認を要する旨の定款の定めを設けた存続会社は、吸収合併に際して消滅会社の株主に対して当該存続会社の株式を交付する場合には、当該株式の数に一株当たり純資産額を乗じて得た額が当該存続会社の純資産額の5分の1を超えないときであっても、株主総会の決議によって、吸収合併契約の承認を受けなければならない。予R3-25-2	➡ 796Ⅱただし書、Ⅰただし書 [2]＊1	○
□□□ 吸収合併に反対する消滅会社の株主であって、当該吸収合併をするための決議をする株主総会において議決権を行使することができる者が、株式買取請求権を行使するには、当該株主総会に先立って当該吸収合併に反対する旨を当該消滅会社に対し通知するとともに、当該株主総会において当該吸収合併に反対しなければならない。予R3-25-1	➡ 785Ⅱ①イ。株主総会に先立つ反対通知と株主総会における反対の議決権行使を要する	○
□□□ 吸収合併消滅株式会社の吸収合併による解散は、吸収合併の登記の後でなければ、これをもって第三者に対抗することができない。H26-50-イ	➡ 750Ⅱ [2]＊3	○

CORE PLUS

2 合併の手続

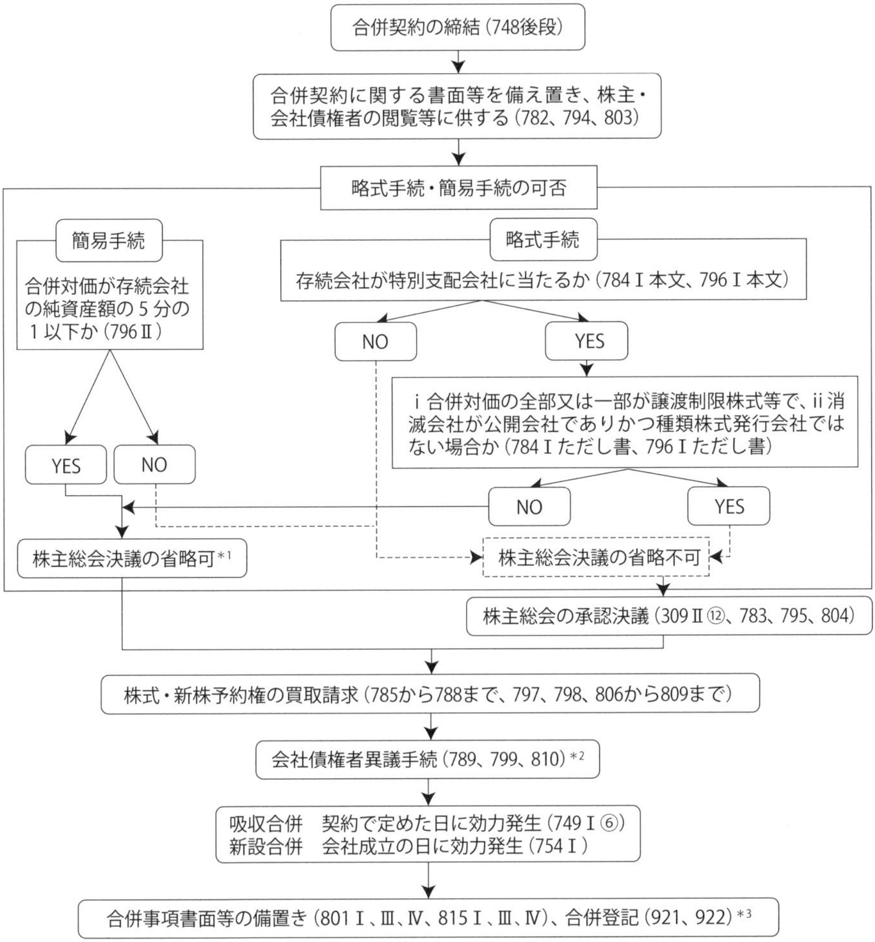

＊1　①合併差損が生じる場合（796Ⅱ柱書ただし書、795Ⅱ①、②）、②消滅会社の株主に存続会社の譲渡制限株式を交付する場合であって、存続会社が公開会社でない場合（796Ⅱ柱書ただし書）、③株主総会省略に反対する株主の通知が一定数に達した場合（796Ⅲ、会社則197）は省略不可。予R3-25-2

＊2　消滅会社は、消滅株式会社等の債権者の全部又は一部が異議を述べることができる場合には、消滅株式会社等は所定の事項を官報に公告し、知れている債権者に各別にこれを催告しなければならない（789Ⅱ）。もっとも、公告の方法を定款で定めている株式会社においては、官報（939Ⅰ①）のほか、時事に関する事項を掲載する日刊新聞紙に掲載（939Ⅰ②）又は電子公告（939Ⅰ③）をすることによって、各別の催告を省略することができる（789Ⅲ）。予H29-26-4

＊3　合併の登記がされるまでの間、消滅会社は第三者の善意、悪意を問わず解散を対抗することができない（750Ⅱ、752Ⅱ。登記の効力に関する一般的規定である908条1項の特則）。H26-50-イ

∵　吸収合併の効果は、登記時ではなく、合併契約で定めた効力発生日に発生するため、効力発生日後に合併の登記がされることになるところ、効力発生日から登記がされるまでの法律関係が不明確になる等の問題を解決するため。

CORE TRAINING

□□□　新設合併設立会社は、その本店の所在地において設立の登記をした日に、新設合併消滅会社の権利義務を承継する。 H26-50-ウ	➡ 49、754 I 3 ❷	○
□□□　吸収合併において、吸収合併消滅株式会社の株主に対して吸収合併存続株式会社の株式を交付しない合併は、認められていない。 H21-48-1	➡ 749 I ②参照 3 ※1	×
□□□　合併により消滅会社の権利義務は存続会社に包括的に承継されるので、消滅会社が発行していた新株予約権を、存続会社が承継しないものとすることはできない。 H19-47-3	➡ 749 I ④参照 3 ※2	×
□□□　吸収合併が法令又は定款に違反する場合であって、消滅会社の株主が不利益を受けるおそれがあるときは、当該消滅会社の株主は、当該消滅会社に対し、当該吸収合併をやめることを請求することができる。 予R3-25-3	➡ 784の2①	○
□□□　吸収合併無効の訴えは、吸収合併の効力が生じた日から6か月以内に提起しなければならない。 予R3-25-4	➡ 828 I ⑦　4 ❷	○
□□□　株式会社を各当事会社とする合併において、合併比率の不公正は合併無効の訴えに係る無効原因とはならないという見解がある。反対株主は、原則として、会社に対し、株式買取請求権を行使することができるという点は、この見解の論拠としてふさわしくない。 予H27-25-ウ	➡ 東京高判平2．1.31（百選89事件） 4 ❶	×
□□□　株式交換の無効の訴えに係る請求を棄却する確定判決は、第三者に対してもその効力を有する。 H26-51-エ、予H28-25-オ	➡ 838反対解釈、民訴115 I ① 4 ❸	×

CORE PLUS

3 合併の効力の発生

	権利義務承継時期
❶ 吸収合併	存続会社は、会社債権者異議手続が終了していないとき又は吸収合併を中止したときを除き、合併契約で定めた効力発生日（749 I ⑥）に、消滅会社の権利義務を承継
❷ 新設合併	設立会社は、その本店の所在地において設立の登記をすることによって成立し（49）、その成立の日に、消滅会社の権利義務を承継（754 I） H26-50-ウ

※1　吸収合併の対価として吸収合併消滅株式会社の株主に交付することができる財産については、特に制限がなく、吸収合併存続株式会社の株式のほか、吸収合併存続株式会社の社債、新株予約権、新株予約権付社債又はこれら以外の財産を交付することもできる（749 I ②参照）。 H21-48-1

※2　消滅会社が新株予約権を発行している場合、当該新株予約権者に対し、当該新株予約権に代えて、存続会社・新設会社が交付する新株予約権、新株予約権付社債、又は金銭を交付することが認められている（749 I ④参照）。 H19-47-3

4 合併の無効

<table>
<tr><td>❶ 無効事由</td><td colspan="2">明文の規定なし（取引安全の見地から重大な瑕疵に限られると解釈）
→合併比率の不公正が無効事由となるかにつき、合併契約の承認決議に反対した株主は、株式買取請求権（785 I、797 I、806 I）を行使できるので、無効事由とならないとした裁判例あり（東京高判平2. 1. 31百選89事件） 予H27-25-ウ
ただし、株主総会の合併承認決議において、特別利害関係を有する株主が議決権を行使したために著しく不公正な合併比率が承認された場合には、決議取消事由となり（831 I ③）、その瑕疵が合併無効事由となると解することができる（多数説）</td></tr>
<tr><td rowspan="4">❷ 無効の訴え</td><td>提訴権者</td><td>吸収・新設合併の効力が生じた日において吸収・新設合併をする会社の株主等若しくは社員等であった者、又は吸収存続する会社・新設合併により設立する会社の株主等、社員等、破産管財人若しくは吸収・新設合併について承認しなかった債権者（828 II ⑦、⑧）</td></tr>
<tr><td>提訴期間</td><td>効力発生日から 6 か月（828 I ⑦、⑧）、株主総会決議の取消事由に基づくときは決議後 3 か月（831 I 参照） 予R3-25-4</td></tr>
<tr><td>被告</td><td>存続会社又は新設会社（834⑦、⑧）</td></tr>
<tr><td colspan="2">専属管轄、担保提供命令、弁論等の必要的併合、原告が敗訴した場合に悪意又は重過失があったときの賠償責任については、他の「会社の組織に関する訴え」の場合と同様（835から837まで、846）</td></tr>
<tr><td>❸ 無効判決の効果</td><td colspan="2">吸収合併等の無効の訴えの請求認容判決について、対世効（838）及び将来効（839）
→請求棄却判決については、当事者に対してのみその効力を有する（838反対解釈、民訴115 I ①） H26-51-エ、予H28-25-オ</td></tr>
</table>

CORE TRAINING

□□□　吸収合併及び事業譲渡は、いずれも、株主総会の決議によって吸収合併契約又は事業譲渡契約の承認を受けることを要しない場合がある。予R4-23-ア	➡ 468 Ⅰ Ⅱ、784 Ⅰ Ⅱ　5	○
□□□　吸収合併及び事業譲渡は、いずれも、吸収合併契約又は事業譲渡契約において、会社法所定の事項を定めなければならない。予R4-23-エ	➡ 事業譲渡は不要 5 ❺	×

CORE PLUS

5 吸収合併等と事業譲渡

		i 吸収合併等（782 Ⅰ）	ii 事業譲渡
共通点	○事業用財産の重要な部分の移転を生じさせるものである ○原則として株主総会の特別決議が必要（467 Ⅰ、309 Ⅱ⑪、783 Ⅰ、795 Ⅰ、309 Ⅱ⑫。ただし、309 Ⅲ②） ○例外的に、略式手続・簡易手続の場合は、株主総会の決議によって承認を受けることを要しない（468 Ⅰ、Ⅱ、784 Ⅰ、Ⅱ、796 Ⅰ、Ⅱ） 予R4-23-ア ○反対株主は株式買取請求権を有する（469[*1]、785、797[*2]）		
相違点	❶ 法的性質	組織法上の契約	私法上の債権契約
	❷ 財産の移転	消滅株式会社等（782 Ⅰ）の財産が包括的に移転（個々の財産の移転手続・対抗要件は不要）	契約で定めた範囲の財産が個別に移転（個々の財産の移転手続・対抗要件が必要）
	❸ 会社・株主への影響	○吸収合併契約における吸収合併消滅会社は、法律上当然に解散・消滅（471④）[*3] ○消滅株式会社等の株主は、存続株式会社等（794 Ⅰ）から組織再編の対価の交付を受ける（749 Ⅰ②、③、758④、768 Ⅰ②、③）	譲渡会社は、事業の全部譲渡の場合でも当然には解散しない
	❹ 契約に関する書面等の作成	必要 （782、794）	不要
	❺ 契約・計画の必要的記載事項 予R4-23-エ	あり（749 Ⅰ、758、768 Ⅰ）	なし
	❻ 差止請求権	あり（784の 2、796の 2） ただし、簡易組織再編の場合には差止請求をすることができない（784の 2 柱書ただし書、796の 2 柱書ただし書）	なし
	❼ 債権者異議手続	あり（789、799）	なし
	❽ 存続株式会社等の株式が組織再編対価とされる場合の検査役の調査	不要 （吸収合併等の場合は、両当事会社において株主総会特別決議が必要とされ、組織再編対価の評価が不正になされる現象が生じにくいと考えられるため）	必要 （207。譲渡会社は、事業の譲渡という現物出資によって新株発行を受けることになるため）
	❾ 無効・取消しの主張に対する制限	無効の訴えによる必要、かつ、提訴期間・提訴権者の制限あり（828 Ⅰ⑦、⑨、⑪、Ⅱ⑦、⑨、⑪）	民法の一般原則に従ってなし得る

＊1　譲受会社の株主には、事業の全部の譲受け（467 Ⅰ③）に当たらない限り、株式買取請求権は認められない。仮に、事業の全部の譲受けに当たる場合でも、簡易事業譲受けに当たる場合は（468 Ⅱ）、株式買取請求権は認められない（469 Ⅰ②）。

＊2　簡易手続の場合と、略式手続における特別支配株主については、株式買取請求権は認められない（469 Ⅰ②、797 Ⅰただし書、469 Ⅱ②、785 Ⅰ②、Ⅱ②、797 Ⅱ②）。

＊3　吸収分割では会社が解散するわけではないので、対応する規定はない。

CORE TRAINING

02-2　会社分割

□□□　株式会社の新設分割に関して、分割会社の債権者が債権者異議手続に従って新設分割について異議を述べた場合でも、新設分割をしてもその債権者を害するおそれがないときは、会社は、その債権者に対し、弁済し、若しくは相当の担保を提供し、又はその債権者に弁済を受けさせることを目的として信託会社等に相当の財産を信託することを要しない。 H23-49-イ

➡ 810Ⅴただし書
6 ＊2

○

□□□　株式会社の新設分割に関して、設立会社においては、新設分割計画の定めに従って、創立総会を招集しなければならない。 H23-49-ウ

➡ 814Ⅰ、65Ⅰ
6 ※

×

□□□　同一の不動産について、その差押えと吸収分割による権利義務の承継との間の優劣は、不動産の差押えの登記の時と吸収分割承継株式会社が吸収分割の登記をした時の先後で決する。 H26-50-エ

➡ 923参照、民177
6 ＊3

×

CORE PLUS

6 会社分割の手続（承継会社あるいは新設会社が株式会社である場合。合同会社である場合も同様。略式・簡易分割については 7 を参照）

❶ 吸収分割契約の締結（757後段）又は新設分割計画の作成（762）
❷ 吸収分割契約、新設分割計画に関する書面等の備置き、株主及び会社債権者の閲覧等（782、794、803）
❸ 株主総会の特別決議による承認を得る（783 Ⅰ、804 Ⅰ、309 Ⅱ⑫）
❹ 反対株主に会社分割をする旨等を通知、公告（785 Ⅲ、Ⅳ、797 Ⅲ、Ⅳ、806 Ⅲ、Ⅳ、787 Ⅲ、Ⅳ、808 Ⅲ、Ⅳ）
❺ 反対株主、一定の新株予約権者に公正な価格での買取請求権が認められる（785、797、806、787、808）
❻ 会社債権者の異議手続（789、799、810）＊1、＊2
❼ 吸収分割→分割契約で定めた効力発生日に効力発生（758⑦） 新設分割→新設会社の成立の日（設立登記の日）に効力発生（764 Ⅰ）
❽ 分割事項書面等の備置き、株主及び会社債権者等の閲覧等（791、801、811、815）
❾ 登記（923、924）＊3

＊1　会社分割の場合、異議を述べることができる債権者は、分割後、分割会社に対して債務の履行を請求することができない債権者に限られるのが原則である。ただし、分割会社が171条1項の規定により全部取得条項付種類株式（2⑲）を取得し、又は剰余金を配当する場合（758⑧ロ、763 Ⅰ⑫ロ）には、分割会社に債務の履行を請求することができる債権者も異議を述べることができる（789 Ⅰ②、810 Ⅰ②）。

＊2　債権者が債権者異議手続に従って異議を述べたときは、会社は、その債権者に対し、弁済し、若しくは相当の担保を提供し、又はその債権者に弁済を受けさせることを目的として信託会社等に相当の財産を信託しなければならない（789Ⅴ本文、799Ⅴ本文、810Ⅴ本文）。ただし、当該会社分割をしてもその債権者を害するおそれがないときは、この限りでない（789Ⅴただし書、799Ⅴただし書、810Ⅴただし書）。 H23-49-イ

＊3　吸収分割契約には承継の対象財産が必ずしも記載されておらず、利害関係人が備置き・開示された契約書から承継の事実を知ることもできないことなどから、吸収分割による財産の承継については吸収分割の登記（923）は第三者対抗要件とはならない。そこで、同一の不動産に対する差押えと吸収分割承継会社への移転の優劣については、その差押えの登記と吸収分割承継会社への移転登記の先後で決する（民177）。 H26-50-エ

※　新設分割により設立される株式会社の内容については、新設分割計画のなかでその多くが定められることになるため（会社763 Ⅰ参照）、通常の設立について定める会社法第2編第1章（27〔④及び⑤を除く〕、29、31、37Ⅲ、39、47、48、49を除く）の規定は、新設分割設立会社の設立については適用されない（814 Ⅰ）。 H23-49-ウ

CORE TRAINING

□□□　吸収分割承継株式会社が吸収分割株式会社の特別支配会社である場合であっても、一定数の株式を有する当該吸収分割株式会社の株主が吸収分割に反対する旨を当該吸収分割株式会社に対し通知したときは、当該吸収分割株式会社は、株主総会の決議によって、吸収分割契約の承認を受けなければならない。予R1-25-1	➡ 784Ⅰ、783Ⅰ 7 ❶ i a	×
□□□　吸収分割により吸収分割承継株式会社に承継させる資産の帳簿価額の合計額が吸収分割株式会社の総資産額の５分の１を超えない場合であっても、一定数の株式を有する当該吸収分割株式会社の株主が当該吸収分割に反対する旨を当該吸収分割株式会社に対し通知したときは、当該吸収分割株式会社は、株主総会の決議によって、吸収分割契約の承認を受けなければならない。予R1-25-2	➡ 784Ⅱ、783Ⅰ 7 ❷ i a	×
□□□　吸収分割により吸収分割承継株式会社に承継させる資産の帳簿価額の合計額が吸収分割株式会社の総資産額の５分の１を超えない場合であっても、当該吸収分割株式会社の反対株主は、当該吸収分割株式会社に対し、自己の有する株式を公正な価格で買い取ることを請求することができる。予R1-25-4	➡ 785Ⅰ②、784Ⅱ 7 ❷ ii a	×
□□□　吸収分割により吸収分割承継株式会社に承継させる資産の帳簿価額の合計額が吸収分割株式会社の総資産額の５分の１を超えない場合には、当該吸収分割後当該吸収分割株式会社に対して債務の履行を請求することができない当該吸収分割株式会社の債権者であっても、当該吸収分割株式会社に対し、当該吸収分割について異議を述べることができない。予R1-25-5	➡ 789Ⅰ② 7 ❷ ii a	×

CORE PLUS

7 略式手続・簡易手続（吸収分割の場合。新設分割についても同様）

<table>
<tr><th></th><th></th><th>a　吸収分割会社</th><th>b　吸収分割承継会社</th></tr>
<tr><td rowspan="2">❶ 略式手続</td><td>i　株主総会の決議</td><td>不要（784Ⅰ本文）
ただし、分割対価の全部又は一部が譲渡制限株式等であり、吸収分割会社が公開会社であり、かつ種類株式発行会社でないときは、決議の省略不可（784Ⅰただし書）予R1-25-1</td><td>不要（796Ⅰ本文）
ただし、吸収分割会社に対して交付する金銭等の全部又は一部が譲渡制限株式であり、承継会社が公開会社でないときは、決議の省略不可（796Ⅰただし書）</td></tr>
<tr><td>ii　利害関係人の保護</td><td colspan="2">反対株主は、吸収分割会社に対し、株式買取請求可能（785、786）
なお、特別支配会社は買取請求権を有しない（797Ⅱ②括弧書）</td></tr>
<tr><td rowspan="3">❷ 簡易手続</td><td>i　株主総会の決議</td><td>不要（784Ⅱ）
予R1-25-2</td><td>不要（796Ⅱ）
ただし、分割会社に対して交付する金銭等の全部又は一部が承継会社の譲渡制限株式であり、承継会社が公開会社でないときは、決議の省略不可（796Ⅱただし書）</td></tr>
<tr><td rowspan="2">ii　利害関係人の保護</td><td>反対株主は、吸収分割会社に対する株式買取請求不可（785Ⅰ②、784Ⅱ）
予R1-25-4</td><td>反対株主は、吸収分割会社に対する株式買取請求不可（797Ⅰただし書、796Ⅱ本文）</td></tr>
<tr><td>吸収分割後当該吸収分割会社に対して債務の履行を請求することができない吸収分割会社の債権者は、吸収分割会社に対し、異議を述べることができる（789Ⅰ②）
予R1-25-5</td><td>債権者は、承継会社に対し、異議を述べることができる（799Ⅰ②）</td></tr>
</table>

CORE TRAINING

02-3　株式交換・株式移転

□□□　合名会社は、株式交換完全親会社となることができないが、合同会社は、株式交換完全親会社となることができる。 予H24-24-ウ	➡ 2㉛、持分会社のうち、株式交換完全親会社となることができるのは、合同会社のみ 8 ❶ i	○
□□□　株式交換完全子会社の株主は、株式交換の登記がされた日に、株式交換完全親会社の株主となる。H26-50-オ	➡ 株式交換完全親会社が株式交換に際して株式交換完全子会社の株主に対してその株式に代わり株式交換完全親会社の株式を交付する旨を定めた場合（768Ⅰ②イ）、株式交換完全子会社の株主は、当該株式交換契約で定めた効力発生日（768Ⅰ⑥）に、株式交換完全親会社の株主となる（769Ⅲ①） 8 ❼ i b	×

CORE PLUS

8 株式交換・株式移転の手続

	i　株式交換	ii　株式移転
❶ 意　義	株式会社がその発行済株式の全部を他の株式会社又は合同会社に取得させること（2 ㉛） 予H24-24-ウ	1 又は 2 以上の株式会社がその発行済株式の全部を新たに設立する株式会社に取得させること（2 ㉜）
❷ 契約締結・計画作成	株式交換契約の締結（767 後段）	株式移転計画の作成（772）
❸ 書面等の備置き	株式交換事項書面等の備置き、完全子会社となる会社の株主及び新株予約権者、完全親会社となる会社の株主、及び一定の会社債権者の閲覧等（782、794）	株式移転事項書面等の備置き、株主及び新株予約権者の閲覧等（803）
❹ 株主総会の承認決議	特別決議による承認（783 Ⅰ、795 Ⅰ、804 Ⅰ、309 Ⅱ⑫。ただし、309 Ⅲ②、③）	
❺ 株式・新株予約権買取請求	株式交換・株式移転をする旨等を通知・公告（785 Ⅲ、Ⅳ、797 Ⅲ、Ⅳ、806 Ⅲ、Ⅳ、808 Ⅲ、Ⅳ、787 Ⅲ、Ⅳ）、反対株主・新株予約権者に公正な価格での買取請求権が認められる（785、787、797、806、808）	
❻ 債権者異議手続	原則、不要（ただし、例外として 789 Ⅰ③、799 Ⅰ③、810 Ⅰ③）	
❼ 効力発生	a　完全親会社は、株式交換契約に定められた効力発生日（768 Ⅰ⑥、770 Ⅰ⑤）に、完全子会社の発行済株式（完全親会社の有する完全子会社の株式を除く）の全部を取得（769 Ⅰ、771 Ⅰ） →譲渡制限株式については、当該完全子会社の承認（137 Ⅰ）があったものとみなされる（769 Ⅱ、771 Ⅱ） b　完全子会社の株主・社員は、効力発生日に、完全親会社の株主・社員となる（769 Ⅲ①、771 Ⅲ）。社債権者も同様（769 Ⅲ②、④、771 Ⅳ） H26-50-オ c　ただし、債権者異議手続が終了していない場合又は株式交換を中止した場合には、これらの効力は生じない（769 Ⅵ、771 Ⅴ）	a　完全親会社は、その成立の日に、完全子会社の発行済株式の全部を取得し（774 Ⅰ）、完全子会社の株主は、完全親会社の成立の日に、その株主となる。また、株式に代わる社債や新株予約権が交付された場合には、完全親会社の成立の日に、社債権者・新株予約権者となる（774 Ⅲ、Ⅳ） b　なお、完全親会社が公開会社の場合には、その設立時発行株式の総数は、発行可能株式総数の 4 分の 1 を下ることができない（814 Ⅰ、37 Ⅲ）
❽ 書面等の備置き	株式交換・株式移転事項書面等を備置き、株主及び会社債権者等の閲覧等（791、801、811、815）	
❾ 登　記		登記（925）

9 株式交付の手続

	株式交付
❶ 意義	株式会社が他の株式会社をその子会社とするために当該他の株式会社の株式を譲り受け、当該株式の譲渡人に対して当該株式の対価として当該株式会社の株式を交付すること（2 ㉜の 2）
❷ 契約締結・計画作成	株式交付計画の作成（774の 2）
❸ 書面等の備置き	株式交付事項書面等の備置き、株式交付親会社の株主の閲覧等（816の 2）
❹ 株主総会の承認決議	特別決議による承認（816の 3 Ⅰ、309 Ⅱ⑫）
❺ 株式・新株予約権買取請求	株式交付をする旨等を通知・公告（816の 6 Ⅲ、Ⅳ）、反対株主に公正な価格での買取請求権が認められる（816の 6）。一方で、新株予約権買取請求権は認められていない。
❻ 債権者異議手続	原則、不要（ただし、例外として816の 8 Ⅰ）
❼ 効力発生	a 株式交付親会社は、株式交付計画に定められた効力発生日（774の 3 Ⅰ⑪）に、給付を受けた株式交付子会社の株式及び新株予約権等を譲り受ける（774の11 Ⅰ） b 株式交付子会社の株式の譲渡人は、効力発生日に、株式交付親会社の株式の株主となる（744の11 Ⅱ） c ただし、効力発生日において、給付を受けた株式交付子会社の株式の総数が株式交付計画で定めた下限に満たない場合等の場合には、譲受人は株式交付親会社の株主とならず、株式交付親会社は、遅滞なく、交付を受けた株式交付子会社の株式又は新株予約権等を譲渡人に返還しなければならない（774の11 Ⅴ、Ⅵ） d 株式交付親会社は、当初の効力発生日から 3 箇月以内の日に、効力発生日を変更することができる（816の 9 Ⅰ、Ⅱ）
❽ 書面等の備置き	株式交付事項書面等の備置き、株主及び会社債権者等の閲覧等（816の10）
❾ 登記	

No. 040

資金調達方法

H23-41

□ 月 日
□ 月 日
□ 月 日

次のアからオまでの発行又は処分のうち、金銭が会社に払い込まれることがないため、資金調達方法となり得ないものを組み合わせたものは、後記１から５までのうちどれか。

□□□ ア．株式無償割当てによる株式の発行

□□□ イ．新株予約権付社債（新株予約権を行使する場合には、必ずその社債が消滅するものに限る。）の発行

□□□ ウ．新株予約権の行使に伴う株式の発行

□□□ エ．自己株式の処分

□□□ オ．取得条項付株式の取得の対価としての株式の発行

１．ア　イ　　２．ア　オ　　３．イ　ウ　　４．ウ　エ　　５．エ　オ

No. 040　正解 2

株式に関する横断的な知識が試される問題である。基本書等を一読しておこう。

正答率 93.5%

ア　なり得ない。

株式無償割当てとは、株主に対して新たに払込みをさせないで株式の割当てをすることであり（185条）、株式の無償割当てを受けた株主は、新たに払込みをすることなく、割り当てられた株式の株主となる（187条1項）。

イ　なり得る。

株式会社が新株予約権付社債を引き受ける者の募集をしようとする場合には、当該新株予約権付社債と引換えに払い込む金銭の額（若しくはその最低金額又はこれらの算定方法）を定めなければならない（238条1項6号、676条9号）。そして、新株予約権を行使する場合に必ずその社債が消滅する、いわゆる転換社債型の新株予約権付社債については、当該新株予約権を行使する際に当然に社債の償還額が新株予約権の行使に際して払い込まれることになる。

ウ　なり得る。

新株予約権の発行そのものは無償ですることができるが（238条1項2号参照）、その行使価額は0であってはならないと解されており、株式会社が新株予約権を発行するときは、当該新株予約権の行使に際して出資される財産の価額又はその算定方法を定めなければならない（236条1項2号）。したがって、新株予約権の行使に伴う株式の発行をした株式会社は、新株予約権の行使に際して出資される財産により資金調達をすることができる。

エ　なり得る。

自己株式の処分については、新株予約権の行使に際し会社が自己株式を交付する場合など法が特に別の処分方法を認めた場合を除き、募集株式の発行と同じ規律（199条から213条の3まで）に服する。したがって、自己株式の処分をした場合も、原則として、新株発行と同様に、会社に対する金銭の払込み等がなされることになるから（199条1項2号、3号、208条1項、2項）、自己株式の処分は資金調達方法となり得る。

オ　なり得ない。

取得条項付株式とは、株式会社がその発行する全部又は一部の株式の内容として当該株式会社が一定の事由が生じたことを条件として当該株式を取得することができる旨の定めを設けている場合における当該株式をいう（2条19号）。種類株式発行会社は、その種類株式1株を取得するのと引換えに株主に対して当該会社の他の株式を交付することができるが（108条2項6号ロ）、当該会社が取得するのは株式であり、株式以外の財産ではない。

文献　試験対策講座・会社法127、163、180、181、196、207、224、225、461、462頁

No. 041

裁判手続

予R3-26

□ 月 日
□ 月 日
□ 月 日

次のアからオまでの各事項に係る裁判手続のうち、訴訟手続ではなく会社法上の非訟事件の手続によるものを組み合わせたものは、後記1から5までのうちどれか。

□□□ ア．株式の発行の差止め

□□□ イ．株式交換において反対株主による株式買取請求権が行使された場合の買取価格決定

□□□ ウ．自己株式の処分の無効

□□□ エ．株主総会の招集手続等に関する検査役の選任

□□□ オ．株式会社の取締役の解任

1．ア ウ　2．ア オ　3．イ ウ　4．イ エ　5．エ オ

No. 041　正解　4　会社法上の各種裁判手続の目的を意識しよう。　正答率 70.6%

非訟事件とは、私人の保護、助成又は監督という国家の目的を達成するために、裁判所が国家機関として有する形成機能を発動して、私人の権利関係の変更に乗り出す事件であり（広島高決昭36．5．26）、終局的に事実を確定し当事者の主張する権利・義務の存否を確定するための訴訟手続によるべき裁判を除く、その余の裁判事件をいう（最大決昭35．7．6憲法百選Ⅱ124事件）。

ア　訴訟手続。

会社法210条は、株式の発行の差止めについて規定しているが、これは当事者間の権利義務の存否を裁判所が確定するものであるから、訴訟手続によるものである。

イ　非訟事件の手続。

786条は、株式交換において反対株主による株式買取請求権が行使された場合の買取価格決定について規定しているが、これは当事者間の権利義務の存否を裁判所が確定するものではなく、裁判所が、その合理的な裁量により株式の公正な買取価格を決定するものであるから（最決平23．4．19会社法百選84事件）、訴訟ではなく非訟に分類される。

ウ　訴訟手続。

自己株式の処分の無効は、会社の組織に関する無効の訴えの一種であり（828条1項3号）、訴訟手続によるものである。

エ　非訟事件の手続。

306条は、株主総会の招集手続等に関する検査役の選任について規定しているが、これは会社法上の非訟事件の手続によるものとされている。

オ　訴訟手続。

株式会社の取締役の解任については、訴えをもって請求することができる（解任の訴え、854条1項）。

文献　試験対策講座・会社法212、263、282、481、482、496頁

No. 042

登記事項

予R5-26

□ 月 日
□ 月 日
□ 月 日

株式会社に関する次のアからオまでの各事項のうち、登記することを要しないものを組み合わせたものは、後記1から5までのうちどれか。

□□□ ア．発行可能株式総数

□□□ イ．取締役の個人別の報酬等の内容についての決定に関する方針

□□□ ウ．代表取締役（指名委員会設置会社であるときは代表執行役）の氏名及び住所

□□□ エ．会計監査人設置会社の会計監査人の氏名又は名称

□□□ オ．親会社の名称

1．ア　イ　　2．ア　エ　　3．イ　オ　　4．ウ　エ　　5．ウ　オ

No. 042　正解 3

登記事項に関する問題は条文知識で解けるため、条文に目を通しておこう。

正答率 79.7%

ア　登記を要する。

発行可能株式総数は、登記事項である（911条３項６号）。

イ　登記を要しない。

取締役の個人別の報酬等の内容についての決定に関する方針は、登記事項ではない（911条３項各号参照）。

ウ　登記を要する。

代表取締役（指名委員会設置会社であるときは代表執行役）の**氏名及び住所**は、**登記事項**である（911条３項14号、同項23号ハ）。

エ　登記を要する。

会計監査人設置会社の会計監査人の氏名又は名称は、登記事項である（911条３項19号）。

オ　登記を要しない。

親会社の名称は、登記事項ではない（911条３項各号参照）。

文献　試験対策講座・会社法86頁

第2編

商法 手形法・小切手法

No. 043

個人商人

予H27-27

□ 月 日
□ 月 日
□ 月 日

個人商人（小商人に当たる者を除く。）に関する次のアからオまでの各記述のうち、正しいものを組み合わせたものは、後記１から５までのうちどれか。

□□□ ア．未成年者は、商人となることができない。

□□□ イ．商人は、複数の商号を登記することができない。

□□□ ウ．商人は、営業とともにする場合でなければ、商号を譲渡することができない。

□□□ エ．登記した商号の譲渡は、その登記をしなければ、第三者に対抗することができない。

□□□ オ．商人は、その営業のために使用する財産について、適時に、正確な会計帳簿及び貸借対照表を作成しなければならない。

１．ア　イ　　２．ア　エ　　３．イ　ウ　　４．ウ　オ　　５．エ　オ

No. 043　正解　5　商号に関する条文知識はしっかりと確認しよう。特に商法15条は重要である。　正答率 66.8%

ア　誤り。

一種又は数種の営業を許された未成年者は、その営業に関しては、成年者と同一の行為能力を有する（民6条1項）。そして、この許可を受けた未成年者が、自己の名をもって商行為（商501条、502条、503条）をするなど、商法4条に規定する営業をするときには、その未成年者は商人となる。

イ　誤り。

商人が1個の営業を行うにすぎない場合には、商号も1つでなければならず、複数の商号を持つことはできない（商号単一の原則）。これは、1つの営業のために複数の商号の使用を認めると、他の商人の商号選定の自由を制限することになり、また、一般公衆が別個の営業と誤認してしまうおそれもあるところ、このような弊害を防止する必要があるからである。もっとも、大決大13.6.13によれば、商人が数種の独立した営業を行う場合には、その商人は、各営業につき異なる商号を使用することができるため、複数の商号を登記することもできる（商11条2項）。

ウ　誤り。

商人の商号は、営業と共にする場合のみならず、**営業を廃止する場合**にも**譲渡**することが**できる**（商15条1項）。これは、営業を廃止する商人に、商号権を譲渡することを認めることで、その商号の持つ財産的価値を回収する機会を付与するものである。

エ　正しい。

登記した商号の譲渡は、その**登記をしなければ、第三者に対抗**することが**できない**（商15条2項）。これは、商号に対する一般公衆の信頼を保護するためのものである。

オ　正しい。

商人は、その営業のために使用する財産について、法務省令で定めるところにより、適時に、正確な商業帳簿（会計帳簿及び貸借対照表をいう）を作成しなければならない（商19条2項）。これは、適正な帳簿の整備により営業上の財産や損益状態を適正に表示させることで、債権者などの関係者を保護するためのものである。

文献　試験対策講座・商法・手形法小切手法9、54、65、67、76、77頁

No. 044

個人商人の商号

H26-52

□　月　日
□　月　日
□　月　日

個人商人の商号に関する次の1から5までの各記述のうち、正しいものを2個選びなさい。

□□□ 1．商人の商号は、その商人の氏又は名を含まなければならない。

□□□ 2．商人が数種の独立した営業を行うときは、その商人は、その各営業につき異なる商号を使用することができる。

□□□ 3．商人は、自己と誤認されるおそれのある名称を不正の目的をもって使用する者がある場合において、その名称の使用によって営業上の利益が侵害されたときであっても、商号の登記をしていない限り、その侵害の停止を請求することができない。

□□□ 4．自己の商号を使用して営業を行うことを他人に許諾した商人は、当該商人がその営業を行うものと誤認して当該他人と取引をした者に対し、その取引によって生じた債務を当該他人の財産をもって完済することができない場合に限り、連帯してその債務を弁済する責任を負う。

□□□ 5．商人は、その営業を廃止するときは、その商号を譲渡することができる。

No. 044 **正解 2、5** 商号に関する条文知識を問う問題は頻出である。商法11条から15条までを確認しよう。 正答率 91.7%

1　誤り。

商人（会社及び外国会社を除く。以下同じ）は、その氏、氏名その他の名称をもってその商号とすることができる（商号選定自由の原則、商11条1項）。すなわち、商人は、氏や氏名だけでなく、営業の種類等と全く関係のない名称を商号とすることもできる。

2　正しい。

商人が1個の営業を行うにすぎない場合には、商号も1つでなければならず、複数の商号を持つことはできない（商号単一の原則）。これは、1つの営業のために複数の商号の使用を認めると、他の商人の商号選定の自由を制限することになり、また、一般公衆が別個の営業と誤認してしまうおそれもあるところ、このような弊害を防止する必要があるからである。もっとも、前掲大決大13年は、商人が数種の独立した営業を行う場合には、その商人は、各営業につき異なる商号を使用することができるとしている。

3　誤り。

商人は、自己と誤認されるおそれのある名称を不正の目的をもって使用する者がある場合において、その名称の使用によって営業上の利益が侵害されたときは、その侵害の停止を請求することができる（商12条2項）。そして、この請求をするについて、商号が登記されていることは要件とされていない。

4　誤り。

自己の商号を**使用**して営業を行うことを**他人に許諾した商人は**、当該商人がその営業を行うものと**誤認して当該他人と取引をした者に対し**、当該**他人と連帯して**、当該取引によって**生じた債務を弁済する責任を負う**（商14条）。すなわち、名板貸人の負う責任は、名板借人がその取引によって生じた債務をその財産をもって完済することができない場合の補充的な責任ではなく、連帯責任である。

5　正しい。

商人の**商号**は、営業と共にする場合又は**営業を廃止する場合**に限り、**譲渡**することが**できる**（商15条1項）。これは、営業主が交代していても、商号が同じである場合には、外部者は営業主も同じであると誤認するおそれがあるところ、営業を廃止するときにはこのような誤認が生じないことを考慮したものである。

文献　試験対策講座・商法・手形法小切手法65〜68頁

No. 045

個人商人

予R2-27

□ 月 日
□ 月 日
□ 月 日

個人商人（小商人に当たる者を除く。）に関する次のアからオまでの各記述のうち、正しいものを組み合わせたものは、後記1から5までのうちどれか。

□□□ ア．個人商人の商号は、その個人商人の氏又は名のいずれかを含まなければならない。

□□□ イ．個人商人は、その商号の登記をしないこともできる。

□□□ ウ．支配人は、個人商人に代わって、その営業に関し、裁判外の行為をする権限は有するが、裁判上の行為をする権限は有しない。

□□□ エ．個人商人は、貸借対照表を作成しなければならないが、それを公告することは要しない。

□□□ オ．代理商の留置権の目的物は、個人商人の所有する物又は有価証券であることを要する。

1．ア イ　　2．ア オ　　3．イ エ　　4．ウ エ　　5．ウ オ

No. 045　正解　3　条文を確認しながら知識の確認をしよう。　正答率 75.9%

ア　誤り。

商法11条1項は、「商人（会社及び外国会社を除く。……）は、その氏、氏名その他の名称をもってその商号とすることができる。」としており、商号をどのように選定するかについては、原則として自由であると解されている。したがって、個人商人の商号に、その個人商人の氏又は名のいずれかを含まなければならないわけではない。

イ　正しい。

商法11条2項は、会社及び外国会社を除く「商人は、その商号の登記をすることができる。」と規定しており、商号を登記するか否かを商人の自由に委ねている。したがって、個人商人は、その商号の登記をしないこともできる。

ウ　誤り。

商法21条1項は、「支配人は、商人に代わってその営業に関する一切の裁判上又は裁判外の行為をする権限を有する。」としている。したがって、支配人は、個人商人に代わって、その営業に関し、裁判上の行為をする権限をも有している。

エ　正しい。

商法19条2項は、「商人は、その営業のために使用する財産について、法務省令で定めるところにより、適時に、正確な商業帳簿（会計帳簿及び貸借対照表をいう。以下この条において同じ。）を作成しなければならない。」としている。そのため、個人商人は貸借対照表を作成しなければならない。しかし、株式会社に貸借対照表を公告する義務が課されている（会社440条1項）のとは異なり、個人商人についてこのような義務を定めた規定はない。したがって、個人商人は貸借対照表を公告することを要しない。

オ　誤り。

商法31条本文は、「代理商は、取引の代理又は媒介をしたことによって生じた債権の弁済期が到来しているときは、その弁済を受けるまでは、商人のために当該代理商が占有する物又は有価証券を留置することができる。」としている。したがって、留置の目的物は、代理商が占有する物又は有価証券であれば足り、個人商人の所有に属するものであることを要しない。

文献　試験対策講座・商法・手形法小切手法66、76、77、82、88頁

CORE TRAINING

01　商法の基礎概念

□□□　利益を得て譲渡する意思をもって動産を有償取得する行為は、商人が行う場合に限り、商行為となる。予H30-28-1
➡ 商501①　[1]＊1　×

□□□　自己の営業として婚姻の媒介をする行為は、商行為となる。予R5-28-3
➡ 商502⑪　[1]＊2　○

□□□　信用金庫は商人に当たる。オリジナル
➡ 最判昭63.10.18（手形小切手百選58事件）　[2] ❶iii　×

CORE PLUS

[1] 商行為の分類

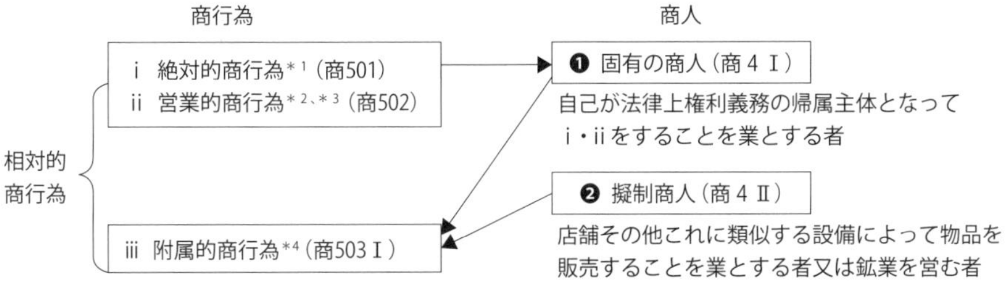

＊1　誰が行ってもよい。1回だけ行っても商行為となる。予H30-28-1
＊2　誰が行ってもよい。ただし、営利目的で反復継続してなされて初めて商行為となる。予R5-28-3
＊3　「両替その他の銀行取引」（商502⑧）とは、金銭又は有価証券の転換を媒介する行為をいう。金銭又は有価証券の転換を媒介するためには、与信行為と共に受信行為が行われることが必要である。受信行為を伴うことなく、自己の資金で貸付けを行うことを営業とする貸金業者又は質屋営業者の行為は、金融取引であっても、「銀行取引」に該当しない（最判昭50.6.27商法百選28事件）。
＊4　❶、❷がその営業のために行うことによって商行為となる。

[2] 商人概念

❶ 固有の商人（商４Ⅰ）	自己の名をもって商行為をすることを業とする者 i 「自己の名をもって」：自己が法律上権利義務の帰属主体となって、という意味 ii 「商行為」：絶対的商行為（商501）と営業的商行為（商502）とを意味 iii 「業とする」：営利の目的をもって同種の行為を反復、継続して行うこと →信用金庫や信用協同組合は銀行と異なり、営利を目的としないから、商人ではないとされる（最判昭63.10.18手形小切手百選58事件、最判平18.6.23）オリジナル
❷ 擬制商人（商４Ⅱ）	店舗その他これに類似する設備によって物品を販売することを業とする者又は鉱業を営む者 →商行為の概念を基礎とする固有の商人とは異なり、経営の形態、企業的設備に着目して商人性が認められたもの

CORE TRAINING

02　商業登記

□□□　判例の趣旨によれば、個人商人が支配人を選任した場合には、その登記の前でも、その支配人と取引をした第三者は、その個人商人に支配人の選任を対抗することができる。H25-51-エ

➡ 大判明41.10.12　[3] ＊

○

□□□　判例の趣旨によれば、株式会社の代表取締役は、その登記の後でなければ、民事訴訟における当事者である株式会社を代表する権限を有する者とはならない。H25-51-ウ

➡ 最判昭43.11.1（商法百選５事件）　[3] ❸ ii

×

03　商号

□□□　商号は、相続の目的となる。H20-49-5

➡ 商号は、財産的価値を有するため、相続の対象となると解されている（商登30Ⅲ参照）

○

04　商業帳簿

□□□　商人（小商人に当たる者を除く。）は、帳簿閉鎖の時から10年間、その商業帳簿を保存しなければならない。H22-51-4

➡ 商19Ⅲ　[4] ❸ i

○

□□□　商人は、営業時間内に債権者から請求を受けたときは、商業帳簿の謄本を交付しなければならない。H22-51-1

➡ 商法上、商人の債権者による商業帳簿の謄本又は抄本の交付請求権を認めた規定は存在しない

×

CORE PLUS

3 商業登記

		第三者の主観		対抗問題
登記の効力	❶ 登記前（商9Ⅰ前段、消極的公示力）＊	善意		対抗できない
		悪意		対抗できる
	❷ 登記後（商9Ⅰ後段、積極的公示力）	善意	正当事由あり	対抗できない
			正当事由なし	対抗できる
		悪意		対抗できる
❸ 商法9条1項の適用範囲		i 取引行為 ii 訴訟行為（多数説） もっとも、判例は、会社に関する事例において、民事訴訟で誰が会社を代表するかについて、旧商法12条（会社908Ⅰ〔現商9Ⅰに相当する規定〕）の適用を否定（最判昭43.11.1 商法百選5事件） H25-51-ウ		

＊ 判例は、個人商人が支配人の選任の登記をしない場合には、商法9条1項前段により支配人の選任の事実を善意の第三者に対抗することができないにとどまり、第三者からこれを当該個人商人に対抗することは妨げられないとしている（大判明41.10.12）。 H25-51-エ

4 商業帳簿

		i 意 義	ii 備 考
❶ 商業帳簿		商人がその営業上の財産及び損益の状況を明らかにするために、法律上作成を要するとされている帳簿	商法が作成を命じている商業帳簿は、会計帳簿と貸借対照表の2種類（商19Ⅱ括弧書）
商業帳簿に関する義務	❷ 作成義務	商人は、小商人を除き（商7）、その営業のために使用する財産について、法務省令に定めるところにより、適時に、正確な商業帳簿を作成しなければならない（商19Ⅱ）	○個人商人については、商業帳簿の作成を怠ったり、不実の事項を記載したりした場合であっても、倒産手続開始のとき（破270、民再259、会更270）を除き、制裁規定なし。なお、会社の場合には、一定の制裁規定あり（会社976⑦） ○会社は一定の時期に貸借対照表を公告することが義務付けられているが（会社440Ⅰ）、個人商人についてはこのような規定なし
	❸ 保存義務	商人は、小商人を除き（商7）、帳簿閉鎖の時から10年間、その商業帳簿及びその営業に関する重要な資料を保存しなければならない（商19Ⅲ） H22-51-4	保存義務は、商人資格を喪失しても継続する
	❹ 提出義務	裁判所は、申立てにより又は職権で、訴訟の当事者に対し、商業帳簿の全部又は一部の提出を命ずることができる（商19Ⅳ）	裁判所が商業帳簿の提出を命ずるには、民事訴訟法が定める書証提出に関する一般原則（民訴219条、220条）は妥当しない

CORE TRAINING

05　補助者

05-1　商業使用人

□□□　支配人が商人の許可を受けないで自己又は第三者のためにその商人の営業の部類に属する取引をしたときは、当該取引によって当該支配人又は第三者が得た利益の額は、その商人に生じた損害の額と推定される。予H28-27-エ

➡ 商23Ⅱ、Ⅰ②　6 ❶ ii

○

□□□　物品の販売を目的とする店舗の使用人は、善意の相手方に対しては、その店舗内に在る物品の販売をする権限を有するものとみなされる。予H28-27-イ

➡ 商法は、取引の安全を保護するため、物品の販売等を目的とする店舗の使用人は、善意の相手方に対しては、その店舗にある物品の販売等をする権限を有するものとみなしている（商26）

○

05-2　代理商

□□□　Aの販売する商品をBが買い付けるに当たりCが関与する法的形態について、CがAから委託を受けた媒介代理商である場合には、売買契約はA・B間に成立する。H19-51-エ

➡ 媒介とは他人間における法律行為の成立に尽力する事実行為をいうから、媒介代理商は契約当事者にならない　5 ❷

○

□□□　Aの販売する商品をBが買い付けるに当たりCが関与する法的形態について、CがAから委託を受けた締約代理商であり、その旨をBに明示して契約する場合には、売買契約はA・B間に成立する。H19-51-オ

➡ 締約代理商は「代理」をする者で、代理人が権限の範囲内で本人のためにすることを示してした意思表示は本人に対し直接効力を生じるから（民99Ⅰ）、締約代理商は契約当事者にならない　5 ❷

○

□□□　代理商は、商業使用人の一種である。予H28-27-ア

➡ 商27括弧書　5 ❷

×

CORE PLUS

5 商人の補助者と行為の性質

❶商業使用人	支配人（商20）	代理
	ある種類又は特定事項の委任を受けた使用人（商25）	
	物品販売等店舗の使用人（商26）	
	その他の商業使用人	
❷代理商　予H28-27-ア	締約代理商　H19-51-オ	
	媒介代理商　H19-51-エ	媒介*1
❸仲立人		
❹問屋・運送取扱人・準問屋		取次*2

＊1　媒介とは、他人間に契約を成立させるために各種の活動をなすこと。
＊2　取次とは、自己の名をもって他人の計算において法律行為をすることを引き受ける行為。

6 支配人の義務

	ⅰ趣旨	ⅱ違反した場合の効果
❶競業避止義務（商23Ⅰ②）	支配人が商人の営業について知り得た機密を利用し、商人の犠牲において自己又は第三者の利益を図ることを防止し、商人の利益を保護 →商人の許可を受ければ可能	行為の私法的効果は有効。ただし、解任や損害賠償請求が可能 →違反行為によって支配人又は第三者が得た利益の額は、商人に生じた損害と推定（商23Ⅱ）　予H28-27-エ
❷営業避止義務（商23Ⅰ）*	支配人を商人のために専心勤務させ、商人の利益を保護 →商人の許可を受ければ可能	行為の私法的効果は有効。ただし、解任や損害賠償請求が可能 →損害額の推定規定なし

＊　営業の禁止（商23Ⅰ①）、他の商人又は会社若しくは外国会社の使用人となることの禁止（商23Ⅰ③）、会社の取締役、執行役又は業務執行社員となることの禁止（商23Ⅰ④）。

CORE TRAINING

□□□ 代理商は、商人のために取引の代理又は媒介をしたときは、遅滞なく、その商人に対して、その旨の通知を発しなければならない。 予R4-28-イ	➡ 商27 7❶ii	○
□□□ 代理商は、商人の許可を受けなければ、自ら営業を行うことができない。 H21-50-4	➡ 商23Ⅰ①、28Ⅰ参照 7❶iii	×
□□□ 商人から物品の販売又はその媒介の委託を受けた代理商は、委託を受けた事項に関する一切の裁判外の行為をする権限を有する。 予R4-28-ア	➡ 代理商には商25Ⅰのような規定はない	×
□□□ 代理商は、取引の代理をしたことによって生じた債権の弁済期が到来しているときは、当事者が別段の意思表示をしていない限り、その弁済を受けるまでは、当該取引によって占有するに至った物以外の物であっても、商人のために当該代理商が占有する物を留置することができる。 H21-50-1	➡ 商31 7❷iii	○
□□□ 代理商は、契約の期間を定めなかったときは、いつでも、その代理商契約を解除することができる。 H21-50-3	➡ 商30Ⅰ 7❸i	×
□□□ 物品の販売又はその媒介の委託を受けた代理商は、売買契約成立後、当該売買契約の目的物が契約の内容に適合しない旨の買主からの通知を受ける権限を有する。 H21-50-5改題	➡ 商29 7❷iv	○

CORE PLUS

7 代理商の権利義務と契約の終了

❶義務	i　善管注意義務（民644、656）
	ii　通知義務（商27）　予R4-28-イ
	iii　競業避止義務（商28Ⅰ）：自己又は第三者のためにその商人の営業の部類に属する取引の禁止（商28Ⅰ①）、同種の事業を行う会社の取締役、執行役又は業務執行社員となることの禁止（商28Ⅰ②） ∵支配人が商人の営業について知り得た機密を利用し、商人の犠牲において自己又は第三者の利益を図ることを防止し、商人の利益を保護 →商人の許可を受ければ可能 ○代理商は、使用人（支配人）の場合と異なり、自ら営業をする場合について、商人の許可を必要としない（商23Ⅰ①、28Ⅰ参照）　H21-50-4 ○義務違反行為の私法的効果は有効。ただし、代理商契約解除（商30Ⅱ）や損害賠償請求が可能 →28条1項1号の違反行為によって支配人又は第三者が得た利益の額は、商人に生じた損害と推定（商28Ⅱ）
❷権利	i　報酬請求権（商512）
	ii　費用前払請求権（民649）、費用償還請求権（民650）
	iii　留置権（商31本文） ただし、別段の意思表示があったときは、この限りでない（商31ただし書）　H21-50-1 裁判例は、留置権（商31）は、「目的物が債務者の所有に属するものであることを要件とするものではない」ものの、「委託者、本人が全く無権原ないし無権限であったり、権原ないし取引権限を取得することが社会通念上不可能な場合」にまで、留置権を認めるものではないとした（東京高判平12.6.22）
	iv　物品の販売又はその媒介の委託を受けた代理商は、売買の目的物の契約不適合（商526Ⅱ参照）その他売買に関する通知を受ける権限を有する（商29）　H21-50-5改題 ∵代理商の代理権の範囲を明確にし、もって相手方の保護を図る
❸契約の終了	i　解除 ○商人及び代理商は、契約の期間を定めなかったときは、2か月前までに予告し、その契約を解除可能（商30Ⅰ）　H21-50-3 ○契約の期間を定めたか否かにかかわらず、やむを得ない事由があるときは、商人及び代理商は、いつでもその契約を解除可能（商30Ⅱ）
	ii　その他の終了原因 ○委任（準委任）の一般終了原因（民653、656）によって終了する。ただし、本人の死亡は終了原因とならないと解する（商506参照） ○代理商契約は、商人の営業の終了によっても終了 ∵代理商契約は商人の営業の存続を前提とする ○営業譲渡について、代理商の明示又は黙示の同意がなければ、終了原因となると解すべき

CORE TRAINING

06　営業譲渡

□□□　判例の趣旨によれば、単なる事業用財産の譲渡は、たとえそれが譲渡会社に重大な影響を及ぼすようなものであっても事業の譲渡に該当しない。予R4-27-イ	➡ 最大判昭40. 9. 22（百選82事件）[8]	○
□□□　営業又は事業の譲渡の効果として、特段の手続を要することなく、営業又は事業を構成する資産及び債権債務は譲渡人から譲受人に当然に移転する。予R4-27-ア	➡ 営業又は事業を構成する個々の資産等は、個別に移転手続をする必要がある　[8]	×
□□□　営業又は事業の譲渡が行われた場合に生じる譲渡人の競業避止義務は、譲渡人と譲受人との間の合意によってもこれを免除することはできない。予R4-27-ウ	➡ 会社21、商16。事業（営業）譲渡を行った譲渡人は、競業避止義務を負う。もっとも、この義務は任意規定であるとされ、特約により排除が可能とされている	×
□□□　営業又は事業の譲渡人が、譲受人に承継されない債務の債権者を害することを知って営業又は事業を譲渡し、当該譲受人が、当該譲渡の効力が生じた時までに当該債権者を害することを知っていた場合には、当該譲受人が当該譲渡人の商号を続用しないときであっても、当該債権者は、当該譲受人に対し、承継した財産の価額を限度として、当該債務の履行の請求をすることができる。予R4-27-エ	➡ 会社23の２Ⅰ、商18の２Ⅰ　[8] ❷ｉｂ	○

CORE PLUS

8 事業（営業）譲渡と商号

事業（営業）譲渡：一定の目的のため組織化され有機的一体として機能する財産の全部又は重要な一部を譲渡し、これによって譲渡会社がその財産によって営んでいた事業活動の全部又は重要な一部を譲受人に受け継がせるもの　予R4-27-イ

事業（営業）譲渡は、会社合併とは異なり、譲受人に対して当該営業に関する権利や債務を承継させるものである。そのため、承継させる資産については、第三者対抗要件の具備、債務の移転については、免責的債務引受（民472Ⅲ）のための債権者の同意が必要となる。予R4-27-ア

<table>
<tr><th>商号の続用</th><th colspan="2">i　債権者に対する関係</th><th>ii　債務者に対する関係</th></tr>
<tr><td rowspan="2">❶ あり</td><td>原則</td><td>譲渡人・譲受人が責任を負う（22Ⅰ、商17Ⅰ）
→譲渡人の責任は、営業譲渡後2年以内に請求又は請求の予告をしない債権者に対しては、その期間経過時に消滅（22Ⅲ、商17Ⅲ）</td><td>譲渡人に弁済しない限り効力なし</td></tr>
<tr><td>例外</td><td>免責の登記・通知がある場合、譲受人は責任を負わない（22Ⅱ、商17Ⅱ）。なお、商17Ⅱ前段の規定は、小商人には適用されない（商7）</td><td>善意無重過失でなした譲受人に対する弁済は有効（22Ⅳ、商17Ⅳ）</td></tr>
<tr><td rowspan="2">❷ なし</td><td>原則</td><td>譲渡人が責任を負う
∵営業主体の誤認などを生ずるおそれが少ない</td><td rowspan="2">譲渡人に弁済しない限り効力なし
→民法478条、479条により保護されるにとどまる
∵営業主体の誤認などを生ずるおそれが少ない</td></tr>
<tr><td>例外</td><td>a　債務引受の広告をした場合、譲受人も責任を負う（23Ⅰ、商18Ⅰ）
○根拠は、禁反言の法理又は外観法理
○譲渡人の責任は、広告があった日後2年以内に請求又は請求の予告をしない債権者に対しては、その期間経過時に消滅（23Ⅱ、商18Ⅱ）
○広告の文面に債務引受の文字が無くても、その趣旨を表すような記載があれば「広告」に当たる
b　当該事業譲渡が残存債権者を害することを知って事業を譲渡した場合、承継した財産の額を限度として、譲受人に債務の履行請求が可能（23の2Ⅰ、商18の2Ⅰ）
予R4-27-エ</td></tr>
</table>

CORE TRAINING

□□□　「霞が関商事合同会社」から事業を譲り受けた会社が「新霞が関商事株式会社」の商号を使用するときは、譲受人が譲渡人の商号を引き続き使用する場合に当たらず、譲受人は、譲渡人の事業によって生じた債務を弁済する責任を負わない。 予H30-27-イ	➡ 最判昭38.3.1（商法百選17事件） 9 ❷	○
□□□　営業の現物出資を受けて設立された会社が現物出資をした商人の商号を引き続き使用する場合には、当該会社は、当該商人の営業によって生じた債務を弁済する責任を負う。 予H30-27-ウ	➡ 最判昭47.3.2 9 ❶ i	○
□□□　判例の趣旨によれば、預託金会員制のゴルフクラブが設けられているゴルフ場の営業又は事業の譲受人が、当該ゴルフクラブの名称を続用しており、当該ゴルフクラブの名称が当該ゴルフ場の営業又は事業の主体を表示するものである場合であっても、当該譲受人は、譲渡人の商号を続用していない限り、当該ゴルフクラブの会員が当該譲渡人に交付した預託金の返還義務を負わない。 予R4-27-オ、予H30-27-エ	➡ 22Ⅰ、商17Ⅰ類推適用、最判平16.2.20（商法百選18事件） 9 ❶ ii	×
□□□　新設分割により新設分割会社の事業を承継した新設分割設立会社は、新設分割会社の商号を引き続き使用する場合であっても、新設分割会社の事業によって生じた債務を弁済する責任を負わない。 予H30-27-オ	➡ 最判平20.6.10（商法百選19事件）参照 9 ❶ iii	×

CORE PLUS

9 商号を「引き続き使用」（22Ⅰ、商17Ⅰ）したといえるか

❶ 肯定	i 営業の現物出資を受けて設立された会社が出資者の商号を続用している事例において、商法17条1項に相当する規定の類推適用を肯定（最判昭47.3.2） 予H30-27-ウ ii 商号ではなくゴルフクラブの名称だけを続用している会社に関する事例において、同規定の類推適用を肯定（最判平16.2.20商法百選18事件） 予R4-27-オ、予H30-27-エ iii 会社分割によりゴルフ場の事業を承継した会社が商号ではなくゴルフクラブの名称だけを続用している事例において、同規定の類推適用を肯定（最判平20.6.10商法百選19事件） 予H30-27-オ
❷ 否定	会社の種類を異にし、かつ、「新」という文字を付加した事例において、商号の続用はないとした（最判昭38.3.1商法百選17事件） 予H30-27-イ

No. 046

商行為

予R1-28 改題

□ 月 日
□ 月 日
□ 月 日

商行為に関する次の1から5までの各記述のうち、正しいものを2個選びなさい。

□□□ 1．判例の趣旨によれば、会社の行為は商行為と推定され、これを争う者において当該行為が当該会社の事業のためにするものでないことの主張立証責任を負う。

□□□ 2．商人である隔地者の間において、承諾の期間を定めない契約の申込みを受けた者が相当の期間内に承諾の通知を発しなかったときは、その申込みは効力を失う。

□□□ 3．商人間の売買において、売主が債務の本旨に従った弁済の提供をしたにもかかわらず、買主がその目的物の受領を拒んだときは、売主がその物を競売に付するためには、裁判所の許可を得なければならない。

□□□ 4．商人間の売買における買主の目的物の検査義務及び契約不適合の通知義務に関する商法の規定は、不特定物の売買の場合には、適用されない。

□□□ 5．商人間の売買において、契約不適合がある目的物を引き渡されたことを理由として買主が売買契約を解除した場合には、売主及び買主の営業所が異なる市町村内にあるときであっても、買主は、直ちにその目的物を売主に送り返さなければならない。

No. 046　正解　1、2　この機会に商行為に関する知識をまとめておこう。　正答率 74.8%

1　正しい。

判例は、「会社の行為は商行為と推定され、これを争う者において当該行為が当該会社の事業のためにするものでないこと、すなわち当該会社の事業と無関係であることの主張立証責任を負う」としている（最判平20．2．22商法百選29事件）。その理由は、「会社がその事業としてする行為及びその事業のためにする行為は、商行為とされているので（会社法5条）、会社は、自己の名をもって商行為をすることを業とする者として、商法上の商人に該当し（商法4条1項）、その行為は、その事業のためにするものと推定される」ことにある。

2　正しい。

商人である**隔地者の間**において承諾の期間を定めないで契約の申込みを受けた者が**相当の期間内に承諾の通知を発しなかった**ときは、その**申込み**は**効力**を**失う**（商508条1項）。これは、商法508条が商取引の迅速性の要請を趣旨とするためである。

3　誤り。

商人間の売買においては、**買主が**その目的物の**受領を拒み**、又はこれを**受領することができない**ときは、**売主は**、その物を**供託**し、又は**相当の期間を定めて催告**をした**後に競売**に付することが**できる**とされているが（商524条1項前段）、競売に当たり裁判所の許可は要件とされていない。

4　誤り。

商法**526条**は、**商人間の売買**における**買主の目的物の検査義務**及び**契約不適合の通知義務**を**定め**ている。そして、平成29年改正民法では、権利や物の種類・品質・数量が契約の内容に適合していなかった場合の売主の責任が債務不履行責任とされ、契約責任説を採用することが明らかとなった。そのため、特定物か不特定物かを問わず、共通の準則が妥当することとなる。したがって、不特定物売買の場合にも商法526条は適用される。

5　誤り。

売主及び買主の営業所が異なる市町村内にあるとき、商法527条4項は適用されないので、買主が商法526条2項に基づき契約を解除した場合、売主の費用をもって売買の目的物を保管、又は供託しなければならないのであって、買主が売主にその目的物を送り返す義務はない（商527条1項）。

文献　試験対策講座・商法・手形法小切手法48、49、109、115、118頁。判例シリーズ87事件

No. 047

商行為法

H25-52 改題

□　月　日
□　月　日
□　月　日

商行為に関する規定の適用についての次のアからオまでの各記述のうち、誤っているものを組み合わせたものは、後記１から５までのうちどれか。

□□□ ア．判例の趣旨によれば、会社の行為は、商行為と推定され、これを争う者において、その行為がその会社の事業のためにするものでないことの主張立証責任を負う。

□□□ イ．商行為の委任による代理の場合であっても、代理権は、本人の死亡によって消滅する。

□□□ ウ．商人が平常取引をする者からその営業の部類に属する契約の申込みを受けた場合において、遅滞なく諾否の通知を発することを怠ったときは、その商人は、その契約の申込みを承諾したものとみなされる。

□□□ エ．商行為によって生じた債務についての法定利率は、年３パーセントである。

□□□ オ．商行為によって生じた債権は、その権利を行使することができる時から５年間行使しないときには、時効によって消滅する。

１．ア　ウ　　２．ア　エ　　３．イ　ウ　　４．イ　オ　　５．エ　オ

No. 047　**正解 4**　商法の問題は条文知識で解けることが多いため、条文に目を通しておこう。　正答率 83.9%

ア　正しい。

判例は、「会社の行為は商行為と推定され、これを争う者において当該行為が当該会社の事業のためにするものでないこと、すなわち当該会社の事業と無関係であることの主張立証責任を負う」としている（最判平20. 2 .22商法百選29事件）。その理由として、同判決は、「会社がその事業としてする行為及びその事業のためにする行為は、商行為とされているので（会社法５条）、会社は、自己の名をもって商行為をすることを業とする者として、商法上の商人に該当し（商法４条１項）、その行為は、その事業のためにするものと推定されるからである（商法503条２項。同項にいう「営業」は、会社については「事業」と同義と解される。）」としている。

イ　誤り。

民法上、代理権は、本人の死亡によって消滅する（民111条１項１号）。これに対して、商行為の委任による代理権は、本人の死亡によっては、消滅しない（商506条）。

ウ　正しい。　類 予R5-28-2

商法509条２項に規定されている。これは、商行為の取引関係の迅速な活動を期する商法が、民法の例外を認めたものである。

エ　正しい。

平成29年民法改正前は、商行為によって生じた債務について、商事法定利率の規定が適用され、法定利率が民法の定める法定利率とは異なっていた。もっとも、上記の改正に伴い、商事法定利率が廃止された結果、商行為によって生じた債務についても、法定利率は年３パーセントとなった（民404条２項）。

オ　誤り。

平成29年民法改正前は、商行為によって生じた債権については、商事消滅時効が適用され、この債権を５年間行使しないときは、原則として、時効によって消滅するとされていた。もっとも、上記の改正に伴い商事消滅時効が廃止された結果、商行為によって生じた債権についても、民法の規定が適用され、権利を行使できる時から10年間行使しなかったときは、時効によって消滅することになる（民166条１項２号）。

文献　試験対策講座・商法・手形法小切手法10、48、49、88、104～107頁

No. 048

商行為

予H28-28 改題

□月　日
□月　日
□月　日

商行為に関する次のアからオまでの各記述のうち、正しいものを組み合わせたものは、後記1から5までのうちどれか。

□□□ ア．対話者の間において契約の申込みを受けた者が直ちに承諾をしなかったときは、その申込みは、その効力を失う。

□□□ イ．商行為の代理人が本人のためにすることを示さないでこれをした場合には、相手方が、代理人が本人のためにすることを知らなかったときであっても、代理人に対して履行の請求をすることはできない。

□□□ ウ．匿名組合員は、自己の氏名を営業者の商号中に用いることを許諾した場合には、営業者を代表することができる。

□□□ エ．商人がその営業の部類に属する契約の申込みを受けた場合において、その申込みとともに受け取った物品があるときは、その申込みを拒絶したときであっても、その物品を保管する必要はない。

□□□ オ．商行為によって生じた債権を担保するために設定された質権の質権設定者は、債務の弁済期前の契約において、質権者に弁済として質物の所有権を取得させることを約することができる。

1．ア　ウ　　2．ア　オ　　3．イ　ウ　　4．イ　エ　　5．エ　オ

No. 048 | 正解 2 | 記述イ・エについては、民法との対比を意識して理解しよう。 | 正答率 74.2%

ア　正しい。

対話者の間において契約の申込みを受けた者が対話が継続している間に承諾をしなかったときは、その申込みは、その効力を失う（民525条3項本文）。

イ　誤り。

商行為の代理人が本人のためにすることを示さないでこれを**した場合**であっても、その行為は、**本人に対してその効力を生ずる**（商504条本文）。これは、営業主が商業使用人を使用して大量的・継続的取引をするのが通常である商取引においては、いちいち営業主（本人）の名を示すことは煩雑であり、円滑な取引を害するおそれがある一方、相手方においても、その取引が営業主のためされたものであることを知っている場合が多いなどの理由により、簡易・迅速を期する便宜のために、特に商行為の代理について認められた顕名主義（民99条1項）の例外であると解されている（最大判昭43. 4 .24商法百選30事件参照）。もっとも、顕名主義の例外を無制限に認めると、相手方が本人のためにすることを知らなかった場合に代理人を本人と信じて取引をした相手方に不測の損害を及ぼすおそれがあることから、そのような場合の相手方を保護するため、相手方において、**代理人が本人のためにすることを知らなかったとき**は、代理人に対して**履行の請求をすることを妨げない**とされている（商504条ただし書）。

ウ　誤り。

匿名組合員は、営業者を代表することができない（商536条3項）。

エ　誤り。

商人がその**営業の部類に属する契約の申込みを受けた場合**において、その**申込みと共に受け取った物品**があるときは、その**申込みを拒絶したとき**であっても、**申込者の費用をもってその物品を保管**しなければならない（商510条本文）。

オ　正しい。

質権設定者は、設定行為又は債務の弁済期前の契約において、質権者に弁済として質物の所有権を取得させ、その他法律に定める方法によらないで質物を処分させることを約することができない（民349条）。もっとも、民法349条の規定は、商行為によって生じた債権を担保するために設定した質権については、適用されない（商515条）。

文献　試験対策講座・商法・手形法小切手法98、99、105、107、109、128、130頁

No. 049

商行為

予H29-28

□ 月 日
□ 月 日
□ 月 日

商行為に関する次の１から５までの各記述のうち、誤っているものはどれか。

□□□ １．相手方のためには商行為となる行為でなくても、数人の者がそのうちの一人のために商行為となる行為によって債務を負担したときは、その債務は、各自が連帯して負担する。

□□□ ２．商人がその営業の範囲内において他人のために金銭の立替えをしたときは、その立替えの日以後の法定利息を請求することができる。

□□□ ３．当事者の別段の意思表示がない限り、商人間においてその双方のために商行為となる行為によって生じた債権が弁済期にある場合には、債権者は、その債権の弁済を受けるまで、その債務者との間における商行為によって自己の占有に属した債務者の所有する物であれば、その物の占有取得後に債務者がその物の所有権を失ったときであっても、その物を留置することができる。

□□□ ４．商人間の売買において、当事者の意思表示により、一定の期間内に履行をしなければ契約をした目的を達することができない場合において、当事者の一方が履行をしないでその時期を経過したときは、相手方が直ちにその履行の請求をした場合を除き、契約が解除されたこととなる。

□□□ ５．商人は、その営業の範囲内において寄託を受けた場合であっても、報酬を受けるときに限って、善良な管理者の注意をもって、寄託物を保管する義務を負う。

No. 049　**正解　5**　解説中の条文は重要度の高いものばかりなので、趣旨と共におさえておこう。　正答率 73.2%

1　**正しい。**

数人の者がその１人又は全員のために**商行為となる行為に**よって**債務を負担したとき**は、その債務は、**各自が連帯して負担**する（商511条１項）。これは、取引の安全及び商取引の迅速性を図るために、商事債権の強化を図った規定である。

2　**正しい。**

商人がその営業の範囲内において**他人のために金銭の立替えをした**ときは、その立替えの日以後の**法定利息を請求する**ことができる（商513条２項）。これは、商人の営利性に着目して、立替金の利息請求権を認めた規定である。

3　**正しい。**

当事者の**別段の意思表示がない**限り、**商人間**においてその**双方のために商行為となる行為**によって生じた**債権が弁済期にあるとき**は、債権者は、その債権の弁済を受けるまで、その**債務者との間**における**商行為によって自己の占有に属した債務者の所有する物**又は**有価証券を留置**することが**できる**（商521条本文）。これは、迅速性を重視する商取引の実情を考慮して、被担保債権と留置物との牽連性を不要とする商事留置権を認めた規定である。そして、商事留置権は、目的物の占有取得時に成立するところ、商事留置権も物権であるから、すべての人に対抗することができる。したがって、商事留置権の成立後に債務者が当該目的物の所有権を失ったとしても、債権者は、被担保債権の弁済を受けるまでは、当該目的物を留置することができる（最判昭47.11.16民法百選Ⅰ75事件参照）。

4　**正しい。**

商人間の売買において、売買の性質又は当事者の意思表示により、特定の日時又は一定の期間内に履行をしなければ契約をした目的を達することができない場合において、**当事者の一方が履行をしない**でその**時期を経過した**ときは、相手方は、直ちにその履行の請求をした場合を除き、**契約の解除**をしたもの**とみなされる**（商525条）。これは、定期売買の場合には、履行期の経過と共に契約が当然に消滅し、契約を存続するためには相手方が直ちにその履行を請求する必要があるとすることで、商取引の迅速性に配慮し、売主の利益を保護するものである。

5　**誤り。**

商人がその**営業の範囲内**において**寄託**を受けたときは、**報酬**を受け**なくとも、善良な管理者の注意**を**しなければならない**（商595条）。これは、商人の信用を維持するために、無報酬の場合であっても、商人が善管注意義務を負うとするものである。

文献　試験対策講座・商法・手形法小切手法102、108、110、115、116頁

No.
050

商行為

予R3-28

□　月　日
□　月　日
□　月　日

商行為に関する次の1から5までの各記述のうち、誤っているものはどれか。

□□□ 1. 保証人がある場合において、債務が主たる債務者の商行為によって生じたものであるときは、当該主たる債務者及び当該保証人が各別の行為によって債務を負担したときであっても、その債務は、各自が連帯して負担する。

□□□ 2. 国内陸上運送人の被用者の過失により運送品が運送途中に全部滅失した場合には、荷受人は、当該運送人に対し、当該運送品の滅失により生じた損害の賠償を請求することができる。

□□□ 3. 匿名組合員は、営業者が匿名組合契約に基づく営業において負った債務について、当該匿名組合員が当該匿名組合契約の当事者であることをその債務に係る債権者が知っていたときに限り、営業者と連帯して弁済する責任を負う。

□□□ 4. 商人間において金銭の消費貸借をしたときは、利息の約定がなくても、貸主は、法定利息を請求することができる。

□□□ 5. 商人がその営業の範囲内において寄託を受けた場合には、報酬を受けないときであっても、善良な管理者の注意をもって、寄託物を保管しなければならない。

No. 050　**正解 3**　商行為全般についての条文知識を問う問題である。最低限解説中の条文はおさえよう。　正答率 73.0%

1　**正しい。**

「保証人がある場合において、債務が**主たる債務者の商行為によって生じた**ものであるとき、又は**保証が商行為**であるときは、主たる債務者及び保証人が各別の行為によって債務を負担したときであっても、その債務は、**各自が連帯して**負担する」（商511条2項）。

2　**正しい。**

「運送人は、運送品の受取から引渡しまでの間にその運送品が滅失し若しくは損傷し、若しくはその滅失若しくは損傷の原因が生じ、又は運送品が延着したときは、これによって生じた損害を賠償する責任を負う。ただし、運送人がその運送品の受取、運送、保管及び引渡しについて注意を怠らなかったことを証明したときは、この限りでない」（商575条）。そして、平成29年改正民法下においても、債務者は履行補助者の過失について責任を負うと解されているため、商法は、運送人の履行補助者（被用者）の過失について言及していないが、同様に責任を負うと解される。

3　**誤り。**

匿名組合員は、営業者の行為について、第三者に対して権利及び義務を有せず（商536条4項）、自己の氏若しくは氏名を営業者の商号中に用いること又は自己の商号を営業者の商号として使用することを許諾したときは、その使用以後に生じた債務については、営業者と連帯してこれを弁済する責任を負うにすぎない（商537条）。

4　**正しい。**

「**商人間**において**金銭の消費貸借**をしたときは、貸主は、**法定利息を請求**することが**できる**」（商513条1項）。

5　**正しい。**

「**商人**がその営業の範囲内において寄託を受けた場合には、**報酬を受けないとき**であっても、**善良な管理者の注意**をもって、寄託物を保管しなければならない」（商595条）。

文献　試験対策講座・商法・手形法小切手法103、108、110、128、129、145頁

MEMO

CORE TRAINING

01　商行為法総則

□□□　判例の趣旨によれば、商行為の代理人が本人のためにすることを示さないでこれをした場合であって、相手方が、代理人が本人のためにすることを知らず、そのことにつき過失もないときには、相手方は、本人との間の法律関係と代理人との間の法律関係のいずれかを選択することができる。H26-54-ア、予R5-28-4	➡ 最大判昭43．4．24（商法百選30事件） [1] ❶ b ii	○
□□□　保証人がある場合において、保証が債権者にとって商行為であるときは、主たる債務者及び保証人が各別の行為によって債務を負担したときであっても、その債務は、各自が連帯して負担する。H26-54-エ改題	➡ 商511Ⅱ　[1] ❹ b	○
□□□　商行為によって生じた債務の履行をすべき場所がその行為の性質又は当事者の意思表示によって定まらないときは、不特定物の引渡しは、債務者の現在の営業所においてしなければならない。予R5-28-5	➡ 商516　[1] ❻ b	×
□□□　商人がその営業の範囲内において他人のために金銭の立替えをしたときは、その他人に対し、立替えの日以後の法定利率により算定した利息を請求することができる。H26-54-イ改題	➡ 商513Ⅱ。なお、ここにいう法定利率とは、年3分の利率により算定した利率である（民404Ⅱ）	○

CORE PLUS

1 民法と商行為一般に関する通則の相違点

	a 民法	b 商行為一般に関する通則（商法）
❶ 代　　理	顕名主義（民99 Ⅰ）	i 非顕名主義（商504本文） ii 相手方が、代理人が本人のためにすることを知らなかったときは、代理人に対して履行の請求をすることを妨げない（商504ただし書） →相手方と本人との間のほか、相手方と代理人との間にも法律関係が成立することになり、相手方はそのいずれかを選択して請求することができる（最大判昭43. 4 . 24商法百選30事件） H26-54-ア 、 予R5-28-4 iii 本人のためにすることを知らなかったことについて相手方に過失がある場合には商法504条ただし書は適用されず、相手方は本人に対してのみ履行の請求をすることができるにとどまる（前掲最大判昭43年）
❷ 委　　任	明示の委任はなくても事情の変更に応じて臨機の処置を講じ得る（民644参照、通説）	委任の本旨に反しない範囲で、委任を受けていない行為をすることができる（商505） →民法の確認規定
❸ 多数当事者間の債務の連帯	原則として分割債務（民427）	連帯債務（商511 Ⅰ）
❹ 保証人の連帯	原則として単純保証	連帯保証（商511 Ⅱ） H26-54-エ改題 →「保証が商行為であるとき」（商511 Ⅱ）には、保証が保証人にとって商行為であるときだけでなく、債権者にとって商行為であるときも含まれる（大判昭14. 12. 27）
❺ 流質契約	禁止（民349）	自由（商515）
❻ 債務の履行の場所	債権者の住所（民484 Ⅰ）	債権者の営業所を住所に先行させている（商516） 予R5-28-5

CORE TRAINING

□□□　商人がその営業の範囲内において他人のために行為をしたときは、相当な報酬を請求することができる。予R5-28-1、予H30-28-4

➡ 商512　2❹b　○

02　商事売買

□□□　商人間の売買において、買主がその目的物の受領を拒んだために売主が相当の期間を定めて催告をした後にその物を競売に付したときは、売主は、遅滞なく、買主に対してその旨の通知を発しなければならず、これを怠ったときは、その競売は、無効となる。予H27-28-オ

➡ 大判大10.6.10　3 ＊　×

CORE PLUS

2 当事者の一方が商人である場合の商行為に関する特則

	a 民法	b 商法
❶ 本人の死亡	代理権の消滅事由である（民111Ⅰ①）	代理権の消滅事由ではない（商506）
❷ 諾否通知義務	なし	あり（商509Ⅰ） →怠ったときは、その商人は、その契約の申込みを承諾したものとみなされる（商509Ⅱ）
❸ 物品保管義務	なし	あり（商510本文）
❹ 報酬請求権	原則として無償（民648Ⅰ、656、665）	有償（商512） 予R5-28-1、予H30-28-4
❺ 立替金の利息請求権	立替えが委任に基づく場合は可（民650Ⅰ、656、665）	委任に基づかない場合も可（商513Ⅱ）
❻ 無償寄託の場合の注意義務	自己の財産に対するのと同一の注意義務（民659）	善管注意義務（商595）

3 民事売買と商事売買の比較

	a 民事売買	b 商事売買
❶ 適用範囲	商人以外の者の間、又は、商人と商人以外の者との間の売買	商人間の売買
❷ 供託と競売の関係	原則：供託 例外：競売	売主の選択による
❸ 競売に裁判所の許可を要するか	必要（民497）	不要（商524Ⅰ）＊
❹ 確定期売買における解除方法	催告は不要であるが、解除の意思表示は必要（民542、540Ⅰ）	当事者の一方が履行しないで期限が経過すれば、原則として当然に解除の効果が生じる（商525）
❺ 買主の検査・通知義務の有無	なし	あり（商526Ⅰ、Ⅱ）
❻ 買主の保管・供託義務の有無	なし	あり（商527、528）

＊　売主が売買の目的物を供託し又は競売に付したときは、遅滞なく、買主に対してその旨の通知を発しなければならない（商524Ⅰ後段）が、この通知は、供託・競売の効力発生要件ではないので（大判大10.6.10）、通知を怠ったとしても供託・競売自体は無効とはならない。予H27-28-オ

CORE TRAINING

03　仲立営業

問題	解説	正誤
□□□　Ａの販売する商品をＢが買い付けるに当たりＣが関与する法的形態について、ＣがＡから委託を受けた仲立人である場合には、売買契約はＣ・Ｂ間に成立する。H19-51-イ	➡売買契約はＡ・Ｂ間に成立する 4 ❶	×
□□□　仲立人は、当事者の一方の氏名又は名称をその相手方に示さなかったときは、当該相手方に対して自ら履行する責任を負う。予R4-28-ウ	➡商549　4 ❸ v	○

04　問屋営業

問題	解説	正誤
□□□　Ａの販売する商品をＢが買い付けるに当たりＣが関与する法的形態について、ＣがＡから販売委託を受けた問屋である場合には、売買契約はＡ・Ｂ間に成立する。H19-51-ア	➡売買契約はＢ・Ｃ間に成立する 5 ❶	×
□□□　問屋は、取引所の相場がある物品の販売の委託を受けたときは、自ら買主となることができる。予H30-28-5	➡商555Ⅰ前段。取引所の相場がある物品の販売の委託を受けたときは、自ら買主又は売主となることができる権利を介入権といい、問屋は介入権を有する 5 ❷vi	○
□□□　問屋は、別段の意思表示がない限り、販売又は買入れにより生じた債権が弁済期にあるときは、その弁済を受けるまで、委託者のために占有する物又は有価証券を留置することができる。予R4-28-エ	➡商557・31 5 ❷iii	○
□□□　問屋は、委託者の許可を得ない限り、自己又は第三者のために、委託者の営業又は事業の部類に属する取引をすることができない。予R4-28-オ	➡問屋には商28Ⅰ①のような規定はない	×

CORE PLUS

4 仲立営業

<table>
<tr><td>❶ 関係図</td><td>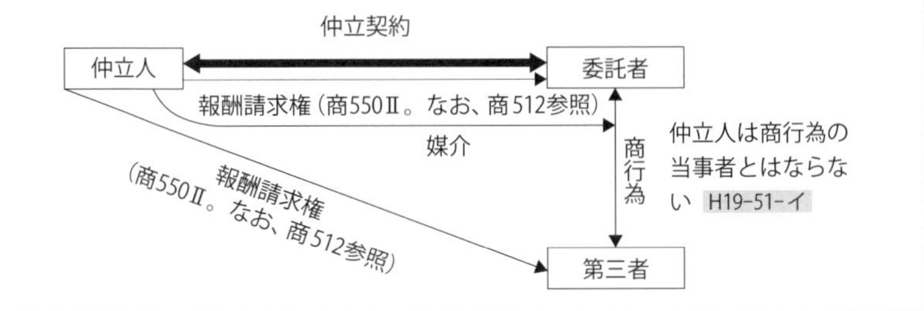
</td></tr>
<tr><td>❷ 仲立人の権利</td><td>ⅰ 報酬請求権（商512）
ⅱ 費用償還請求権（民649、650参照）
ⅲ 給付受領権限（商544）*</td></tr>
<tr><td>❸ 仲立人の義務</td><td>ⅰ 見本保管義務（商545）
ⅱ 結約書交付義務（商546Ⅰ）
ⅲ 仲立人日記帳作成及び謄本交付義務（商547）
ⅳ 氏名・商号の黙秘義務（商548）
ⅴ 介入義務（商549） 予R4-28-ウ
ⅵ 善管注意義務（民656・644）</td></tr>
</table>

＊「別段の意思表示又は別段の慣習」（商544ただし書）がある場合に限る。

5 問屋営業

<table>
<tr><td>❶ 関係図</td><td>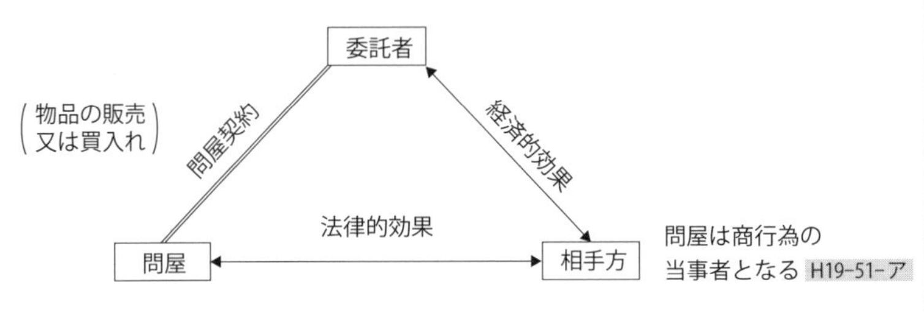
</td></tr>
<tr><td>❷ 問屋の権利</td><td>ⅰ 報酬請求権（商512）
ⅱ 費用前払請求権、償還請求権（民649、650）
ⅲ 留置権（商557・31） 予R4-28-エ
ⅳ 供託権、競売権（商556・524）
ⅴ 取戻権（破63Ⅲ・Ⅰ本文）
ⅵ 介入権（商555Ⅰ前段） 予H30-28-5</td></tr>
<tr><td>❸ 問屋の義務</td><td>ⅰ 善管注意義務（民644）
ⅱ 通知義務（商557・27）
ⅲ 指値遵守義務（商554、民644）
ⅳ 履行担保義務（商553）</td></tr>
</table>

CORE TRAINING

05　運送営業

05-1　物品運送

□□□　判例によれば、運送人は、運送品の全部が運送人の過失により滅失した場合には、荷送人又は荷受人に損害が全く生じなかったとしても、引渡しがあるべき日における到達地の価格によって定まる額の賠償責任を負う。 H22-53-2

➡ 最判昭53.4.20（商法百選74事件） 6 ❷iv

×

□□□　高価品について運送契約が締結される際に、高価品の種類及び価額の明告がされなかった場合には、運送契約の債務不履行による損害賠償の額は、運送品が高価品でなかったとしたときに生ずるであろう損害の額が上限となる。 H25-53-イ

➡ 商577Ⅰ　6 ❸i

×

□□□　運送品の滅失、損傷又は延着の場合における運送契約の債務不履行に基づく運送人の損害賠償責任は、運送品の引渡しがされた日から1年以内に裁判上の請求がなされないときは消滅する。 H25-53-ア改題

➡ 商585Ⅰ　6 ❹

○

□□□　判例によれば、運送人の故意又は過失により運送品が滅失し、荷送人に損害が生じた場合には、荷送人は、運送人に対し、運送契約に基づく債務不履行責任のみを追及することができ、不法行為責任を追及することはできない。 H25-53-エ

➡ 判例は運送人の責任に関し、債務不履行に基づく賠償請求権と不法行為に基づく賠償請求権との競合を認めている（最判昭38.11.5）

×

□□□　判例によれば、宅配便の運送約款で運送人の荷受人に対する責任の限度額を定めたときは、当該定めは、運送人の荷受人に対する債務不履行に基づく責任には適用されるが、運送人の荷受人に対する不法行為に基づく責任には適用されない。 H22-53-3

➡ 免責約款により、運送人の契約責任のみならず、不法行為責任も減免される（最判平10.4.30商法百選77事件）

×

05-2　旅客運送

□□□　旅客運送人は、旅客から無償で預かった手荷物が旅客運送人の従業員の過失によって毀損したとしても、当該従業員に対する監督を怠っていなければ、損害賠償の責任を負わない。 H22-53-5

➡ 商592Ⅰ、575ただし書。使用人が手荷物の保管等に関し注意を怠らなかったことの証明まで必要　7 ❷

×

CORE PLUS

6 物品運送契約（商570）における物品運送人の損害賠償義務

❶ 総　説	i 商法575条本文（損害賠償責任） ii ただし、運送人がその運送品の受取、運送、保管及び引渡しについて注意を怠らなかったことを証明したときは、損害賠償義務を負わない（商575ただし書）
❷ 損害賠償額（商576）	i 引渡しがされるべき地及び時における運送品の市場価格により決定され、市場価格がないときは、その地及び時における同種類で同一の品質の物品の正常な価格により定められる（商576 I） →実損害がこれより多い場合でも、運送人は上記により法定される損害賠償額だけを支払えばよい ii 運送品の滅失又は損傷のために支払うことを要しなくなった運送賃その他の費用は、損害賠償額から控除（商576 II） iii 損害が発生した場合において、運送人に故意又は重過失があるときは商法576条1項、2項の適用はなく、発生した損害の一切を賠償しなければならない（商576 III） iv 運送品の滅失又は損傷があっても、損害が全く発生していないときは、運送人は何ら責任を負わない（最判昭53. 4.20商法百選74事件） H22-53-2
❸ 高価品に関する特則	i 運送品が貨幣、有価証券その他の高価品である場合には、荷送人が運送を委託するに当たりその種類及び価額を通知した場合を除き、運送人はその滅失、損傷又は延着について損害賠償責任を負わない（商577 I） →通知がなかった場合は、普通品を基準とした損害賠償責任も負わない H25-53-イ ii 「高価品」：容積又は重量の割に著しく高価な物品（最判昭45. 4.21商法百選75事件）
❹ 責任の消滅	運送品の引渡しがされた日から1年以内に裁判上の請求がなされないときは消滅（除斥期間、商585 I） →この期間は、運送品の滅失等による損害が発生した後に限り、合意により延長できる（商585 II。なお、商585 III参照） H25-53-ア改題

7 旅客運送人の責任

❶ 旅客の損害	商法590条本文。ただし、運送人が運送に関し注意を怠らなかったことを証明したときは、上記責任を負わない（商590ただし書）
❷ 託送手荷物	特に運送賃を請求しないときであっても、物品運送人と同一の責任を負う（商592 I、575参照）。旅客運送人の被用者も同様（商592 II） H22-53-5
❸ 携帯手荷物	故意又は過失がある場合を除き、損害賠償責任を負わない（商593 I）

CORE TRAINING

06　場屋営業

□□□　ホテルの経営者Aが宿泊客Bから預かったバッグが滅失したときは、Aは、その保管につき注意を怠らなかったことを証明することにより、Bのバッグの滅失によって生じた損害を賠償する責任を免れることができる。予R5-29-イ	➡ 商596 I　8❶	×
□□□　ホテルの経営者Aが注意を怠らなかったにもかかわらず、宿泊客Bの宿泊部屋内に置かれていたBのバッグが滅失した場合には、Aは、Bのバッグの滅失によって生じた損害を賠償する責任を負わない。予R5-29-ウ	➡ 商596 II　8❷	○
□□□　ホテルの経営者Aは、「当ホテルは、フロントへお預けいただいていない携帯品の滅失又は損傷の損害については、いかなる責任も負いません。」とホテルの正面玄関に掲示していたときは、宿泊中のホテル内における宿泊客Bのバッグの滅失によって生じた損害を賠償する責任を免れることができる。予R5-29-エ	➡ 商596 III　8❸ ii	×
□□□　ホテルの経営者Aは、宿泊客Bからバッグを預かるに当たってバッグの中に1億円相当の宝石が入っていることを告げられていなかった場合において、その宝石の存在を知ることができず、かつ、その宝石の滅失につき悪意も重大な過失もないときは、その宝石の滅失によって生じた損害を賠償する責任を負わない。予R5-29-ア	➡ 商597　8❹	○
□□□　ホテルの経営者Aが宿泊客Bから預かったバッグが損傷した場合におけるBのAに対する場屋営業者の責任に係る債権は、BがAからバッグを返還された時から1年間行使しないときは、Aがバッグの損傷につき悪意でなければ、時効によって消滅する。予R5-29-オ	➡ 商598 I 、II　8❺ i 、ii	○

CORE PLUS

8 場屋営業者の責任

❶ 客から寄託を受けた物品に関する責任	客から寄託を受けた物品の滅失又は損傷について、それが不可抗力によるものであることを証明するのでなければ、損害賠償責任を免れることはできない（商596Ⅰ） 予R5-29-イ
❷ 客から寄託を受けない物品に関する責任	客から寄託を受けない物品について、場屋営業者が注意を怠ったことによって滅失又は損傷したときは、場屋営業者は、損害賠償責任を負わなければならない（商596Ⅱ） 予R5-29-ウ
❸ 特約による責任免除の可否	ⅰ 物品の滅失又は損傷が故意による場合を除き、場屋営業者と客との特約によって免除又は軽減することができる ⅱ 客の携帯した物品について責任を負わない旨を表示したとしても場屋営業者は責任を免れることはできない（商596Ⅲ） 予R5-29-エ
❹ 高価品に関する特則	客がその種類及び価額を通知してこれを場屋営業者に寄託した場合を除き、場屋営業者は、その滅失又は損傷によって生じた損害を賠償する責任を負わない（商597） 予R5-29-ア
❺ 場屋営業者の責任の時効	ⅰ 寄託を受けた物品を返還し、又は客が場屋の中に携帯した物品を持ち去った時（物品の全部滅失の場合にあっては、客が場屋を去った時）から１年（商598Ⅰ） 予R5-29-オ ⅱ 場屋営業者が物品の滅失又は損傷につき悪意であった場合には、一般の消滅時効の規律（民166Ⅰ）に服する（商598Ⅱ） 予R5-29-オ

MEMO

〚第２編第３章（有価証券法総説）には、登載基準を満たすフル問題がありません。〛

No. 051

手形理論

予H30-30

□　月　日
□　月　日
□　月　日

約束手形の振出人が負う手形債務がどのようにして生ずるかについては、幾つかの立場がある。次のアからオまでの各記述のうち、「この立場」が、当該手形債務は、手形の作成及び署名という一方的行為によって発生すると解する立場を指すものとしてふさわしいものを組み合わせたものは、後記１から５までのうちどれか。

□□□ ア．「この立場」は、一般に、署名によって署名者自身を権利者とする手形上の権利が成立し、その権利が手形の交付によって相手方に譲渡されると解している。

□□□ イ．「この立場」は、手形という書面を通じて意思表示がされ、手形の授受により、意思表示が相手方に到達すると解している。

□□□ ウ．「この立場」は、手形を一旦作成し、署名した後であっても、占有を手放すまでは、署名者は自由に手形債務の内容を変更し、又は消滅させることができるから、手形を相手方に交付して初めて債務を負担すると解することが手形行為者の通常の意思に合致すると主張する。

□□□ エ．「この立場」に対しては、民法上も単独行為によって債権債務関係は生じ得るし、相手方の承諾を必要と考えるのは擬制的であるという批判がある。

□□□ オ．「この立場」は、振出人が署名したが、受取人に交付する前の手形が振出人の下で保管されていた間に盗取されたときは、当該手形を盗取した者から、善意でかつ重大な過失がなく当該手形を取得した者は、善意取得によって保護されると解している。

１．ア　エ　　２．ア　オ　　３．イ　ウ　　４．イ　エ　　５．ウ　オ

No. 051　**正解 2**　手形理論は学説が入り組み、難解だが、本問は各記述をよく読めば解くことができる。　正答率 68.6%

ア　ふさわしい。

本記述は二段階創造説に立つ。この立場は、振出しを手形の作成と交付の二段階に分けたうえで、第1段階として、手形の作成・署名は署名者が自分自身に対する手形上の債権を取得する単独行為であり、この意思表示は不特定多数人に対する一方的意思表示であるとする。第2段階として、手形の交付は手形債権の移転を目的とした署名者と相手方との契約であるとする。したがって、この立場によれば、手形の作成・署名という一方的行為によって、署名者を権利者とする手形債務が発生すると解される。

イ　ふさわしくない。

本記述は交付契約説又は発行説に立つ。両説共に、意思表示は相手方に到達しない限り効力を生じず（民97条1項）、債務も発生しないとしており、本記述の立場に立てば、手形の作成及び署名では足りず、手形の授受がない限り手形債務は発生しないこととなる。

ウ　ふさわしくない。

本記述の立場は、手形を相手方に交付して初めて債務を負担すると解すべきとしており、交付契約説又は発行説に立っている。本記述の内容から、手形の作成及び署名という一方的行為によって債務が発生すると解する立場を採っていないことは明らかである。

エ　ふさわしくない。

本記述は交付契約説に対する批判である。交付契約説は、相手方の承諾がなければ債権債務関係は発生しないと主張する見解であるから、「この見解」たる交付契約説が、手形の作成及び署名という一方的行為によって債務が発生すると解する立場でないことは明らかである。

オ　ふさわしい。

手形の作成及び署名により手形債務が発生するとする二段階創造説によれば、交付欠缺の場合でも手形債務の発生自体は認めることになるから、交付する前の手形が盗取され、これを第三者が取得したときは、無権利者からの手形上の権利の取得として、善意取得（手77条1項1号・16条2項）の問題として処理されることになる。他方、手形債務の発生に交付行為を必要とする発行説及び交付契約説の立場では、交付欠缺の場合には手形上の権利が発生しておらず、署名者は手形上の責任を負担しないこととなる。したがって、本記述は、二段階創造説に立っているといえる。

文献　試験対策講座・商法・手形法小切手法216～219頁

No. 052

約束手形の形式的要件

予R3-29

□　月　日
□　月　日
□　月　日

約束手形に関する次のアからオまでの各記述のうち、誤っているものを組み合わせたものは、後記１から５までのうちどれか。

□□□ ア．全国銀行協会が規格・様式を定めた統一手形用紙によらないで振り出された約束手形も、有効である。

□□□ イ．振出人が第三者の住所で支払うべき旨が記載されている約束手形も、有効である。

□□□ ウ．約束手形の金額として数字で二つの金額が記載されている場合において、それら二つの金額に差異があるときは、当該約束手形は無効である。

□□□ エ．判例の趣旨によれば、振出日として記載された日よりも前の日が満期として記載されている確定日払いの約束手形は、無効である。

□□□ オ．判例の趣旨によれば、暦に存在しない平年における２月29日が満期として記載されている約束手形は、無効である。

１．ア　イ　　２．ア　エ　　３．イ　ウ　　４．ウ　オ　　５．エ　オ

No. 052　正解　4　約束手形の形式的要件に関する条文及び重要判例を整理しておこう。　正答率 68.1%

ア　正しい。

手形用紙については、手形法上別段の制限はないので、単なる紙切れを用いた手形も、手形法上は有効である。

イ　正しい。

手形法４条は、「為替手形ハ支払人ノ住所地ニ在ルト又ハ其ノ他ノ地ニ在ルトヲ問ハズ第三者ノ住所ニ於テ支払フベキモノト為スコトヲ得」として、**第三者方払文句を規定**している。

ウ　誤り。

手形は一定額の金銭の支払を目的とする金銭債権証券であるから、金額の一定性が要求され（手75条２号前段）、複数書いたうちのどちらの金額というような選択的記載は認められないが、手形法６条２項は、金額がそれぞれ数字で記載されている場合には、最低金額が手形上の金額になるとしているので、必ずしも無効となるものではない。

エ　正しい。

判例は、満期の日として振出日より前の日が記載されている確定日払の約束手形は、無効であるとしている（最判平９.２.27手形小切手百選20事件）。

オ　誤り。

判例は、平年における２月29日を満期とする手形の記載は、２月末日を満期として記載した趣旨と解するのが相当であるとしている（最判昭和44.３.４）。

文献　試験対策講座・商法・手形法小切手法224、226、229、230、234頁

CORE TRAINING

01　形式的要件

□□□　約束手形の金額が文字及び数字によって記載された場合において、文字によって記載された金額と数字によって記載された金額とに差異があるときは、文字によって記載された金額が手形金額となる。これは、約束手形の流通性を高める趣旨によるものである。 H26-55-イ

➡ 手77Ⅱ・6Ⅰ　○

□□□　利息文句の付された約束手形は、無効である。 H18-54-3

➡ 手77Ⅱ・5Ⅰ。一覧払手形・一覧後定期払手形の場合には有益的記載事項となり、確定日払又は日付後定期払の手形では無益的記載事項となるので、約束手形が無効とはならない　1❷、❸　×

□□□　振出人は、手形に「指図禁止」の文字を記載することができるが、裏書人は、新たな裏書を禁止することはできない。 H26-56-1

➡ 手77Ⅰ①・15Ⅱ前段。裏書人も新たな裏書を禁止することができる　×

CORE PLUS

1　約束手形の形式的要件（手形の記載事項）

❶ 必要的記載事項	記載しないと手形は無効となる（手76Ⅰ本文）	約束手形文句（手75①）、手形金額（手75②前段）、単純なる支払約束文句（手75②後段）、満期（手75③）、支払地（手75④）、受取人（手75⑤）、振出日・振出地（手75⑥）、振出人の署名（手75⑦）
❷ 有益的記載事項（任意的記載事項）	記載しないと無効となるわけではないが、記載されれば効力が認められる	一覧払手形・一覧後定期払手形の利息文句（手5Ⅰ前段） H18-54-3、指図（裏書）禁止文句（手11Ⅱ）、第三者方払文句（手4）、支払呈示期間の伸長短縮（手34Ⅰ3文、手23Ⅱ）、支払拒絶証書作成免除文句（手46）、戻手形の禁止文句（手52Ⅰ）、準拠すべき暦の指定文句（手37Ⅳ）
❸ 無益的記載事項	記載の有無が影響しない	利息文句（手5Ⅰ後段） H18-54-3、指図文句（手11Ⅰ）、引換文句（手39Ⅰ）、呈示文句（手38Ⅰ）
❹ 有害的記載事項	記載すると無効となる	支払を不確定期限付きとする文言や分割払いとする文言（手33Ⅱ）、免責文句等

CORE TRAINING

02　実質的要件

□□□　約束手形に偽造の署名がある場合でも、他の署名者の債務は、その効力を妨げられない。これは、約束手形の流通性を高める趣旨によるものである。H26-55-ウ	➡ 手77Ⅱ・7 2 ❸	○

03　他人による手形行為

03-1　代理方式

□□□　甲株式会社の代表取締役乙が約束手形を振り出した場合において、その振出人の記載が甲株式会社のためにする旨の表示であるとも、乙個人のためにする表示であるとも解し得るときは、真実の趣旨を知らない受取人は、甲及び乙のいずれに対しても手形金の請求をすることができる。H20-54-5	➡ 最判昭47.2.10（手形小切手百選4事件） 3 ※1	○
□□□　乙が代理権を有しないにもかかわらず「甲代理人乙」名義で約束手形を振り出した場合、手形所持人は、乙に対し、甲に表見代理が成立するときであっても、手形法が定める無権代理人の責任を追及することができる。H20-54-1	➡ 最判昭33.6.17（手形小切手百選11事件） 3 ❶ ii a	○

03-2　機関方式

□□□　甲株式会社の代表取締役乙が約束手形の裏書欄に「甲株式会社」と記載し、会社印を押印しただけで、乙の自署又は記名捺印がない場合、当該裏書は、甲株式会社の裏書としての効力を生じない。H20-54-4	➡ 最判昭41.9.13（手形小切手百選2事件） 3 ※2	○
□□□　乙が何ら権限を有しないにもかかわらず「甲」名義で約束手形を振り出した場合、乙は、手形所持人に対し、手形法が定める無権代理人の責任の規定の類推適用により、責任を負う。H20-54-2	➡ 最判昭49.6.28（手形小切手百選17事件） 3 ❷ ii a	○

03-3　名義貸人の手形責任

□□□　甲が乙に自己の名称を使用して営業をすることを許諾していた場合において、乙が甲の名称を使用して営業をすることがなかったときは、甲は、許諾した営業の範囲内と認められる営業のために乙が「甲」名義で振り出した約束手形につき、責任を負わない。H20-54-3	➡ 最判昭55.7.15（商法百選11事件） 3 ※3	×

CORE PLUS

2 手形行為独立の原則（手77Ⅱ・7）

❶ 意義	同一手形上の各手形行為はそれぞれ独立して効力を生じ、論理的前提となった他の手形行為の実質的効力の有無によって影響を受けない原則
❷ 場面	債務負担面で働く
❸ 根拠	政策説（通説・多数説） →手形取引の安全、ひいては手形の流通保護のために、法が定めた特則であるとする見解 H26-55-ウ

3 他人による手形行為

❶ 代理方式
→代理人が本人のためにすることを手形上に記載し、自己名義の署名・記名捺印をする。
e.g. Bが「A代理人B」と表示された手形を振り出す。

❷ 機関方式
→他人が自分の名義を手形上に表さずことなく、本人の署名・記名捺印のみを表す。
e.g. Cが「A」や「B」や「A代理人B」と表示された手形を振り出す。

			a （無権）代理人・他人の責任	b 本人の責任
❶ 代理方式	代理権	i あり	責任を負わない	当然に責任を負う （ただし、権限濫用・利益相反取引）
		ii なし	無権代理人としての責任を負う （手8、最判昭33. 6 . 17手形小切手百選11事件） H20-54-1	原則：責任を負わない 例外：追認した場合、表見責任が生じる場合
❷ 機関方式	代行権限	i あり	責任を負わない	責任を負う[*1]
		ii なし	偽造者としての責任を負う （手8類推、最判昭49. 6. 28手形小切手百選17事件） H20-54-2	原則：責任を負わない 例外：被偽造者が追認した場合[*2]、表見責任が生じる場合

＊1　署名については、署名の代行を認める判例（大判大4 .10.30）の立場を前提とする。
＊2　偽造の場合に、非偽造者の追認の遡及効を認める判例（最判昭41. 7 . 1 手形小切手百選16事件）の立場を前提とする。

※1　代理方式の場合、手形所持人は法人及び代表者個人のいずれに対しても手形金の請求をすることができるが、被請求者は振出の真実の趣旨を知っていた直接の相手方に対して、その旨の人的抗弁を主張し得る（最判昭47. 2 .10手形小切手百選 4 事件）。 H20-54-5

※2　機関方式において、手形法13条の裏書人の署名について、裏書人が法人である場合には、当該法人の代表機関が法人のためにすることを明らかにして自己の署名をすることを要する（最判昭41. 9 .13手形小切手百選 2 事件）。 H20-54-4

※3　上記と区別すべき問題として、名義貸人の手形責任がある。営業・事業上の名義使用の許諾がある場合に、判例は、名義人が許諾された営業・事業をせずに単に手形行為のみに名義貸人の名義を使用したケースについても、名義貸人の責任を肯定している（商14類推、会社 9 類推）（最判昭55. 7 .15商法百選11事件）。 H20-54-3

CORE TRAINING

03-4　変造

□□□　手形金額を100万円とする手形が振り出された後に、手形金額が200万円に変造され、その後、裏書がされた場合には、振出人及び裏書人は、100万円の限度で手形上の債務を負う。H26-56-2	➡ 手77Ⅰ⑦・69。振出人は変造前の署名者として100万円、裏書人は変造後の署名者として200万円の責任を負う　[4]❷	×
□□□　甲は、乙に対する売買代金の支払のために、乙を受取人とする確定日払の約束手形を作成して、乙に交付したところ、これを乙から預かった丙が、甲及び乙の同意なく、受取人乙の記載を抹消して受取人欄を空欄とした。この場合に、丙が受取人欄に自己の名前を記載して満期前に丁に裏書をした場合において、その裏書が無担保裏書でないときは、丙に対する遡求権が発生する。H23-55-エ	➡ 手77Ⅰ⑦・69。受取人欄の無権限変更は変造に当たるとされる（最判昭49.12.24手形小切手百選51事件）結果、丙は変造後の署名者として責任を負う　[5]❶	○
□□□　上記と同様の場合に、丙が受取人欄に自己の名前を記載して満期に甲に手形金の請求をした場合、甲は、丙に対し、手形金を支払う義務を負わない。H23-55-ウ	➡ 最判昭41.11.10　[4]※	○
□□□　上記と同様の場合に、この手形は、丙による受取人乙の記載の抹消により、白地手形となる。H23-55-ア	➡ 最判昭49.12.24（手形小切手百選51事件）　[5]❶	×
□□□　上記と同様の場合に、甲の手形金を支払う義務は、丙による受取人乙の記載の抹消により、消滅しない。H23-55-イ	➡ 最判昭49.12.24（手形小切手百選51事件）。裏書の連続を主張できるため、甲の支払義務は消滅しない　[5]❷	○

04　裏書

04-1　通常の譲渡裏書

□□□　AがBに対し振り出した約束手形に関して、Bは、手形金額の一部のみであっても裏書により譲渡することができる。予H29-29-1	➡ 手12Ⅱ　[6]※2	×

CORE PLUS

4 変造された手形の署名者の責任

	責任の内容
署名者	❶ 変造前に署名 →原文言（変造前の文言）に従って責任を負う（手69後段） ❷ 変造後に署名 H26-56-2 →現文言（変造後の文言）に従って責任を負う（手69前段）

※　変造された手形の所持人が手形金の請求をするには、受取人からいかなる経路によって手形を取得したかを明らかにし、手形債権につき振出人に対する関係において債権譲渡の対抗要件を充足していることを主張・立証しなければならない（最判昭41.11.10）。H23-55-ウ

5 受取人欄の無権限変更

❶ 効　果	変造（手69）に当たる（最判昭49. 12. 24手形小切手百選51事件） H23-55-エ →白地手形になるわけではない（∵手形法69条は、手形の文言が権限のない者によりほしいままに変更されてもいったん有効に成立した手形債務の内容に影響を及ぼさない法理を明らかにしたもの） H23-55-ア
❷ 所持人の振出人に対する裏書の連続の主張の可否	裏書の連続を主張できる →判例は、裏書の連続は、裏書の形式（外観）によりこれを判定すれば足り、約束手形の受取人欄の記載が変造された場合であっても、手形面上、変造後の受取人から現在の手形所持人へ順次連続した裏書の記載があるときは、その所持人は、振出人に対する関係においても、その手形の適法な所持人と推定される（手77Ⅰ①・16Ⅰ）としている（前掲最判昭49年） H23-55-イ

6 裏書の分類

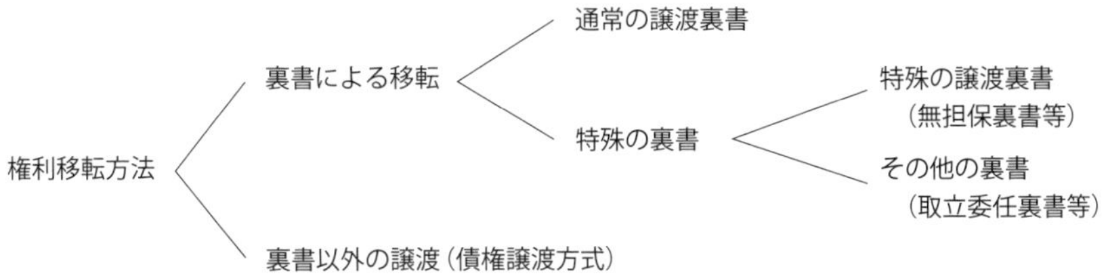

※1　裏書は、単純であることが要求されており（手12Ⅰ前段）、裏書に付された条件は、記載されなかったものとみなされる（手12Ⅰ後段）。

※2　一部裏書（金額の一部についてされた裏書）は、無効となる（手12Ⅱ）。予H29-29-1

CORE TRAINING

□□□　AがBに対し振り出した約束手形に関して、Bが、Cに対し、裏書をするに当たり、被裏書人名を記入しないで白地のまま交付し、さらに、CがDに対し裏書をしないで単なる交付により譲渡した場合には、Cは、手形所持人に対し、担保責任を負わない。予H29-29-5	➡ 手77Ⅰ①・14Ⅱ③。Cは裏書署名をしていないことから、裏書の担保的効力は認められない　7 ❸	○
□□□　受取人の記載のない手形について振出人に対し手形上の権利を行使するには、受取人の記載を補充する必要があるが、被裏書人の記載のない手形について裏書人に対し手形上の権利を行使するには、被裏書人の記載を補充する必要はない。H26-56-3	➡ 手75⑤、77Ⅰ①・16Ⅰ第2文　7 共通点ii	○
□□□　善意取得は、手形の承継取得の一例である。予H28-29-イ	➡ 8 ❶	×
□□□　手形法所定の要件の下で約束手形の取得者に認められる善意取得は約束手形の流通性を高める趣旨によるものである。H26-55-エ	➡ 8 ❷	○
□□□　相続による手形の取得にも、善意取得の適用がある。予H28-29-オ	➡ 相続や合併などの包括承継や、指名債権譲渡の方式による譲渡などの場合には適用されない　8 ❸ ii	×
□□□　無権利者から裏書の連続した手形を取得した者がその取得時に相手方の無権利につき善意でかつ重大な過失がない場合には、その後に事情を知ったときであっても、当該手形を善意取得することができる。予H28-29-エ	➡ 大判昭2.4.2参照　8 ❸ iii	○
□□□　判例の趣旨によれば、裏書の連続する手形の所持人から裏書により当該手形を譲り受ける者であっても、当該所持人が当該手形を所持することにつき疑念を抱いてしかるべき事情が認められる場合には、振出人又は支払担当銀行に照会するなどの方法で調査をしなければ、手形を善意取得することができない。予H28-29-ア	➡ 最判昭52.6.20（手形小切手百選24事件）　8 ❸ iii	○

CORE PLUS

7 白地式裏書（被裏書人の名称を記載しないでする裏書）の方法と性質の相違

<table>
<tr><th>方　法</th><th>共通点</th><th>相違点
（担保的効力*の有無）</th></tr>
<tr><td>❶ 被裏書人欄に自分の名称を補充したうえで（手14Ⅱ①）、又はそれを白地のまま（手14Ⅱ②）、更に次の裏書をする</td><td rowspan="3">ⅰ 善意取得（手16Ⅱ）及び人的抗弁の主張制限（手17本文）が適用される
ⅱ 資格授与的効力が認められる
→白地式裏書によって約束手形を譲り受けた者は、その記載を補充しなくとも、手形上の権利を行使できる（手77Ⅰ①・16Ⅰ第2文） H26-56-3</td><td>あり</td></tr>
<tr><td>❷ 被裏書人欄に直接譲受人（他人）の名称を補充して（手14Ⅱ①）、それを譲受人に交付する</td><td rowspan="2">担保的効力なし</td></tr>
<tr><td>❸ 被裏書人欄を白地のままにし、かつ、次の裏書もしないで、単に手形を譲受人に交付する（手14Ⅱ③） 予H29-29-5</td></tr>
</table>

＊　裏書により、被裏書人及びその後の譲受人に対し、手形の引受け、支払を担保する義務を負う効力（手15Ⅰ）。

8 善意取得

❶ 定義	裏書によって善意無重過失で手形を取得した者は、その裏書が法律行為として無効であっても、手形上の権利を取得（原始取得）するというもの（手16Ⅱ） 予H28-29-イ
❷ 趣旨	約束手形の流通性を高めること H26-55-エ
❸ 要件	ⅰ 裏書の連続している手形の所持人からの取得であること ⅱ 手形法的流通方法によって取得したこと 予H28-29-オ ⅲ 手形取得時に、譲受人が悪意又は重過失でないこと（大判昭2．4．2参照） 予H28-29-エ →重過失の認定について、判例は、手形の譲受人が当該手形の所持人から手形を取得するに際し、同人が当該手形を所持することにつき疑念を抱くべき事情がある場合には、譲受人において何らかの方法で手形振出の真否について調査すべき注意義務があり、何らの調査もしていない譲受人には、重過失が認められるとしている（最判昭52．6．20手形小切手百選24事件） 予H28-29-ア

CORE TRAINING

04-2　裏書の連続

□□□　約束手形の受取人欄に「法務花子」という記載があり、第一裏書人欄に法務花子の通称である「司法華子」という署名及びその住所の記載がある場合には、当該約束手形には裏書の連続がある。予R4-30-イ	➡ 実際には同一人であっても、手形上の記載から同一人と判断できない場合は、裏書の連続を欠く　9 ❶	×
□□□　約束手形の最後の裏書が白地式裏書であり、それより前の裏書が連続している場合には、当該約束手形の所持人は権利者と推定される。予R4-30-ウ	➡ 手77Ⅰ①・16Ⅰ。条文は「看做ス」としているが、推定規定と解されている	○
□□□　約束手形の受取人欄に「A」という記載、第一裏書人欄に「A」という署名及びその住所の記載、第一被裏書人欄に「B」の記載、第二裏書人欄に「C」という署名及びその住所の記載、第二被裏書人欄に「D」の記載があるが、第一被裏書人欄の「B」の記載が抹消された場合には、その抹消が権限のある者によってされたことを所持人が証明した場合に限り、第一裏書は白地式裏書となり、当該約束手形には裏書の連続があるものとされる。予R4-30-エ	➡ 手77Ⅰ①・16Ⅰ。抹消が権限に基づいてなされたか否かにかかわらず、裏書は記載されなかったものとみなされる（最判昭36.11.10）	×
□□□　約束手形の受取人欄に「A株式会社 法務太郎 支店長」という記載があり、第一裏書人欄に「法務太郎」という署名及びその住所の記載がある場合には、当該約束手形に裏書の連続があるとはいえない。予R4-30-オ	➡ 9 ❷	×
□□□　裏書の連続が欠ける約束手形の所持人も、裏書の連続が欠ける部分につき、実質的な権利移転の事実により自己の権利を証明すれば、手形上の権利を行使することができる。予R4-30-ア	➡ 最判昭31.2.7（手形小切手百選53事件）	○

CORE PLUS

9 裏書の連続の判断基準

❶ 手形の記載からの形式的・外形的判断
裏書の連続の有無は、手形の記載から形式的・外形的に判断すべきであって、手形の記載以外の事実関係によって判断すべきでない（通説） 予R4-30-イ
❷ 社会通念による同一性判断
裏書人と直前の受取人あるいは被裏書人との記載は完全に一致する必要はなく、社会通念上同一人と認められれば、裏書の連続は肯定される（大判昭10. 1 . 22） 予R4-30-オ
❸ 多義的記載と裏書の連続
最初から 2 つの記載を比較・対照して、多義的内容のうちのどちらかが一義的内容の記載に一致するかを判断し、社会通念によりできる限り裏書の連続を肯定する 【それぞれの記載を比較・対照し、裏書の連続を肯定した例】 ○受取人「愛媛無尽会社甲山支店長」と第 1 裏書人「北宇和郡泉村甲山乙子」（最判昭30. 9 . 30手形小切手百選50事件） ○受取人「ミツワ商品株式会社」と第 1 裏書人「ミツワ商品株式会社丙山一郎」（最判昭56. 7 . 17）
❹ 相続人など包括承継人の肩書表示と裏書の連続
前の被裏書人が被相続人「A」、次の裏書人が「A相続人B」というように、相続人が相続人という肩書を表示して手形に裏書署名している場合、裏書の連続は否定（通説）

CORE TRAINING

04-3　特殊の裏書

問題	解説	正誤
□□□　約束手形の所持人は、その振出人に対して裏書譲渡することができる。H18-54-4	➡ 手77Ⅰ①・11Ⅲ 10 ❶ⅲ	○
□□□　確定日払の約束手形の満期として記載されている日の翌日にされた裏書は、債権譲渡の効力のみを有する。H18-54-2改題	➡ 満期後の裏書であっても、満期前の裏書と同一の効力が認められ得る(手77Ⅰ①・20Ⅰ)。確定日払手形の支払拒絶証書作成期間は支払日又はこれに次ぐ2取引日(手77Ⅰ④・44Ⅲ)なので、本問では、満期前の裏書と同一の効力が認められる	×
□□□　AがBに対し振り出した約束手形に関して、Bから裏書を受けたCがDに対し「取立てのため」との文言を付して裏書をし、Dが、Aに対し、支払のため手形を呈示したが、支払がなかったため、手形をCに返還した場合には、Dに対する被裏書人欄の記載を抹消しないときであっても、裏書の連続が認められる。予H29-29-3	➡ 取立委任裏書には権利移転的効力がないことから、被裏書人が裏書人に対して手形を返還した場合において、取立委任裏書の記載を抹消しなくても、裏書人が連続する手形の所持人として権利者と推定される	○
□□□　AがBに対し振り出した約束手形につき、AB間の手形振出しの原因関係が消滅した場合において、BがCに対し「取立てのため」との文言を付して裏書をしたときは、Aは、Cが債務者を害することを知って手形を取得した場合でなければ、当該原因関係が消滅したことを主張して、Cからの手形金請求を拒むことができない。予H29-30-5	➡ 手18Ⅱ。取立委任裏書の被裏書人は独自の経済的利益を有しないから、人的抗弁の主張制限は生じない 10 ❷ⅰa	×

CORE PLUS

10 特殊の裏書

分類		定義	性質
❶特殊の譲渡裏書	i 無担保裏書（手15Ⅰ）	裏書人が「無担保」、「支払・引受無担保」などの文句（無担保文句）を記載した裏書	無担保裏書の裏書人は、その後全員に対して担保責任を負わない
	ii 裏書禁止裏書（手15Ⅱ）	裏書人が新たな裏書を禁ずる旨の記載をしてなした裏書	被裏書人はその後も裏書により手形上の権利を移転することができる*
	iii 戻裏書（手11Ⅲ） H18-54-4	手形上の債務者を被裏書人とした裏書	戻裏書の被裏書人は、自己だけでなく、その中間の手形義務者に対しても手形上の権利行使をすることができない
	iv 期限後裏書	支払拒絶証書作成後又はその作成期間経過後になされた裏書	a 権利移転的効力、資格授与的効力、権利者としての推定力（手16Ⅰ第1文）及び支払免責（手40Ⅲ）が認められる b 担保的効力、抗弁制限、人的抗弁の主張制限（手17本文）は認められない
	v 裏書の抹消による譲渡	自己以降の裏書が抹消された手形の返還を受けること	白地式裏書がなされた手形の交付（手14Ⅱ③）と同じ効力（人的抗弁の主張制限、善意取得など）が認められる
❷その他の裏書	i 取立委任裏書	手形上の権利を行使する代理権を付与する目的でなされる裏書	a 善意取得、人的抗弁の主張制限、担保的効力は認められない 予H29-30-5 b 代理権者としての資格授与的効力（代理権授与的効力）が認められるため、善意支払（手40Ⅲ）が認められる
	ii 質入裏書	手形上の権利に質権を設定する目的でなされる裏書	手形から生じる一切の権利を自己の名で行使することはできるが、手形の処分権は有しないので、譲渡裏書や質入裏書をすることはできない

＊　ただし、裏書禁止裏書をした裏書人は、自己の直接の被裏書人に対して担保責任を負うが、それ以後の被裏書人に対しては担保責任を負わないと解されている（通説）。

CORE TRAINING

05　手形抗弁

□□□　AがBに対し振り出した約束手形につき、AB間の手形振出しの原因関係が消滅した場合において、Bが、支払のための呈示をすることなく、Cに対し満期日の翌日に裏書をしたときは、Cが当該原因関係の消滅の事実について善意であったとしても、Aは、当該原因関係が消滅したことを主張して、Cからの手形金請求を拒むことができる。予H29-30-4

➡ 人的抗弁の切断（手17本文）の制度が適用されないのは、手形法的流通方法によらずに取得した場合、期限後裏書により取得した場合、固有の経済的利益を有しない場合、悪意の抗弁（手17ただし書）が成立する場合に限られる

×

□□□　判例の趣旨によれば、AがBに対し振り出した約束手形につき、AB間の手形振出しの原因関係が消滅した場合において、Bが当該原因関係の消滅の事実について善意であるCに対し裏書をした後、再度CからBに対し裏書がされたときは、Aは、当該原因関係が消滅したことを主張して、Bからの手形金請求を拒むことができる。予H29-30-3

➡ 最判昭40.4.9（手形小切手百選27事件）11 ❷

○

□□□　判例の趣旨によれば、AがBに対し振り出した約束手形につきBがCに裏書をした場合には、BC間の裏書の原因関係が消滅したときであっても、Aは、Cからの手形金請求を拒むことはできない。予H29-30-1

➡ 最大判昭43.12.25（手形小切手百選36事件）11 ❸

×

□□□　判例の趣旨によれば、AがBに対し振り出した約束手形につきBがCに裏書をした場合には、AB間の手形振出し及びBC間の裏書の原因関係が共に消滅したときであっても、Aは、Cが債務者を害することを知って手形を取得した場合でなければ、AB間の原因関係が消滅したことを主張して、Cからの手形金請求を拒むことができない。予H29-30-2

➡ 最判昭45.7.16（手形小切手百選35事件）11 ❹

×

CORE PLUS

11 手形抗弁についての判例の整理

類型・問題の所在	結　論
❶ 善意者介在後の悪意者 手形の所持人が人的抗弁の存在を知って手形を取得した場合、手形の所持人は悪意の抗弁の対抗を受けるか	手形の所持人が悪意で手形を取得した場合でも、その前者が善意であったため、手形債務者が前者に対し人的抗弁を対抗できなかったときは、もはや人的抗弁を受けることはない（最判昭37. 5. 1 手形小切手百選28事件）
❷ 戻裏書と人的抗弁 人的抗弁の対抗を受ける者が手形を善意者に譲渡し、更にその善意者から手形の裏書譲渡を受けた場合、人的抗弁の対抗を受けるか	戻裏書の被裏書人が、「自己の裏書譲渡前の法律的地位よりも有利な地位を取得すると解しなければならない理はない」から、人的抗弁の対抗を受ける（最判昭40. 4. 9 手形小切手百選27事件） 予H29-30-3
❸ 後者の抗弁 手形の所持人が前者から人的抗弁の対抗を受ける場合において、更にその前者に対して手形金の支払請求をすることができるか	所持人の権利行使は権利の濫用（民 1 Ⅲ）に当たるので、手形債務者は支払請求を拒むことができる結果、手形金の支払請求をすることができない（最大判昭43. 12. 25手形小切手百選36事件） 予H29-30-1
❹ 二重無権の抗弁 約束手形の振出人・受取人間の原因関係が消滅し、裏書人・被裏書人間の原因関係も消滅した場合において、被裏書人たる手形所持人が、手形を裏書人に返還しなければならないにもかかわらず、振出人に対して手形金の支払請求をしたときに、振出人はこの請求を拒むことができるか	所持人は自ら固有の経済的利益を有しないから、債務者は、所持人の前者に対して有している人的抗弁を所持人に対抗することができる結果、振出人は支払請求を拒むことができる（最判昭45. 7. 16手形小切手百選35事件） 予H29-30-2

CORE TRAINING

06　支払

□□□　AがBに対し振り出した約束手形に関して、Bから裏書を受けたCは、Aに対し、支払呈示期間経過後に支払のため手形を呈示した場合であっても、満期日からの遅延損害金を請求することができる。予H29-29-4、予H27-30-5

➡ 最判昭55.3.27　12 ❸iii

×

□□□　振出人は、所持人が支払をすべき日又はこれに次ぐ2取引日内に支払のために手形を呈示しないときでも、所持人に対する手形金の支払義務を免れない。予H27-30-4

➡ 支払呈示期間内の呈示がなくとも、振出人の手形金支払債務は、消滅時効期間（手77Ⅰ⑧・70Ⅰ）が経過しない限り消滅しない　12 ❶iii

○

□□□　振出人が支払をすべき日に手形金の一部の支払をしようとするときは、所持人は、その支払を拒むことができる。予H27-30-2

➡ 手77Ⅰ③・39Ⅱ。手形の所持人は、支払をすべき日の手形金の一部支払を拒むことはできない　12 ❷ii

×

□□□　振出人が期限の利益を放棄して支払をすべき日より前に手形金の支払をしようとするときは、所持人は、その支払を拒むことができる。予H27-30-1

➡ 手77Ⅰ③・40Ⅰ。手形の所持人は、満期前に支払を受けることを要しない　12 ❷i

○

07　遡求

□□□　約束手形の流通性を高める趣旨から、約束手形の所持人が裏書人に対して遡求権を行使するためには、原則として、満期又はこれに次ぐ2取引日内に振出人に対して支払のための呈示をするなど、手形法所定の要件を満たさなければならない。H26-55-オ

➡ 遡求権行使を制限する趣旨であり、約束手形の流通を高める趣旨ではない　13

×

08　時効

□□□　約束手形の振出人と裏書人の手形法上の地位に関して、振出人及び裏書人が手形所持人に対して合同して責任を負うときは、手形所持人が振出人に対して手形上の債務の履行を請求しても、裏書人に対しては時効の完成猶予・更新の効力を生じない。H26-56-4改題

➡ 手77Ⅰ⑧・71　14 ❹

○

CORE PLUS

12 約束手形の支払呈示と請求呈示

■法令名なき条文は手形法を指す

	i　満期前支払	ii　支払呈示	iii　請求呈示
時期	満期前	支払呈示期間内	支払呈示期間経過後
❶ 手形金支払請求	不可（77Ⅰ③・28Ⅰ参照）	可（77Ⅰ③・28Ⅰ）	時効消滅（77Ⅰ⑧・70Ⅰ）しない限り可　予H27-30-4
❷ 一部支払の拒絶	可（77Ⅰ③・40Ⅰ）予H27-30-1	不可（77Ⅰ③・39Ⅱ）予H27-30-2	可（通説）
❸ 利息・遅延損害金債務	生じない	満期以後（78Ⅰ、28Ⅱ、48Ⅰ②、49②）	請求呈示の翌日以後＊ 予H29-29-4、予H27-30-5
❹ 遡求権保全効	あり（77Ⅰ④・43後段各号）	あり（77Ⅰ④・43前段）	なし（77Ⅰ④・53Ⅰ）
❺ 時効障害	―	完成猶予（民150Ⅰ）	

＊　民520の9、404Ⅱの法定利率による遅延利息にとどまる。

13 遡求の要件　H26-55-オ

	満期前の遡求	満期後の遡求
❶ 形式的要件	支払呈示期間内の引受拒絶証書の作成（手44Ⅰ、Ⅱ）	支払呈示期間内の支払拒絶証書の作成（手44Ⅰ、Ⅲ）
❷ 実質的要件	通説によれば、振出人の ○破産手続開始決定 ○支払停止 ○財産に対する強制執行の不奏功	支払呈示期間内の、適法な支払呈示に対する、手形金額の全部又は一部の支払の拒絶（手77Ⅰ④・43前段）

14 時効の完成猶予・更新

❶ 時効期間	i　約束手形の振出人、為替手形の引受人に対する手形上の請求権	満期の日から3年（手70Ⅰ）
	ii　手形所持人の前者に対する請求権（遡求権）	拒絶証書の日付から（拒絶証書の作成が免除されているときは満期の日から）1年（手70Ⅱ）
	iii　遡求義務を履行した裏書人の前者に対する請求権（再遡求権）	手形を受け戻した日又は訴えを受けた日（訴状送達の日）から6か月（手70Ⅲ）
❷ 手形の呈示の要否	i　裁判上の請求による場合	不要（大判明44.2.22）
	ii　催告による場合	不要（最大判昭38.1.30手形小切手百選76事件）
❸ 手形の所持の要否	i　裁判上の請求による場合	不要（最判昭39.11.24手形小切手百選77事件）
	ii　催告による場合	不要（通説）
❹ 効　力	債務者に対する関係では、事由が生じた者に対してのみ、その効力が生じる（相対効、手71）H26-56-4改題	

CORE TRAINING

09 利得償還請求権

□□□ 甲は、乙に対する売買代金の支払のために、乙を受取人とする確定日払の約束手形を作成して、乙に交付したところ、これを乙から預かった丙が、甲及び乙の同意なく、受取人乙の記載を抹消して受取人欄を空欄とした。この場合に、手形上の権利が時効により消滅した場合、丙は、利得償還請求権を取得する。 H23-55-オ

➡ 手85参照。元々手形上の権利を有しない者は、利得償還請求権を取得することはできない 15 ❶

×

10 公示催告手続と除権決定

□□□ 判例の趣旨によれば、手形について除権決定があったとしても、これよりも前に当該手形を善意取得した者は、当該手形に表章された手形上の権利を失わない。 予H28-29-ウ

➡ 最判平13.1.25（手形小切手百選80事件） 16 ❸

○

11 白地手形

□□□ AがBに対し振り出した白地手形に関して、判例の趣旨によれば、AがBに対し受取人白地の約束手形を振り出し、Bが白地の補充をしないままこれをCに裏書譲渡した場合において、CがAに対し満期日に受取人白地のまま手形金を請求したときは、Aは、履行遅滞に陥らない。 予R1-30-ア

➡ 最判昭41.6.16 17 ❶ i

○

CORE PLUS

15 利得償還請求権（手85）

発生要件	❶ 手形上の権利が有効に存在し、償還請求権者がその権利を有していたこと H23-55-オ ❷ 手形上の権利が手続の欠缺又は時効により消滅したこと ❸ 請求の相手方である手形債務者に利得が存在すること

16 除権決定の効力

❶ 消極的効力	手形の現在の所持人は、形式的資格を失い、除権決定後には新たに善意取得は生じない
❷ 積極的効力	申立人は、手形上の権利を手形の所持なくして行使することができる（非訟118Ⅱ） →形式的資格が認められる
❸ 除権決定と善意取得者の権利	除権決定以前の善意取得者の実質的権利は、除権決定によって消滅しない（最判平13. 1. 25手形小切手百選80事件） 予H28-29-ウ

17 白地手形による権利行使

❶ 原則	ⅰ 受取人白地のまま手形金の請求をすることはできない。白地未補充のままでなされた支払呈示には付遅滞効は生じず、また、遡求権保全効も認められない（最判昭41. 6. 16） 予R1-30-ア ⅱ 白地未補充のまま支払呈示がなされた後に白地が補充されたとしても、未補充のままで行われた支払の呈示が遡って効力を生ずることはない（最判昭41. 10. 13手形小切手百選39事件） ⅲ 口頭弁論終結時までに補充しなければ敗訴する（前掲最判昭41年）
❷ 例外	未補充の白地手形を呈示して支払請求をした場合、時効の完成猶予・更新の効力は認められる（最大判昭41. 11. 2 手形小切手百選43事件）

CORE TRAINING

□□□　AがBに対し振り出した白地手形に関して、判例の趣旨によれば、AがBに対し振出日白地の約束手形を振り出し、BがAに対し満期日から3年以内に振出日白地のまま手形金請求の訴えを提起し、その後、Bが当該訴えの事実審口頭弁論終結時までに白地の補充をした場合において、その補充の時が満期日から3年を経過した後であったときは、Aは、その手形上の権利の消滅時効を援用することができる。予R1-30-イ

➡ 最大判昭45.11.11　18 ❶　×

□□□　AがBに対し振り出した白地手形に関して、判例の趣旨によれば、AがBに対し満期及び受取人が白地の約束手形を振り出した場合において、Bが振出日から5年以内にAとの間であらかじめされた白地の補充に関する合意に基づき満期の記載を補充し、Aに対し満期日から3年以内に受取人の記載を補充して手形金を請求したときは、Aは、その手形上の権利の消滅時効を援用することができない。予R1-30-ウ

➡ 最判平5.7.20（手形小切手百選42事件）　18 ❷　○

□□□　AがBに対し振り出した白地手形に関して、判例の趣旨によれば、AがBに対し振り出した手形が白地手形であって、Bが白地の補充をしないままこれをCに裏書譲渡した場合において、CがAとBとの間であらかじめされた白地の補充に関する合意と異なる補充をしたときであっても、Cが善意でかつ重大な過失がないときは、Aは、その白地の補充に関する合意に反することをもってCに対抗することができない。予R1-30-エ

➡ 最判昭41.11.10　19 ❷　○

□□□　AがBに対し振り出した白地手形に関して、判例の趣旨によれば、AがBに対し振り出した手形が白地手形であって、Bが白地の補充をする前に当該手形を紛失した場合において、当該手形について除権決定があったときは、Bは、Aに対し、手形外で白地を補充する旨の意思表示をすることにより手形金を請求することができる。予R1-30-オ

➡ 最判昭51.4.8（手形小切手百選81事件）　20 ❷　×

CORE PLUS

18 白地手形の補充権と時効の関連判例

❶ 満期の記載のある白地手形	❷ 満期の記載のない白地手形
満期から３年以内に補充権を行使する必要がある（手70Ⅰ） 予R1-30-イ →判例は、満期から３年以内に当該白地手形を補充せずに振出人に手形金請求をした場合、その後白地部分を補充したときは、満期日から３年経過した後であっても、手形上の権利の時効は訴えの提起時に完成猶予されたものと解すべきであり、この理は白地部分が振出日である約束手形についても同様であるとしている（最大判昭45.11.11）	満期白地手形の満期が補充されたときは、その白地手形のその他の手形要件の白地補充権は、手形上の権利と別個独立に時効によって消滅することなく、手形上の権利が消滅しない限りこれを行使することができるものであると解するべきであり、記載された満期の日から白地補充権の消滅時効が進行する（最判平５．７．20手形小切手百選42事件） 予R1-30-ウ

19 白地手形補充権の不当行使（不当補充）の処理

❶ 不当補充後の取得者	手形法10条を適用 →当初の合意と異なる補充がされた場合であっても、所持人が悪意又は重過失なく手形を取得したのであれば、白地手形行為者は不当補充をもって所持人に対抗できない
❷ 不当補充前の取得者	手形法10条の適用あり（最判昭41.11.10） 予R1-30-エ

20 白地手形と除権決定

❶ 手形再発行請求の可否	申立人の白地手形債務者に対する白地手形の再発行を請求する権利は認められない（最判昭51．４．８手形小切手百選81事件） ∵再発行請求権を認めると、申立人は権利行使の形式的資格のみならず、喪失手形を流通に置き得るのと同一の法的地位を回復することになり、除権決定制度の予期しない結果をもたらすことになる
❷ 除権決定を得た場合における手形外の意思表示による白地補充の可否	許されない（前掲最判昭51年） 予R1-30-オ ∵通常は手形外の意思表示によって補充できないのに、除権決定を得た場合にのみ補充できるとする理論的根拠が存在しない

〚第2編第5章（為替手形・小切手）には、登載基準を満たすフル問題がありません。〛

CORE TRAINING

□□□　為替手形の支払人及び小切手の支払人は、いずれも、銀行又は銀行と同視される人若しくは施設に限られる。予R2-30-イ	➡ 小3　[1] ❸iii b	×
□□□　為替手形の振出人及び小切手の振出人は、いずれも、第一次的な支払義務者ではなく、遡求義務者である。予R2-30-ア	➡ 手43、小39　[1] ❺ii	○
□□□　為替手形については持参人払式のものが認められないが、小切手については持参人払式のものが認められる。予R2-30-ウ	➡ 小5Ⅰ③　[1] ❽iii	○
□□□　為替手形及び小切手については、いずれも、利息文句を記載することにより、手形金額及び小切手金額に利息を付すことができる。予R2-30-エ	➡ 手5Ⅰ本文、小7　[1] ❾iii	×
□□□　小切手は、振出人の自己宛てで振り出すことができない。予H30-29-イ	➡ 小6Ⅲ。振出人の自己宛でも振り出すことができる	×
□□□　為替手形の支払人は裏書をすることができるが、小切手の支払人は裏書をすることができない。予R2-30-オ	➡ 小15Ⅲ　[1] ＊	○
□□□　小切手は、引受けをすることができない。予H30-29-ア	➡ 小4前段　[1] ❹iii a	○
□□□　特定の日に支払う旨の記載をした小切手であっても、一覧払のものとされる。予H30-29-ウ	➡ 小28Ⅰ　[1] ❻iii	○
□□□　一般線引小切手は、二条の平行線内に銀行の名称を記載することにより、特定線引小切手に変更することができる。予H30-29-エ	➡ 小37Ⅳ	○
□□□　小切手の所持人の裏書人、振出人その他の債務者に対する遡求権は、支払呈示期間経過後3年をもって時効によって消滅する。予H30-29-オ	➡ 小51Ⅰ　[1] ❼iii b	×

CORE PLUS

1 約束手形・為替手形・小切手の比較

	i 約束手形	ii 為替手形	iii 小切手
❶ 法形式	支払約束手形（手75②）	支払委託手形（手1②）	支払委託証券（小1②）
❷ 経済的機能	期限付債務の支払手段	送金・取立手段	現金取引決済手段（信用証券化防止）*
❸ 予定される法律関係	振出人と受取人その他の証券の所持人との二当事者間の法律関係	振出人と受取人その他の証券の正当な所持人と支払人との三当事者間の法律関係	同左 a 受取人の表示は任意的（小5Ⅲ） b 支払人は銀行に限る（小3） 予R2-30-イ
❹ 絶対的義務者	振出人（手78Ⅰ）	a 引受前は不存在 b 引受後は支払人（手28Ⅰ）	不存在 a 引受禁止（小4前段） 予H30-29-ア b ただし、支払保証制度（小10章）
❺ 遡求義務者	裏書人 （手77Ⅰ④・43）	振出人、裏書人（手43） 予R2-30-ア	振出人、裏書人（小39）
❻ 満期	確定日払 日付後定期払、一覧後定期払、一覧払（手77Ⅰ②・33Ⅰ）		一覧払のみ（小28Ⅰ、満期の記載は無益的記載事項） 予H30-29-ウ
❼ 消滅時効	振出人に対する請求権は満期から3年（手77Ⅰ⑧・70Ⅰ）	引受人に対する請求権は満期から3年（手70Ⅰ）	a 支払保証をした支払人に対する請求権は呈示期間経過後1年（小58）
	遡求権は拒絶証書の日付（作成が免除されているときは満期）から1年（手70Ⅱ、手77Ⅰ⑧）、再遡求権は受戻しの日又は訴えを受けた日から6か月（手70Ⅲ、手77Ⅰ⑧）		b 遡求権は呈示期間経過後6か月（小51Ⅰ）、再遡求権は受戻しの日又は訴えを受けた日から6か月（小51Ⅱ） 予H30-29-オ
❽ 持参人払式の可否	持参人払式不可（手1⑥、手75⑤）		持参人払式可（小5Ⅰ③） 予R2-30-ウ （記名持参人払式も可、小5Ⅱ）
❾ 利息文句の記載の可否	可（手77Ⅱ・5Ⅰ本文）		不可（小7） 予R2-30-エ

＊ 小切手の信用証券化防止の観点から、小切手の支払人のなした裏書は無効とされている（小15Ⅲ）。予R2-30-オ

スキルアップ問題

No. 053

吸収合併等に関する規律

予H28-25

□ 月 日
□ 月 日
□ 月 日

株式会社の吸収合併、吸収分割又は株式交換（以下「吸収合併等」という。）に関する次のアからオまでの各規律のうち、株主保護を直接の目的とするものでないものを組み合わせたものは、後記１から５までのうちどれか。

□□□ ア．吸収合併等の各当事会社は、いずれも、原則として、株主総会の特別決議によって、吸収合併契約等の承認を受けなければならない。

□□□ イ．吸収合併等の各当事会社は、いずれも、吸収合併契約等備置開始日から、吸収合併契約等の内容等を記載し、又は記録した書面又は電磁的記録をその本店に備え置かなければならない。

□□□ ウ．振替株式の発行者が吸収合併等をしようとする場合には、当該発行者は、原則として、振替機関等に対し、株式買取請求に係る振替株式の振替を行うための口座の開設の申出をしなければならない。

□□□ エ．吸収合併等の各当事会社の株主は、一定の場合には、自己が株式を有する会社に対し、吸収合併等をやめることを請求することができる。

□□□ オ．吸収合併等の無効の訴えに係る請求を認容する判決は、第三者に対してもその効力を有する。

１．ア　イ　　２．ア　エ　　３．イ　オ　　４．ウ　エ　　５．ウ　オ

No. 053 正解 5 記述ア・イ・エ・オは確実に判別ができるよう、その制度趣旨をおさえよう。 正答率 48.3%

ア　株主保護を直接の目的とするものである。

吸収合併等の各当事会社は、いずれも、原則として、**株主総会**の**特別決議**によって、**吸収合併契約等の承認を受けなければならない**（783条1項、795条1項、309条2項12号）。これは、吸収合併等により事業内容の変更、株主たる地位の喪失、あるいは対価の過不足等により不利益を被る可能性がある株主を保護するためである。

イ　株主保護を直接の目的とするものである。

吸収合併等の各当事会社は、いずれも、吸収合併契約等備置開始日から、吸収合併契約等の内容等を記載し、又は記録した書面又は電磁的記録をその本店に備え置かなければならない（782条1項、794条1項）。これは、株主にとっては、吸収合併契約等の内容はもちろんのこと、自社のみならず、相手方の財産状況・経営成績や、対価などに関する定めの根拠が分からないと、株主総会において当該契約等を承認すべきか否か、株式買取請求権を行使するか否かの判断をすることが困難であるため、そのための判断資料を提供するものである。

ウ　株主保護を直接の目的とするものでない。

振替株式の発行者が吸収合併等をしようとする場合、当該発行者は、原則として、振替機関等に対し、株式買取請求に係る振替株式の振替を行うための口座の開設を申し出る必要がある（社債株式振替155条1項本文）。そして、買取口座に記載又は記録された振替株式については、発行者又は当該振替株式の株主のいずれかの口座への振替が行われることになり、それ以外の第三者の口座への振替を行うことは禁止される（同条4項から6項まで）。これは、株主の権利濫用を防止する趣旨であり、株主保護を目的とするものではない。

エ　株主保護を直接の目的とするものである。

吸収合併等の各当事**会社の株主は**、一定の場合には、**自己が株式を有する会社に**対し、吸収**合併等をやめることを請求**することが**できる**（会社784条の2柱書本文、796条の2柱書本文）。平成26年会社法改正により、株主が不利益を受けるような組織再編に対する事前の救済手段として、このような一般的な差止請求権が認められるようになった。

オ　株主保護を直接の目的とするものでない。

吸収合併等無効の訴え（828条1項7号、9号、11号）は、会社の組織に関する訴えに当たり（834条7号、9号、11号）、この訴えに係る請求を認容する確定判決は、第三者に対してもその効力を有する（対世効、838条）。これは、会社をめぐる法律関係の画一的処理の要請に基づき定められたものであり、株主保護を目的とするものではない。

文献　試験対策講座・会社法474、484、485頁

No. 054 論 合併比率の不公正と合併無効の訴え

予H27-25

□ 月 日
□ 月 日
□ 月 日

株式会社を各当事会社とする合併において、合併比率の不公正は合併無効の訴えに係る無効原因とはならないという見解がある。次のアからオまでの各記述のうち、この見解の論拠としてふさわしくないものを組み合わせたものは、後記１から５までのうちどれか。

□□□ ア．合併比率の算定に当たっては、多くの事情を勘案しなければならず、その算定の方式にも種々のものがある。

□□□ イ．株主総会の決議の方法が法令又は定款に違反するときは、その違反は、その決議の取消事由となる。

□□□ ウ．反対株主は、原則として、会社に対して、株式買取請求権を行使することができる。

□□□ エ．会社は、原則として、一定の期間内に異議を述べた債権者に対し、弁済し、又は相当の担保を提供しなければならない。

□□□ オ．株主総会の特別決議があれば、募集株式を引き受ける者に特に有利な払込金額で募集株式を発行することができる。

１．ア イ　２．ア オ　３．イ エ　４．ウ エ　５．ウ オ

No. 054　**正解 3**　判例の見解を踏まえたうえで、肯定説と否定説の論拠をそれぞれおさえよう。　正答率 63.5%

ア　ふさわしくないとはいえない。

合併比率の不公正は合併無効の訴えに係る無効原因とはならないという見解（以下、**否定説**）は、各合併当事会社の株式の価値及びそれに照応する合併比率は、**多くの事情を勘案**して種々の方式によって**算定**され得るものであることに加え、各**当事会社が**その**財産**や**経営状況を総合的に判定し**たうえで**決定**されるものであるから、その決定について**客観的**かつ**厳密**な**正確性を要求することは妥当でない**として、当事会社の取締役が、誠実に株式価値の把握をしたうえで合併比率が算定されている限り、微妙な企業価値の把握に際して回避することのできない誤差の発生により、合併比率の不公正が生じたとしても、それを直ちに合併の無効原因とすることは困難であるとする（東京高判平２.１.31会社法判例百選89事件参照）。

イ　ふさわしくない。

株主総会決議の**方法が法令・定款**に**違反**し、又は**著しく不公正なとき**は**決議の取消事由となり得る**（831条１項１号）。しかし、合併を承認する株主総会決議の方法に取り消し得べき瑕疵があることと、決議内容である合併比率の不公正が合併の無効事由となるか否かには論理的な関係は存在しない。

ウ　ふさわしくないとはいえない。

否定説は、合併契約に定められている合併比率が不公正なものであるとしても、これに不満を抱く株主は、反対株主の株式買取請求権（785条１項、797条１項、806条１項）を行使することで、その有する株式について経済的価値の補償を受けることができるのであるから、それ以外に合併無効の訴えなどの救済手段を認める必要はないとする。

エ　ふさわしくない。

異議を述べた債権者に対する弁済や担保の提供（789条５項、799条５項、810条５項）は、合併が有効であることを前提に債権者の保護を図ったものであり、否定説の論拠にはなり得ない。

オ　ふさわしくないとはいえない。

合併契約の承認には、**株主総会**の**特別決議を要する**ところ（783条１項、795条１項、804条１項、309条２項12号）、**否定説は**、同様の決議要件の下で、**新株を特に有利な発行価額**で第三者割当ての方式により発行することができることに照らすと（199条２項、309条２項５号）、たとえ合併比率が不公正な場合であっても、それ自体では**合併無効原因とはならない**とする。

文献　試験対策講座・会社法203、474、475、484、485頁。判例シリーズ85事件

No. 055

約束手形

H26-55

□ 月 日
□ 月 日
□ 月 日

約束手形に関する次のアからオまでの各規律のうち、約束手形の流通性を高める趣旨によるものとしてふさわしくないものを組み合わせたものは、後記1から5までのうちどれか。

□□□ ア．約束手形の振出人は、為替手形の引受人と同一の義務を負う。

□□□ イ．約束手形の金額が文字及び数字によって記載された場合において、文字によって記載された金額と数字によって記載された金額とに差異があるときは、文字によって記載された金額が手形金額となる。

□□□ ウ．約束手形に偽造の署名がある場合でも、他の署名者の債務は、その効力を妨げられない。

□□□ エ．約束手形の取得者には、手形法所定の要件の下で善意取得が認められる。

□□□ オ．約束手形の所持人が裏書人に対して遡求権を行使するためには、原則として、満期又はこれに次ぐ2取引日内に振出人に対して支払のための呈示をするなど、手形法所定の要件を満たさなければならない。

1．ア イ　　2．ア オ　　3．イ ウ　　4．ウ エ　　5．エ オ

No. 055 正解 2 約束手形に関する手形法上の制度の趣旨を、しっかりと理解しておこう。 正答率 70.7%

ア　ふさわしくない。

為替手形の引受人とは、「引受」という債務負担行為により、主たる債務者として、第一次的かつ無条件の支払義務（手28条1項）を最終的に負担する者である。約束手形の振出人としては、支払を約束する文句が記載された証券に振出人として署名した以上（手75条2号、7号）、その記載に従い満期に手形金額の支払をなすことは当然のことであるが、手形法78条1項が特に為替手形の引受人と同一の義務を負う旨を規定したのは、手形法が為替手形を中心として規定していることから、注意的に定めたものにすぎない。

イ　ふさわしい。

手形金額の記載は手形要件であり、これを欠く手形は無効となる（手76条1項本文、75条2号）。そして、手形金額は一定でなければならないため（同号）、手形金額が重複して記載され、かつ、その記載が異なる場合には、手形要件の欠缺により、そのままでは手形を無効とせざるを得なくなる。そこで、手形法77条2項・6条は、そのような場合に、手形が無効となることを防ぐと共に、その取扱いを法定することで、手形取引の安全性及び迅速性を確保している。

ウ　ふさわしい。

本来、前提たる行為が無効である場合には、それを前提とする行為も無効となるはずであるが、手形法77条2項・7条は、同一手形上の複数の手形行為のうち、論理的前提たる行為（例えば、裏書であれば、振出しや先行する裏書）が、意思無能力や偽造等のために実質的に無効であっても、**法定の方式さえ具備**していれば、それを**前提とする手形行為は**、独立してその**効力を生じ**、前提たる**行為の無効の影響を受けない**とし、手形取引の安全を確保している（手形行為独立の原則）。

エ　ふさわしい。

裏書の連続している手形を、善意でかつ重大な過失なしに裏書によって譲り受けた者は、たとえ譲渡人が無権利者であっても、手形上の権利を取得することができる（善意取得、手77条1項1号・16条2項）。これは、民法の即時取得（民192条）と同旨の制度であるが、平穏・公然・無過失は取得の要件とされておらず、また、盗品・遺失品について2年間は返還請求を認めるといった制限（民193条参照）も存在しないなど、より動的安全の保護が図られている。

オ　ふさわしくない。

手形法が遡求義務の発生のために特別の条件の具備を要求しているのは、約束手形の所持人による遡求権行使を制限するものであり（手77条1項4号・53条1項参照）、手形の流通性を高めるためのものではない。

文献　試験対策講座・商法・手形法小切手法226、253、324、325、401、402、456、457頁

No. 056

隠れた取立委任裏書

予R3-30

□ 月 日
□ 月 日
□ 月 日

手形上の権利を行使する代理権を付与する目的をもって通常の譲渡裏書の方式でする裏書（隠れた取立委任裏書）について、手形上の権利は依然として裏書人にあり、被裏書人は単に手形上の権利行使の資格と権限を授与されるにすぎないとする見解がある。ＡがＢに対して約束手形を振り出し、ＢがＣに隠れた取立委任裏書をした場合に関する次のアからオまでの各記述のうち、この見解からの結論と整合しないものを組み合わせたものは、後記１から５までのうちどれか。

□□□ ア．手形債務者Ａは、被裏書人Ｃに対する人的抗弁をもって被裏書人Ｃに対抗することができない。

□□□ イ．手形債務者Ａは、裏書人Ｂに対する人的抗弁をもって被裏書人Ｃに対抗することができない。

□□□ ウ．裏書人Ｂは、被裏書人Ｃに対して担保責任を負わない。

□□□ エ．被裏書人Ｃにつき破産手続が開始された場合、裏書人Ｂは取戻権を有しない。

□□□ オ．取立委任の合意が解除されると、被裏書人Ｃの取立権限は消滅する。

１．ア　ウ　　２．ア　オ　　３．イ　ウ　　４．イ　エ　　５．エ　オ

No. 056 **正解 4** 隠れた取立委任裏書の法的性質について、学説を含めて基本書等で確認しておこう。 正答率 64.1%

ア　整合する。

隠れた取立委任裏書は、行為の形式と実質とが一致しないので、その法的性質について争いがあるところ、本問の見解は、**実質を重視する資格授与説に当たる**。資格授与説では、公然の取立委任裏書（手18条）と同様に処理されることになる。したがって、手形債務者Ａは、被裏書人Ｃに対する人的抗弁をもって被裏書人Ｃに対抗することができない（手18条２項）。

イ　整合しない。

資格授与説では、公然の取立委任裏書と同様に、手形債務者Ａは、裏書人Ｂに対する人的抗弁をもって被裏書人Ｃに対抗することができる（手18条２項）。

ウ　整合する。

資格授与説では、裏書人から被裏書人に権利が移転するわけではなく、代理権が与えられるにすぎないので、裏書人が担保責任を負担すべき理由はない。したがって、裏書人Ｂは、被裏書人Ｃに対して担保責任を負わない。

エ　整合しない。

資格授与説では、裏書人から被裏書人に権利が移転するわけではなく、代理権が与えられるにすぎない。したがって、被裏書人Ｃにつき破産手続が開始された場合、裏書人Ｂは取戻権を有することになる。

オ　整合する。

資格授与説では、取立委任の合意が解除されると、被裏書人Ｃは手形上の権利を行使する代理権を失うから、取立権限は消滅する。

文献 試験対策講座・商法・手形法小切手法335～337、339頁

登載フル問題一覧

この一覧表は、復習用に用意しました。司法試験及び予備試験において出題された全問題のうち、本書のフル問題としての基準を満たすものを一覧としました。

これにより、年度別に学習する際には、絶対に正解すべき問題が明確なため、より戦略的な時間配分が可能になります。また、目次と併せて利用することで、複数回出題された問題を更に可視化でき、今後も出題可能性が高い問題を見落とすことのない学習が可能です。

【司法試験】

年度	問題	タイトル	本書No.	正答率
平成18年	36	商号	Y	−
	37	支配人とその登記	Y	−
	38	株主保護を目的とする規律	Y	−
	42	自己株式	Y	−
	44	株式会社の取締役	Y	−
	49	株主総会決議取消しの訴え	Y	−
	50	株主総会決議	Y	−
	52	商行為	Y	−
	53	約束手形の裏書	Y	−
平成19年	36	株式会社、合同会社及び民法上の組合の比較	1	86.7%
	38	株式会社の設立	Y	83.6%
	42	取締役	Y	84.0%
	43	株主・会社債権者の閲覧請求権	Y	90.6%
平成20年	36	会社債権者保護	Y	98.9%
	39	自己株式	Y	81.8%
	50	支配人	Y	86.4%
平成21年	37	株式会社の設立	Y	94.4%
	42	取締役の競業取引及び利益相反行為	Y	82.7%
平成22年	42	株主総会の決議要件	Y	81.5%
	48	吸収分割	39	81.5%
平成23年	37	取締役会設置会社における支配人	2	88.2%
	38	発起設立	Y	85.6%
	41	資金調達方法	40	93.5%
	43	株主の権利	24	88.5%
	46	監査役の独立性を確保することを目的とする規律	25	84.2%
	50	株主総会の決議に係る訴訟	Y	84.7%
	53	交互計算	Y	76.8%
平成24年	37	株式会社の設立	5	81.5%
	39	株式の譲渡	10	92.9%
	40	自己株式	12	93.8%
	42	取締役の報酬	30	87.8%
	47	吸収合併と事業譲渡の異同	37	85.4%
平成25年	38	譲渡制限株式	9	85.4%
	39	利益供与	8	85.6%
	41	株主総会における議決権	21	90.3%
	45	経営判断の原則	32	96.0%
	52	商行為法	47	83.9%
平成26年	38	株式会社の設立と定款	4	84.4%
	43	取締役及び取締役会	29	95.0%
	49	反対株主の株式買取請求権	38	95.6%
	52	個人商人の商号	44	91.7%
	55	約束手形	55	70.7%

【予備試験】

年度	問題	タイトル	本書No.	正答率
平成23年	16	取締役会設置会社における支配人	2	82.4%
平成24年	17	株式の譲渡	10	85.4%
	18	自己株式	12	84.8%
平成25年	登載基準を満たすフル問題がありません			
平成26年	21	取締役及び取締役会	29	80.0%
	23	資本金の額及び発行済株式総数の変動	14	81.9%
	27	個人商人の商号	44	87.6%
平成27年	18	株式の共有	7	70.7%
	20	取締役会	28	65.7%
	23	株式会社の資本金	35	68.5%
	24	持分会社	36	66.5%
	25	合併比率の不公正と合併無効の訴え	54	63.5%
	26	会社関係訴訟	34	82.8%
	27	個人商人	43	66.8%
平成28年	18	募集株式の発行	17	67.3%
	20	株主総会	19	66.9%
	21	取締役会設置会社と取締役会非設置会社	26	69.3%
	25	吸収合併等に関する規律	53	48.3%
	28	商行為	48	74.2%
平成29年	19	株主総会	18	68.3%
	28	商行為	49	73.2%
平成30年	19	株主総会	22	67.9%
	20	取締役会が有する監督機能	27	79.0%
	30	手形理論	51	68.6%
令和元年	16	設立時取締役	6	66.0%
	18	株式の譲渡及び株主名簿の名義書換え	11	75.0%
	21	取締役の報酬等	31	82.8%
	28	商行為	46	74.8%
令和２年	17	株主の権利及び単元株制度	16	73.8%
	23	資本金の額及び発行済株式総数の変動	15	68.3%
	27	個人商人	45	75.9%
令和３年	22	取締役の責任	33	78.4%
	26	裁判手続	41	70.6%
	28	商行為	50	73.0%
	29	約束手形の形式的要件	52	68.1%
	30	隠れた取立委任裏書	56	64.1%
令和４年	登載基準を満たすフル問題がありません			
令和５年	16	株式会社の発起設立	3	70.3%
	17	株主名簿	13	70.9%
	19	株主総会	20	77.9%
	25	株式会社についての訴訟	23	69.7%
	26	登記事項	42	79.7%

Ｙ：直近12年以前の問題につき、登載見送り

CT：**CORE TRAINING** として収録

―：平成19年以降と異なる統計基準につき、数値未記入

（網掛け）：司法試験又は他の年と共通の問題につき、No. 重複

伊藤 真（いとう・まこと）

［略　歴］

1958年　東京生まれ。1981年　司法試験に合格後、司法試験等の受験指導に携わる。

1982年　東京大学法学部卒業後、司法研修所入所。1984年　弁護士登録。

1995年　15年間の司法試験等の受験指導のキャリアを活かし、合格後、どのような法律家になるかを視野に入れた受験指導を理念とする「伊藤真の司法試験塾」（その後、「伊藤塾」に改称）を開塾。

伊藤塾以外でも、大学での講義（慶應義塾大学大学院講師を務める）、代々木ゼミナールの教養講座講師、日経ビジネススクール講師、全国各地の司法書士会、税理士会、行政書士会、弁護士会等の研修講師も務める。

現在は、予備試験を含む司法試験や法科大学院入試のみならず、法律科目のある資格試験や公務員試験を目指す人達の受験指導をしつつ、「一人一票実現国民会議」及び「安保法制違憲訴訟」の発起人となり、弁護士として社会的問題にも取り組んでいる。

（一人一票実現国民会議 URL：https://www2.ippyo.org/）

［主　著］

『伊藤真の法律入門シリーズ』、『明日の法律家へ』（以上、日本評論社）、『伊藤真試験対策講座シリーズ』、『伊藤真ファーストトラックシリーズ』、『伊藤真の条文シリーズ』、『伊藤真の判例シリーズ』、『試験対策問題集　短答』、『試験対策問題集　論文』、『試験対策問題集　予備論文』、『試験対策問題集　新・論文』（以上、弘文堂）、『伊藤真が選んだ短答式一問一答1000』（法学書院）など多数。

伊藤塾
〒150-0031　東京都渋谷区桜丘町17-5　☎03（3780）1717
https://www.itojuku.co.jp/

伊藤塾《いとうじゅく》　合格《ごうかく》セレクション

司法試験《しほうしけん》・予備試験《よびしけん》　短答式過去問題集《たんとうしきかこもんだいしゅう》　商法《しょうほう》　2024

［司法試験・予備試験　短答式過去問題集　商法
第１版：2021年10月15日発行、第２版：2022年12月10日発行］
●――2024年４月30日　第１版第１刷発行

監修者――伊藤　真
編　者――伊 藤 塾
発行所――日本評論社サービスセンター株式会社
発売所――株式会社日本評論社
〒170-8474 東京都豊島区南大塚3-12-4
電話03-3987-8621（販売）　――8592（編集）　振替 00100-3-16
https://www.nippyo.co.jp/
印刷所――精文堂印刷株式会社
製本所――株式会社難波製本
装　幀――銀山宏子

ISBN 978-4-535-52779-9 Printed in Japan